TESI GREGORIANA

Serie Teologia

221

MAXIMILLIAN GRECH

IL CONTRIBUTO DI PAOLO VI PER UN DIALOGO EFFICACE TRA LA CHIESA E IL MONDO SCIENTIFICO

EDITRICE PONTIFICIA UNIVERSITÀ GREGORIANA

Roma 2016

Vidimus et approbamus ad normam Statutorum Universitatis

Roma, Pontificia Università Gregoriana
die 6 mensi iunii anni 2015

Prof.ssa Maria Carmen Aparicio Valls
Prof. Paul Haffner

© 2016 Gregorian & Biblical Press
Piazza della Pilotta, 35 - 00187 Rome, Italy
books@biblicum.com

ISBN 978-88-7839-**335**-6

Ai miei genitori Diana e Nicholas
a mio fratello Jean Paul e mia cognata Sarah
e a tutti i miei amici, vicini e lontani
per avermi aiutato e incoraggiato continuamente
durante gli anni dei miei studi

Alla mia relatrice Prof.ssa Carmen Maria Aparicio Valls
per la professionalità, la disponibilità e la pazienza
dimostratami durante la stesura della tesi

INTRODUZIONE

Un giorno, quando uno storico onesto intraprenderà l'esposizione di quella che fu la vita reale della Chiesa in questi ultimi quindici anni, allora, disperse tutte le vane agitazioni, risulterà senza dubbio evidente che nell'intera fedeltà cristiana, sotto l'impulso di Paolo VI, tutto si preparava affinché fosse perseguita l'azione salutare della Chiesa di Cristo in seno a un mondo profondamente trasformato[1].

Nel corso della storia, il rapporto tra fede e scienza ha sempre suscitato un grande interesse, ma, nel contempo, è stato anche fonte di problemi e di fraintendimenti. Si tratta, infatti, di un tema a lungo dibattuto ed anche talvolta strumentalizzato, le cui ripercussioni finirono con l'interessare tanto l'ambito scientifico quanto quello religioso[2].

Soprattutto in epoca recente è emerso, con particolare evidenza, l'impegno promosso dalla Chiesa per cercare d'instaurare un dialogo fattivo e fruttuoso col mondo scientifico e con quello della tecnica. Nel 1988 Giovanni Paolo II, in una lettera a George Coyne, direttore della Specola Vaticana, affermava che questo dialogo avrebbe potuto apportare 'una salutare purificazione' in entrambi gli ambiti: «la scienza [*infatti*] può purificare la religione dall'errore e dalla superstizione; la religione può purificare la scienza dall'idolatria e dai falsi assoluti. Ciascuna può aiutare l'altra ad entrare in un mondo più ampio, un mondo in cui possono prosperare entrambe»[3].

Nella ricerca di un 'dialogo efficace e fruttuoso' tra fede e scienza – sulla base del *modello dell'integrazione*, propugnato dallo statunitense Ian Barbour – il contributo offerto dal Beato Paolo VI non fu certo irrilevante. A quasi quarant'anni dalla sua morte, egli appare sempre più chiaramente come un 'precursore' ed un 'maestro' per i Pontefici che gli

---

[1] H. DE LUBAC, «Coerenza e contestazione», 3.
[2] Cfr. M. SECKLER, «Teologia e scienza», 1235.
[3] GIOVANNI PAOLO II, *La nostra conoscenza di Dio e della natura*, 1709.

succedettero sul soglio di Pietro. Sfortunatamente, però, soltanto dopo la sua morte si cominciò a riconoscere la grandezza dell'uomo, l'importanza del suo pontificato, il valore del suo pensiero e del suo agire, il suo impegno nel tentativo di superare quella 'sospettosa distanza' che si era creata tra la Chiesa ed il mondo scientifico moderno.

In una delle poche udienze tenute da Papa Giovanni Paolo I, questi ricordò che «un mese giusto fa, a Castel Gandolfo, moriva Paolo VI, un grande Pontefice, che ha reso alla Chiesa, in 15 anni, servizi enormi. Gli effetti si vedono in parte già adesso, ma io credo che si vedranno specialmente nel futuro»[4]. Analoghi riconoscimenti vennero pubblicamente tributati a Paolo VI anche dagli altri suoi successori: Giovanni Paolo II, Benedetto XVI e Francesco.

1. Finalità e novità del nostro studio

Il nostro studio persegue una doppia finalità. Innanzitutto ha voluto essere un tentativo di una classificazione organica e sintetica dei vari contributi presenti negli insegnamenti di Paolo VI inerenti alla scienza e alla tecnica, attraverso uno studio e un'analisi sistematica dei diversi testi.

In secondo luogo, abbiamo voluto mostrare come il modo con cui Paolo VI cercò di comprendere il rapporto tra fede e scienza possa collocarsi all'interno della 'categoria dell'integrazione' propugnata dallo statunitense Ian Barbour, riconoscendo così in Papa Montini un 'implicito sostenitore', in ambito ecclesiale, di tale modalità d'approccio e di dialogo col mondo scientifico.

Come punto di partenza per il nostro studio ci siamo serviti di un contributo curato da Lina Nicoletti, dal titolo *PAOLO VI, Insegnamenti sulla Scienza e sulla Tecnica,* pubblicato nel 1986, all'interno della collana *Quaderni*, edita dall'Istituto Paolo VI di Brescia.

L'autrice, in quest'opera, raccoglie i diversi interventi, gli insegnamenti del Pontefice inerenti alla scienza e alla tecnica (i nove discorsi alla Pontificia Accademia delle Scienze; le *allocutiones* tenute in occasione di convegni; le omelie; i discorsi all'*Angelus* e le Udienze Generali del mercoledì), organizzandoli in modo da cercare di delineare «il profilo dello scienziato, lo statuto della scienza, l'etica e politica della scienza, e il rapporto tra scienza e religione»[5]. Nel nostro studio abbiamo preso in considerazione anche altri pronunciamenti e documenti riportati negli

---

[4] GIOVANNI PAOLO I, *La grande virtù dell'umiltà*, 49.
[5] E. DI ROVASENDA, «Introduzione», 8.

Acta Apostolicae Sedis o nella collana degli *Insegnamenti di Paolo VI*, che non erano stati trattati nella pubblicazione curata da Nicoletti.

Inoltre, per cercare di conseguire quella duplice finalità sopraesposta cui vorrebbe tendere il nostro lavoro, abbiamo voluto tener presente sia la personalità di Paolo VI, sia la sua formazione culturale, evidenziando come l'apporto da lui reso nella corretta definizione del rapporto tra scienza e fede sia il 'frutto' di un'esistenza caratterizzata dall'*apertura* e dal *dialogo* col mondo moderno, nella consapevolezza della necessità di un costante processo d'*aggiornamento* da parte della Chiesa.

2. Percorso intrapreso

L'*iter* di questo nostro studio si articola nei seguenti passaggi.

Nel **primo capitolo** abbiamo voluto ribadire innanzitutto le radici cristiane della scienza moderna, partendo dalla tesi elaborata dal monaco benedettino di origine ungherese Stanley L. Jaki. Nelle sue due opere *Il Salvatore della Scienza* e *La strada della scienza e le vie verso Dio*[6], egli ritiene che storicamente la nascita e lo sviluppo delle scienze siano una caratteristica propria ed esclusiva della civiltà occidentale cristiana, non di altre grandi civiltà antiche. L'autore offre una spiegazione al fatto che presso gli antichi cinesi, gli indù, gli Inca, i Maya e gli Aztechi, gli egiziani, i babilonesi, gli antichi greci e gli arabi dell'epoca medievale, pur riscontrandosi germogli di conoscenze scientifiche, la scienza sperimentale non sia riuscita a svilupparsi in profondità, mentre abbia trovato un 'terreno favorevole' nell'occidente europeo: «Rendendosi conto di tale nascita si sarebbe potuto avvistare il paradigma fondamentale della scienza: i suoi aborti immancabili in tutte le culture antiche e l'unicità della sua nascita in un'Europa che la fede cristiana nel Creatore aveva contribuito a formare»[7]. All'interno della cultura cristiana europea – grazie al *dogma dell'Incarnazione redentiva* – l'umanità ha potuto guardare al mondo come ad una realtà non ciclica, razionale, ordinata ed accessibile alla mente umana.

Abbiamo voluto richiamare la tesi di Jaki per ribadire una premessa che riteniamo importante: la scienza non solo non è estranea all'ambito della fede cristiana, ma anzi che è stata la stessa cultura cristiana ad originare e ad incoraggiare lo sviluppo scientifico. Analizzando gli insegnamenti di Paolo VI possiamo ravvisare nel Pontefice un atteggiamento

---

[6] S. L. JAKI, *Il Salvatore della scienza*, Città del Vaticano 1992; ID., *La strada della scienza e le Vie verso Dio*, Milano 1994.

[7] S. L. JAKI, *La strada della scienza*, 353.

analogo. Basti pensare, ad esempio, quando affermò che «La Chiesa non solo dichiara di non avere prevenzioni contro la scienza, ma anzi, ha cercato sempre di favorirla e di stimolare il pensiero umano»[8].

Nonostante questo legame primordiale evidenziato da Jaki nel rapporto tra nel rapporto tra la Chiesa ed il mondo scientifico, in alcuni momenti storici, vi furono, però, anche reciproci sospetti e fraintendimenti.

Per cercare di classificare i diversi modi di concepire il rapporto tra scienza e religione sono state formulate diverse teorie e sono state proposte differenti piste interpretative. Per il nostro studio abbiamo scelto di seguire la prospettiva codificata dallo statunitense Ian Barbour. Abbiamo compiuto questa scelta in quanto questo studioso è considerato come uno dei 'padri fondatori' dell'approccio sistematico alla questione della relazione tra scienza e religione[9], ed anche in ragione del fatto che la teoria da lui proposta è quella che, al presente, trova maggior consenso[10]; una teoria dalla quale anche altri studiosi partirono per sviluppare le proprie posizioni.

Lo studio di Barbour, dal titolo *Ways of Relating Science and Theology,* è stato pubblicato, per la prima volta, nel 1988, venendo poi ampliato e riedito nel 1990[11], nel 1997[12] ed infine nel 2000[13]. Il rapporto fra scienza e religione viene affrontato da questo autore prendendo in considerazione quattro possibili modi con cui le due realtà possono interagire tra loro: il conflitto (caratteristico del materialismo scientifico e di una modalità meramente letterale d'interpretazione della Bibbia); l'indipendenza (che si basa sulla differenza dei metodi e dei linguaggi tra i due ambiti); il dialogo (che parte considerando i 'presupposti generali' per il sorgere della scienza, e le cosiddette 'domande e situazioni limiti'; i parallelismi metodologici e le analogie euristiche) ed infine l'integrazione (propria della teologia naturale, della teologia della natura e della sintesi sistematica). L'autore, nel suo studio, ha dimostrato l'infondatezza e l'irragionevolezza delle prime due tipologie d'approccio, sottolineando la necessità di orientarsi non soltanto verso il modello del dialogo, ma verso quello dell'integrazione, attraverso il quale sia l'ambito della scienza sia quello della fede possano trarne beneficio, *illuminandosi* vicendevolmente.

---

[8] PAOLO VI, *Visita ad un importante stabilimento*, 992.

[9] Cfr. C. BERG, «Barbour's Way(s)», 61.

[10] R. J. RUSSELL, «Dialogo scienza-teologia», 382.

[11] I. G. BARBOUR, *Religion in an Age of Science. The Gifford Lectures*, I, New York 1990.

[12] I. G. BARBOUR, *Religion and Science: Historical and Contemporary Issues*, New York 1997.

[13] I. G. BARBOUR, *When Science meets Religion*, New York 2000.

A conclusione di questo capitolo, abbiamo accennato ad alcune altre prospettive sorte in seguito alla teoria elaborata da Barbour, quali, ad esempio: la posizione del teologo biochimico Arthur Peacocke (cfr. *The Sciences and Theology in the Twentieth Century*); quelle della filosofa e teologa statunitense Nancey Murphy (cfr. *Christ and Culture*) e del teologo John Haught (cfr. *Science and Religion: From Conflict to Conversation*).

È vero che il magistero di Paolo VI non offrì, *stricto sensu*, un approccio sistematico alla questione del rapporto tra fede e scienza. Grazie, però alle tipologie proposte da Barbour, possiamo meglio comprendere come l'impegno ed l'insegnamento di Paolo VI in merito alla relazione tra fede e scienza possano rientrare in quella direzione privilegiata di marcia auspicata dallo stesso studioso statunitense.

Il **secondo capitolo** ripercorre le tappe principali della vita di Giovanni Battista Montini, tratteggiando il contesto in cui visse ed operò colui che da Pontefice si adoperò per un dialogo autentico e fruttuoso tra la Chiesa ed il mondo moderno.

Ci siamo soffermati innanzitutto sulla sua infanzia, sulla formazione nell'ambiente familiare e sulla sua 'anomala situazione' di seminarista non residente in Seminario, per poi passare al suo impegno studentesco per *La Fionda* ed agli anni spesi come assistente ecclesiastico nazionale alla Federazione Universitaria Cattolica Italiana (F.U.C.I.).

La scelta di considerare, seppur brevemente, l'*iter* formativo di Giovanni Battista Montini è motivata dalla consapevolezza che fin dalla giovinezza – come ben traspare dai suoi scritti e da alcune esperienze da lui vissute – si possono ritrovare i prodromi di quello che sarà lo stile che caratterizzerà l'intero suo pontificato.

L'influenza culturale francese nella formazione intellettuale del giovane Montini fu preponderante. Certamente l'autore francese che maggiormente incise sul pensiero del futuro Paolo VI fu Jacques Maritain, uno dei principali autori cattolici del Novecento. In questo capitolo abbiamo cercato – pur sinteticamente – di focalizzare la nostra attenzione anche su come e perché Montini scelse questo filosofo francese come 'valido interlocutore' nel tentativo di 'riconciliare' la cristianità col mondo moderno.

Importanti e significativi furono gli anni trascorsi alla guida dell'Arcidiocesi di Milano: la partenza da Roma, l'impegno diretto nella *cura animarum*, aiutarono il futuro Pontefice a 'partecipare più da vicino' al 'travaglio' vissuto dalla Chiesa nel suo relazionarsi con la modernità.

Durante il suo discorso d'ingresso nell'Arcidiocesi ambrosiana si domandò: «Come possiamo noi adeguare la nostra vita moderna, con tutte le sue esigenze, purché sane e legittime, con un cristianesimo autentico?»[14] A Milano, Montini trovò e sperimentò una realtà dove le diversità – Chiesa e società moderna – cercavano di dialogare e di convivere. Eletto Successore dell'Apostolo Pietro, avvertì profondamente la responsabilità per la prosecuzione del Concilio Ecumenico Vaticano II e per quella missione che la Chiesa era chiamata a compiere, in un'epoca di profonde e rapide trasformazioni.

Nell'ultima parte del capitolo abbiamo focalizzato la nostra attenzione su due documenti. Innanzitutto l'enciclica *Ecclesiam suam*, da alcuni definita come 'l'enciclica del dialogo'. Paolo VI, nel documento programmatico dell'inizio del suo pontificato, affermò che per instaurare un dialogo, la Chiesa avrebbe dovuto partire da due presupposti indispensabili: l'approfondimento della propria coscienza (cfr. ES 10) e la disponibilità all'aggiornamento (cfr. ES 12). Questi due principi – posti in successione logica – sarebbero stati in grado di dar vita a quelle «relazioni che oggi la Chiesa deve stabilire col mondo che la circonda ed in cui essa vive e lavora» (ES 13).

Abbiamo infine cercato di considerare brevemente la *Gaudium et spes*, il documento conciliare in cui è possibile ritrovare i concetti e le categorie tipicamente montiniane di *aggiornamento* e di *dialogo*. La Costituzione pastorale sulla Chiesa nel mondo contemporaneo, indicando la cultura scientifica come una delle principali cause dei considerevoli cambiamenti verificatesi nel modo di vivere e nel modo di pensare dell'uomo moderno, lascia trasparire, in alcuni brevi ma significativi passaggi, anche un 'orientamento nuovo', caratterizzato da un senso di fiducia verso ciò che il progresso scientifico può offrire per lo sviluppo dell'uomo e per il bene della società. Questo documento conciliare oltre a valorizzare l'intelligenza umana (cfr. GS 15), ribadisce «la legittima autonomia» della cultura e delle scienze (cfr. GS 36).

Questo breve studio della *Gaudium et spes* risulta utile in quanto pone le basi per un confronto critico ed un dialogo aperto con le diverse espressioni culturali contemporanee, compreso il mondo della scienza e della tecnica. In questo ambito si dispiega il contributo magisteriale di Paolo VI, come sarà analizzato nel terzo capitolo.

Il **terzo capitolo** offre un'analisi sistematica e sintetica dei vari contributi presenti negli insegnamenti di Paolo VI, inerenti alla scienza e la

---

[14] G. B. MONTINI, «È giunta un'ora nuova», 61.

tecnica. Gli anni del pontificato di Montini furono caratterizzati da un susseguirsi di scoperte e di significativi successi in campo scientifico-tecnologica. Basti ricordare, ad esempio, lo sviluppo nella conoscenza dei codici genetici, della biologia molecolare, delle neuroscienze, oppure l'esplorazione dello spazio e lo sbarco del primo uomo sulla Luna. Paolo VI avvertì, quindi, l'urgenza e la necessità di approfondire maggiormente la tematica del rapporto tra fede e scienza.

Inizialmente, in questo capitolo, abbiamo voluto ripercorre brevemente la storia della *Pontificia Accademia delle Scienze* e della *Specola Vaticana*, evidenziandone i motivi che portarono alla loro fondazione ed i contributi che queste due istituzioni possono offrire nel dialogo fede e scienza, riferendoci in modo particolare al pontificato di Paolo VI. Credo sia utile ribadire tre premesse importanti: (i) la Chiesa non teme il mondo scientifico; (ii) essa, nel corso dei secoli, in diversi modi ed a diverso titolo ha sostenuto ed incoraggiato la ricerca scientifica; (iii) la Chiesa stessa è direttamente coinvolta in ciò che riguarda il mondo scientifico.

L'attività di colui che intraprende la via della ricerca scientifica – ricordava Paolo VI – dovrebbe essere caratterizzata e permeata da due atteggiamenti di fondo: lo stupore e la ricerca del vero. Lo stupore – che, secondo san Gregorio di Nissa, è il 'solo che conosce'[15] – sintetizza quel movimento che porta l'uomo verso la conoscenza di quanto lo circonda. Questa capacità di meravigliarsi di fronte al creato costituisce il punto di partenza dell'avventura conoscitiva e dell'apertura verso il riconoscimento dell'azione creatrice di Dio. Lo scienziato, inoltre, dovrebbe essere mosso dalla tensione verso la ricerca della Verità. A tal riguardo, Paolo VI propose come modello il pensiero di Tommaso d'Aquino, come 'aiuto' e 'sprone' per lo scienziato a diventare, sempre più, un *apostolo della verità*. L'autentica ricerca della verità, secondo Papa Montini, testimonia come fra il vero scienziato e il vero credente vi sia un intimo legame ed una profonda comunanza d'intenti, in quanto entrambi sono e debbono essere discepoli e servitori dell'unica Verità.

Qualora la scienza venisse privata di questo anelito verso la verità, essa perderebbe il proprio statuto epistemologico, riducendosi ad una mera ideologia. Paolo VI approfondì questa tematica, aiutando l'uomo di scienza a difendersi dalla 'minaccia delle ideologie' (tra le quali, ad esempio, il riduzionismo scientifico, l'assolutizzazione della scienza e l'idolatria dello strumento); ideologie capaci di oscurare e di sopraffare la stessa scienza. In questo contesto, il Pontefice rivolse un duplice invito agli

---

[15] Cfr. GREGORIO DI NISSA, *La vita di Mosè*, PG 44, 377B; ID., *Homelia XII*, in *Cantica Canticorum*, PG 44, 1028D.

scienziati: essi avrebbero dovuto *ridare alla scienza le sue ali*, così che essa potesse nuovamente rappresentare un sostegno nell'itinerario spirituale dell'uomo ed inoltre essi avrebbero dovuto 'abbandonare un certo feudalismo scientifico', tendendo così verso l'unità e la sintesi del sapere.

La scienza e la tecnica dovrebbero avere come fine ultimo il benessere e lo sviluppo integrale dell'uomo. A tal riguardo Paolo VI, nel suo magistero, sottolineò alcuni ambiti in cui la scienza si era veramente prodigata a servizio dell'umanità, ricordando, in modo particolare: la medicina; l'impegno per l'approvvigionamento di acqua e di cibo e lo sviluppo dei mezzi di comunicazione. In questo 'mettersi al servizio dell'umanità' Paolo VI colse un ulteriore punto d'incontro tra la Chiesa e la scienza.

Qualora però la scienza e la tecnica dimenticassero questo loro obiettivo fondamentale, esse potrebbero 'rivoltarsi' contro l'uomo, causandone l'annientamento. Il Pontefice, nei suoi insegnamenti, ricordò due derive cui avrebbe potuto condurre un esercizio scriteriato della tecnica: i conflitti nucleari e l'inquinamento del pianeta. Per cercare di prevenire ed evitare tali sciagure Montini suggerì, anche in ambito scientifico, la strada della cura e della promozione di una 'coscienza morale', capace di orientare l'operato del ricercatore e dello scienziato verso il bene integrale della persona umana.

In diverse occasioni il Pontefice richiamò e sviluppò l'insegnamento conciliare secondo cui la progressiva conoscenza del mondo naturale, attraverso gli studi scientifici e gli sviluppi della tecnica, non è in alcun modo in contrasto con la fede. Questi due ambiti, infatti, possono e devono integrarsi vicendevolmente. Paolo VI considerava la fede come una 'luce per la scienza' e vedeva nella scienza un sapere propedeutico, capace esso stesso di 'purificare ed illuminare' la stessa fede. Egli indicò l'Università come luogo privilegiato per instaurare un dialogo costruttivo ed autentico tra fede e scienza.

Nel contesto di un dialogo così inteso ed auspicato tra fede e scienza, abbiamo compiuto un breve *excursus* sull'enciclica *Humanae vitæ*, ravvisando come, in questo documento, traspaia quella tanto auspicata iterazione e quella mutua collaborazione tra i due ambiti.

A conclusione del capitolo abbiamo tratteggiato quello che, nella visione montiniana, corrisponderebbe 'all'identikit dello scienziato credente'. Il Pontefice, oltre a descrivere i tratti essenziali che dovrebbero essere propri di colui che si impegna nella ricerca scientifica, ribadì, ripetutamente e con forza, che la vocazione degli uomini di scienza rappresentava una vera e propria missione. Costoro avrebbero dovuto testimoniare, con la loro vita ed il loro lavoro, che era possibile instaurare un dialogo vero e proficuo tra scienza e fede, nella consapevolezza che quest'ultima non costituisce un fattore limitante per la ricerca, ma anzi è capace di illuminarne il cammino.

Soggiacenti all'insegnamento di Paolo VI, è possibile ritrovare alcuni parallelismi e dei 'punti d'incontro' col pensiero di Ian Barbour, sebbene non sia possibile rinvenire la stessa esposizione ed organizzazione sistematica. Esplicitando queste 'affinità', abbiamo ritenuto legittimo concludere che il Pontefice, in modo analogo alla posizione elaborata da Barbour, dimostrò l'infondatezza e l'irragionevolezza della tipologia del conflitto e di quella dell'indipendenza, sottolineando la necessità di orientarsi verso un dialogo fruttuoso, indirizzandosi, cioè, per utilizzare la classificazione elaborata dallo studioso statunitense, verso la 'tipologia dell'integrazione'. Soltanto così sia l'ambito della scienza che quello della fede avrebbero potuto trarne beneficio, 'illuminandosi' vicendevolmente, concorrendo efficacemente alla promozione del rispetto dell'uomo e della sua dignità, e contribuendo all'autentico sviluppo integrale della persona umana.

Nel **quarto capitolo**, abbiamo voluto enucleare il contributo specifico apportato dal magistero di Paolo VI nella trattazione di una questione teologica particolare che ha una certa attinenza con l'ambito scientifico: la tematica del peccato originale. Abbiamo voluto applicare l'immagine dello 'scambio delle lampade'[16], utilizzata nel 1955 dall'allora Arcivescovo di Milano durante la sua prima visita all'Università Cattolica del Sacro Cuore per descrivere quel dialogo fattivo che si sarebbe potuto instaurare tra colui che portava la luce della fede e la luce della ricerca scientifica. Un incontro di due lampade, di due luci; l'una bisognosa dell'altra per poter illuminare, insieme, il cammino dell'umanità.

Il secolo scorso è stato caratterizzato da notevoli progressi nel campo della paleontologia, dell'anatomia, della fisiologia e della biochimica. I risultati conseguiti hanno 'gettato nuova luce' sull'origine della terra e dell'uomo. Si avvertì, pertanto, la necessità di ricercare e di coniare un linguaggio nuovo per parlare della creazione dell'uomo e per *ri-dire* la teologia del peccato originale «con concetti e parole più comprensibili alle menti formate alla odierna cultura filosofica e scientifica»[17], nella consapevolezza che la formulazione classica del dogma era divenuta ormai difficilmente comprensibile per mondo moderno.

In seguito alla pubblicazione de *L'origine delle specie* del celebre naturalista e geologo britannico Charles Robert Darwin nel 1859, la Chiesa

---

[16] Cfr. G. B. MONTINI, «Omelia in occasione della prima visita», 42-43.
[17] PAOLO VI, *Il dogma del peccato originale*, 364.

Cattolica ha lentamente cercato di elaborare e di ridefinire la propria posizione in merito alla teoria dell'evoluzione, in modo particolare in relazione alla dottrina contenuta nei Decreti del Concilio di Trento sul peccato originale. Come abbiamo cercato di mostrare nella prima parte di questo capitolo, fino agli inizi del XX secolo, nell'ambiente cattolico si riscontravano una generale resistenza ed ostilità nei confronti dell'evoluzionismo – o per utilizzare le categorie elaborate da Ian Barbour – sussisteva una tipologia di *conflitto*. Dagli interventi dei Presuli della Germania, dai lavori preparatori del Concilio Vaticano I, dagli articoli apparsi su *La Civiltà Cattolica*, fino agli interventi della *Pontificia Commissione Biblica*, abbiamo potuto prendere atto di questa opposizione tra la dottrina cattolica e l'evoluzionismo.

Soltanto in seguito – in modo particolare durante il pontificato di Pio XII – si verificarono le prime aperture del magistero di fronte alle nuove prospettive proposte dalla scienza, arrivando a pronunciarsi in modo favorevole riguardo alla conciliabilità tra alcune forme di evoluzionismo e la fede cattolica. Tuttavia in questo periodo, pur superando una tipologia di conflitto, si sviluppò e si perseguì una certa separazione tra la dottrina cattolica e l'evoluzionismo, ponendo in essere quella che Barbour definiva come la tipologia d'*indipendenza*. Pur essendo lontani dai toni di condanna generale dell'evoluzionismo tipici della fine del XIX, il dibattito non poteva, però, dirsi risolto. Venne piuttosto stabilita una 'sorta di tregua', rimandando al futuro per eventuali ulteriori approfondimenti della questione.

Paolo VI si pronunciò ufficialmente circa questo tema in due occasioni. La prima fu il discorso ai partecipanti al Simposio sul mistero del peccato originale del 1966, mentre la seconda, è rappresentata da un passaggio, sempre inerente al peccato originale, contenuto nella *Professione di fede* del giugno del 1968.

Papa Paolo VI non apportò mutamenti radicali in ciò che riguardava il contenuto della dottrina del peccato originale. Durante il periodo del suo pontificato, però, anche in ragione degli sviluppi e dei risultati perseguiti dalla scienza, a livello magisteriale si assistette ad un duplice cambiamento: sul piano dell'atteggiamento e su quello del linguaggio.

A livello magisteriale è possibile rilevare come, con Paolo VI, si assistette al passaggio da una posizione d'intransigente difesa apologetica dell'insegnamento tradizionale, ad una posizione '*più dialogante e più aperta*' alle nuove istanze della cultura moderna, sempre, però, nella fedeltà e nella salvaguardia del contenuto dottrinale e della Tradizione.

È possibile cogliere un'analoga apertura anche a livello linguistico. È particolarmente significativo il fatto che, in questi due interventi, non ci riferisca più all'evoluzione come ad una semplice ipotesi, ma come ad una teoria, tenendo quindi in considerazione i progressi compiuti in questo ambito dalla ricerca scientifica. Il Pontefice, poi, in occasione del Simposio sul peccato originale del 1966 invitò i partecipanti ad approfondire e *ri-dire* la teologia del peccato originale «con concetti e parole più comprensibili alle menti formate alla odierna cultura filosofica e scientifica»[18], constatando la necessità di un arricchimento vicendevole tra fede e scienza attraverso *l'integrazione* dei diversi campi del sapere[19].

3. Scelte e limiti

Nell'elaborazione del nostro studio, abbiamo compiuto delle scelte che ne hanno determinato l'ambito, ma anche i limiti.

Pur riferendoci principalmente al magistero pontificio, abbiamo ritenuto però importante tratteggiare brevemente alcuni aspetti inerenti alla formazione del giovane Montini ed al periodo trascorso alla guida dell'Arcidiocesi di Milano. Questo è stato fatto non con la pretesa di compiere uno studio esaustivo ed organico sulla figura di Giovanni Battista Montini prima dell'elezione al soglio di Pietro, ma con l'intenzione di offrire alcune coordinate ed alcune prospettive di lettura così da poter meglio contestualizzare e comprendere il magistero del periodo del pontificato. Al riguardo, va segnalato che, rispetto a quanto trattato nel nostro lavoro, andrebbe maggiormente approfondita e studiata l'influenza esercitata dall'ambiente culturale francese (soprattutto da Jacques Maritain e da Jean Guitton) nella formazione e nel pensiero di Montini: questo è da ritenersi un limite del nostro studio.

Un altro limite del presente lavoro è dovuto al fatto che non abbiamo potuto accedere ai documenti custoditi nell'Archivio Segreto Vaticano, in quanto l'attuale termine cronologico di consultabilità è posto alla fine del pontificato di Pio XI (febbraio 1939), ed anche all'Archivio dell'Istituto Paolo VI di Brescia. La storiografia futura potrà certamente trovarvi elementi nuovi e preziosi per un ulteriore approfondimento dell'argomento.

---

[18] PAOLO VI, *Il dogma del peccato originale*, 364.

[19] Passare all'*integrazione* vuol dire «assumere i risultati e i contenuti conoscitivi sull'universo e sull'uomo che la scienza ci offre in una superiore visione unitaria di sintesi con l'apporto determinante della filosofia e della teologia» (V. DANNA, «Ricerca scientifica odierna», 96-97).

CAPITOLO I

Status Quæstionis:
Terminologia, nascita della scienza, modelli di interazione tra scienza e fede

Una storia della cultura nell'Occidente di tradizione cristiana può essere tratteggiata, a grandi pennellate, nel seguente modo: mentre per diversi secoli è stato dominante il modello umanistico-cristiano, a partire dell'epoca moderna fino ai nostri giorni si constata una certa divaricazione tra modello umanistico (lettere, filosofia, teologia, diritto ...) e modello scientifico (matematica, scienze naturali) e modello tecnologico (il politecnico). Tale parabola culturale riporta in primo piano il tema dei rapporti tra fede/teologia e scienza, un tema che pure ha alle spalle una storia lunga e complessa[1].

Soffermarsi a riflettere sul rapporto tra fede e ricerca scientifica rappresenta, oggi più che mai, una vera e propria necessità, dal momento che la scienza 'gioca' un ruolo non marginale nella società contemporanea. Già nel 1965, in una delle pagine iniziali della *Gaudium et spes*, i Padri conciliari indicarono proprio il sapere scientifico come una delle cause principali dei profondi mutamenti che, a livello mondiale, si stavano registrando in ambito culturale e sociale[2]. Tutto quanto il Novecento, infatti, può essere considerato come un secolo fortemente connotato dalla

---

[1] U. CASALE, «Introduzione», in ID., ed., *J. Ratzinger – Benedetto XVI*, 7.

[2] «Il presente turbamento degli spiriti e la trasformazione delle condizioni di vita si collegano con un più radicale modificazione, che tende al predominio, nella formazione dello spirito, delle scienze matematiche, naturali e umane, mentre sul piano dell'azione si affida alla tecnica, originata da quelle scienze. Questa mentalità scientifica modella in modo diverso da prima la cultura e il modo di pensare. La tecnica, poi, è tanto progredita, da trasformare la faccia della terra e da perseguire ormai la conquista dello spazio ultraterrestre. Anche sul tempo l'intelligenza umana accresce in certo senso il

scienza. Basti pensare, ad esempio, come, da un lato, la meccanica quantistica, la teoria della relatività – e le loro implicazioni cosmologiche – abbiano 'ridisegnato' la struttura e la percezione dell'universo, e come, dall'altro, l'evoluzionismo darwiniano si sia 'autorevolmente imposto' nel tentativo di spiegare il fenomeno dello sviluppo della vita nel mondo.

Per di più, una riflessione sul rapporto tra fede e scienza risulta quanto mai necessaria anche per cercare di superare quell'erronea concezione secondo la quale il mondo della scienza e quello della fede sarebbero reciprocamente antitetici ed inconciliabili. La questione del rapporto tra scienza e fede cristiana cominciò a delinearsi a partire dal XVI-XVII secolo, in relazione alla nascita della cosiddetta 'Rivoluzione scientifica'[3]. I problemi e le incomprensioni iniziarono quando la ricerca scientifica, avvalendosi di nuovi metodi e di nuovi strumenti, giunse a dei risultati che, almeno apparentemente, parevano inconciliabili con quanto contenuto nella Scrittura (basti pensare, ad esempio, alle posizioni di Copernico, Galileo e a Darwin). Verso la fine del XIX secolo, si giunse anche ad affermare che un credente non avrebbe potuto essere uno scienziato, dal momento che si riteneva che un uomo di fede non avrebbe potuto avere quell'atteggiamento mentale 'critico e speculativo', necessario per indagare la realtà fenomenica, tipico dell'uomo di scienza[4].

---

suo dominio: sul passato mediante l'indagine storica, sul futuro con la prospettiva e la pianificazione. Non solo il progresso delle scienze biologiche, psicologiche e sociali dà all'uomo la possibilità di una migliore conoscenza di sé, ma lo mette anche in condizioni di influire direttamente sulla vita delle società, mediante l'uso di tecniche appropriate» (GS 5).

[3] La rivoluzione scientifica – iniziata con Galileo Galilei (1564-1642) grazie alle sue scoperte in campo fisico e astronomico ed al suo metodo sperimentale – che giunse ad Isaac Newton (1642-1727) – investì la civiltà occidentale in tutti i suoi aspetti: «Quella che era sorta come guerra di liberazione del pensiero finì col diventare guerra di conquista e di egemonia esclusiva dello scientismo […] Il primo nemico da screditare fu la religione, dalla teologia all'etica. Poi fu il turno della metafisica e, in seguito, tutte le forme di filosofia che non fossero mero commento o un'appendice del pensiero scientifico […]. Durante gli ultimi tre secoli l'obiettivo finale della scienza è stato di fagocitare l'intera attività mentale dell'uomo, sterminando idea per idea, tutte le forme di pensiero che riteneva a lei estranee. Quando però anche l'orizzonte della scienza fu infine ridimensionato dalla sua stessa critica, che ne è un imprescindibile tratto, questa si è trovata davanti all'abisso dell'incognito con alle spalle il deserto dello scientismo. In questo deserto dell'Occidente, senza punti di riferimento, la scienza è rimasta sola e procede senza sapere dove e perché» (C. RONCHI, *L'albero della conoscenza*, 248). Per un sintetico percorso storico delle relazioni tra scienza e fede vedasi: S. RONDINARA, «Teologia e Scienza della natura», 287-297.

[4] Tuttavia, nel corso della storia, vi sono stati anche grandi uomini e donne di fede che furono anche grandi scienziati (o, se si preferisce, grandi scienziati che erano anche

Max Seckler riteneva che i rapporti divenuti, nel corso dei secoli, 'conflittuali' tra fede e scienza fossero soltanto causati da malintesi e da 'limiti' umani. L'autore considerava tale 'conflitto' tra le due sfere del sapere come un *quid* di assurdo, non avendo alcuna reale ed oggettiva ragion d'essere ed essendo 'fondamentalmente e completamente superabile'[5]. Di fatto, negli ultimi decenni ci furono – e ci sono tuttora – persone che, appartenenti sia all'ambito della fede sia al mondo scientifico, che si sono impegnate a cercare di sanare questa contrapposizione, costruendo nuovi 'ponti di dialogo' tra fede e scienza, a vantaggio ed a servizio dell'intera umanità. Il nostro studio vuole considerare il contributo offerto da Paolo VI in questo settore.

1. *Explicatio terminorum*

All'inizio del nostro studio è bene cercare di precisare, seppur in modo sintetico, il significato con cui useremo i termini 'scienza' e 'fede'.

1.1 *Scienza*

Va osservato, che 'scienza' è un termine analogico: esso, infatti, si può riferire a più soggetti con un significato che 'non è del tutto identico', ma nemmeno 'del tutto diverso'. In questo lavoro col termine generale 'scienza' vogliamo intendere «l'attività umana che si presenta come un'avventura cognitiva metodologicamente controllata che ha lo scopo di conoscere la struttura e la storia del mondo naturale del quale siamo parte integrante»[6]. Nata nel XVII secolo, la scienza moderna costituisce non solo uno dei pilastri fondamentali della nostra conoscenza, ma anche della nostra cultura.

---

uomini di fede). Basta ricordare, ad esempio: Ildegarda di Bingen (n.1098), Alberto Magno (domenicano 1200-1280), Ruggero Bacone (francescano, 1214-1292), Copernico (1473-1543), Matteo Ricci (gesuita, 1552-1610), Niccolò Stenone (vescovo, medico e fondatore della geologia, 1638-1686), René Just Haüy (pose le basi della cristallografia all'epoca della rivoluzione francese, 1743-1822), Lazzaro Spallanzani (sacerdote biologo, 1729-1799), Gregor J. Mendel (monaco agostiniano ceco, il padre della genetica 1822-1884), Pavel Florenskij (matematico e scienziato russo, 1882-1943), Teilhard de Chardin (gesuita, 1881-1955), Georges Lemaître (prete belga, probabilmente il primo ad elaborare la teoria del Big Bang all'inzio del XX secolo, 1894-1966); Ronald Fisher (inglese, biologo evoluzionista 1890-1962), Asa Grey (botanico americano 1810-1888), e Theodosius Dobzhansky (ucraino, genetista e biologo evoluzionista 1900-1975). Cfr. V. DANNA, «Scienza e fede», 36-37; S. MURPHY, «La falsa guerra», 20-21.

[5] Cfr. M. SECKLER, «Teologia e scienza», 1235.

[6] S. RONDINARA, «Teologia e Scienza della natura», 286. Cfr. ID., *Interpretazione del reale*, 7-9; R. A. MARTÍNEZ, «L'interazione», 206-207.

Quest'attività, svolta dall'intelletto umano, ha come oggetto di studio gli enti fisici del mondo ed i fenomeni naturali, oggetto dell'esperienza sensibile. Essa si fonda su una duplice premessa, imprescindibile e fondamentale: da un lato postula che l'universo sia intelligibile e conoscibile dalla persona umana e, dall'altro, che esso abbia, in sé stesso, una struttura razionale.

Il metodo scientifico – ossia la modalità tipica con cui la 'scienza' procede al fine di raggiungere una conoscenza oggettiva, affidabile, verificabile e condivisibile della realtà – è caratterizzato, innanzitutto, dall'osservazione empirica e dalla raccolta dei dati forniti dal lavoro sperimentale[7], come punto di partenza per l'elaborazione di un'ipotesi. Quest'ultima, a sua volta, diviene oggetto di un'ulteriore sperimentazione, per cercare di definire una o più teorie, che servano da fondamento per la formulazione di una legge scientifica[8]. I diversi programmi di ricerca scientifica elaborati non solo potrebbero entrare reciprocamente in conflitto, ma alcuni potrebbero arrivare a soppiantare quelli che si 'davano per assodati e certi', provocando così vere e proprie 'rivoluzioni scientifiche'.

La scienza, essendo una 'attività umana', viene esercitata in un ambiente reale in cui le condizioni storiche e culturali, le tradizioni, ed i valori non possono e non debbono essere trascurati. Tale considerazione acquista un'importanza particolare soprattutto quando cerchiamo di comprendere il sapere scientifico in relazione alla dimensione religiosa della persona umana[9].

1.2 *Fede, teologia, religione*

È necessario anche avere un'idea corretta di ciò che va inteso per 'fede'. Secondo Avery Dulles «la parola 'fede' *è* la parola cristiana. Il cristianesimo merita più di ogni altra religione il nome di 'fede'»[10]. Per 'fede' – limitandoci all'ambito cristiano – vogliamo intendere «l'adesione personale dell'uomo a Dio; al tempo stesso ed inseparabilmente,

---

[7] Non va dimenticata la diversa modalità e la specificità con cui ciascuna branca della scienza acquisisce i propri dati. Ad esempio, la fisica e la chimica, a differenza della biologia, 'fanno largo uso' della matematica; alcune scienze, come l'astronomia, acquisiscono dati mediante l'osservazione, mentre altre scienze che studiano la fisica delle particelle, si servono di esperimenti.

[8] Cfr. P. HAFFNER, *Creazione e Creatività Scientifica*, V.

[9] Cfr. R. A. MARTÍNEZ, «L'interazione», 207; M. ARTIGAS, *The Mind of the Universe*, 27-57; ID., *Knowing Things for Sure*, Lanham 2006.

[10] A. DULLES, *Il fondamento delle cose sperate*, 5.

è l'assenso libero a tutta la verità che Dio ha rivelato»[11]. Dulles così concepisce il *dono* della fede:

> La fede non è un atto irrazionale, ma potrebbe apparire tale a coloro che non tengono conto delle iniziative di Dio. La fede non è opera dell'intelletto umano che tenti di scalare le vette del divino, ma accoglienza della graziosa manifestazione che Dio ha dato di se stesso. La fede è essa stessa, nelle parole della Scrittura, "fondamento delle cose che si sperano e prova di quelle che non si vedono" (Eb 11,1)[12].

Nel linguaggio comune il termine 'fede' – oltre ad indicare le ragioni e l'intelligibilità di un credo e la risposta personale a Dio che si rivela – esso indica soprattutto 'l'insieme delle verità da credere'.

Alcune volte al posto di 'fede' viene utilizzato il vocabolo 'teologia', focalizzando così l'attenzione sull'aspetto dell'attività conoscitiva di tipo speculativo, ovvero «l'intelligenza critica del contenuto della fede perché la vita credente possa essere pienamente significativa»[13]. La teologia condivide lo stesso oggetto di studio della fede: l'auto-rivelazione di Dio, ossia quella Parola che Egli stesso ha pronunciato, in modo singolare e definitivo, in Cristo. Pur condividendo lo stesso oggetto d'indagine, fede e teologia, però, si differenziano tra loro. Da un lato, infatti, mediante la fede, il cristiano si abbandona liberamente, presta il pieno ossequio dell'intelletto e della volontà, offrendo il volontario assenso alla Rivelazione (cfr. DV 5). Dall'altro canto, attraverso la teologia, egli elabora un sapere critico della fede – 'scienza della fede' – ossia una fede che cerca di comprendere: «*fides quaerens intellectum*»[14]. In poche parole, la teologia si sforza «di comprendere ciò in cui la Chiesa crede, perché vi crede, e che cosa può essere conosciuto *sub specie* Dei. In quanto *scientia Dei*, la teologia cerca di comprendere in modo razionale e sistematico la verità salvifica di Dio»[15].

Altre volte, come sinonimo di 'fede' si usa anche il vocabolo 'religione' senza considerare con sufficiente attenzione, le conseguenze causate da questo cambio di prospettiva. 'Religione', infatti, nell'accezione comune del termine, implica un complesso di credenze, di dogmi, di principi morali di precetti e di riti, che legano un individuo o una comunità con

---

[11] *Catechismo della Chiesa Cattolica*, n. 150.

[12] A. DULLES, *Il fondamento delle cose sperate*, 6.

[13] R. FISICHELLA, «Teologia», 1223.

[14] S. ANSELMO, *Proslogion. Proemium*, 1, 94.

[15] COMMISSIONE TEOLOGICA INTERNAZIONALE, *La teologia oggi*, n. 19, 20. Cfr. S. RONDINARA, *Interpretazione del reale*, 9-11.

Nella sua ricerca sulle modalità di porre in relazione 'scienza e religione'[50], egli identificò nella storia della cultura dell'Occidente, una *quadripartizione* dei loro possibili 'modi di interazione': il conflitto, l'indipendenza, il dialogo, e l'integrazione. Questa classificazione chiamata da Barbour *Ways of Relating Science and Theology*, è stata resa nota per la prima volta nel 1988[51], poi progressivamente sviluppata e ampliata nel 1990[52], nel 1997[53], e infine nel 2000[54]. L'autore voleva mostrare l'inconsistenza dei primi due modi di interazione – il conflitto e l'indipendenza –, e la necessità di dirigersi non solo verso il modello di dialogo, ma spingendosi ancora oltre, indicò nell'integrazione la direzione privilegiata di marcia.

Vogliamo soffermarci ad analizzare maggiormente la tipizzazione di Barbour non soltanto perché questo autore è considerato come uno dei padri fondatori dello studio sistematico della relazione tra scienza e religione[55], ma anche perché la tipizzazione da lui proposta risulta quella «maggiormente utilizzata in questo settore»[56], e dalla quale altri autori sono partiti per svilupparne una propria[57].

Questo sguardo panoramico alla summenzionata tipizzazione è fondamentale per il nostro studio, in quanto potrà fornirci alcune chiavi di lettura nell'analisi della portata del contributo offerto da Papa Paolo VI nella promozione di un dialogo costruttivo tra fede e scienza.

---

a lavorare come fisico nel *Kalamazoo College* nel Michigan. In seguito svolse altri studi questa volta in Teologia, Etica e Filosofia alla *Yale Divinity School.* Dal 1955, Barbour sarà il primo docente negli Stati Uniti a ricoprire un insegnamento sia in un Dipartimento di Fisica sia in uno di Religione, introducendo così per la prima volta corsi accademici di *"Religion and Science"* in ambito universitario. A partire dagli anni '60 gli studi di Barbour tracceranno la strada poi percorsa da molti altri studiosi nel campo della scienza e fede. Rappresenta dunque una delle figure preminenti nel dibattito sull'*interazione tra fede e scienza.* Cfr. R. J. RUSSEL, «Un pensiero-ponte», 457-459; I. G. BARBOUR, «A personal Odyssey», 17-28.

[50] Barbour nei suoi modelli d'interazione tra religione e scienza, ha utilizzato i termini *'teologia'* e *'religione'* quasi indistintamente. Per lui *'teologia'* sembra essere l'analisi delle convinzioni religiose dell'uomo e della società, mentre *'religione'* sembra significare l'insieme dei contenuti conoscitivi propri di una particolare fede religiosa. Cfr. R. A. MARTÍNEZ, «L'interazione tra fede e razionalità scientifica», 210.

[51] Cfr. I. G. BARBOUR, «Ways of relating science and theology», 21-48.

[52] Cfr. I. G. BARBOUR, *Religion in an Age of Science*, 3-30.

[53] Cfr. I. G. BARBOUR, *Religion and Science*, 77-105.

[54] Cfr. I. G. BARBOUR, *When Science meets Religion*, 7-38.

[55] Cfr. C. BERG, «Barbour's Way(s)», 61.

[56] R. J. RUSSEL, «Dialogo scienza-teologia», 382.

[57] Cfr. R. J. RUSSEL, «Dialogo scienza-teologia», 383-384; Per una lettura critica della tipologia di Barbour suggeriamo: C. BERG, «Barbour's Way(s)», 61-72.

3.1 *Conflitto*

Il primo modello di interazione tra fede e scienza che propone Barbour è quello del conflitto[58]. Tale relazione fu la tipologia tipica della seconda metà dell'Ottocento, ed è stata promossa in modo particolare attraverso le opere dello scienziato John William Draper, *History of the Conflict between Religion and Science*[59], e dell'intellettuale Andrew Dickson White, *A History of the Warfare of Science with Theology in Christendom*[60].

I sostenitori della tipologia del conflitto ritengono che tra scienza e fede, esista una sostanziale e rilevante incompatibilità, in quanto entrambi campi di conoscenza avanzano pretese inconciliabili sul medesimo oggetto di studio, a tal punto che, necessariamente, ci si 'debba schierare' o da una parte o dall'altra. Barbour prese come chiari prototipi di questa incompatibilità il 'materialismo scientifico' ed il 'letteralismo biblico'. Queste due correnti intellettuali, pur ponendosi in posizioni diametralmente opposte nell'orizzonte teologico, presentano, però, alcuni caratteri epistemici comuni: il nostro autore ne analizzò i due principali. In primo luogo, ambedue pretendono di affermare il primato della propria forma di conoscenza: la forma empirico-teoretica del metodo scientifico per il materialismo scientifico e l'infallibilità della Sacra Scrittura per il letteralismo biblico. La seconda caratteristica comune sarebbe rappresentata dal fatto che entrambi non sarebbero capaci di rispettare i rispettivi statuti epistemologici ed i rispettivi campi d'azione. Di conseguenza, i sostenitori del materialismo scientifico, muovendo le loro argomentazioni dall'ambito scientifico, avrebbero la presunzione di fornire conclusioni certe in campi che non sono loro propri. Parallelamente,

---

[58] Per cercare di delineare un quadro il quanto più completo possibile della tipizzazione ideata da Ian Barbour è necessario analizzare e riferirsi tutte e quattro diverse redazioni che, in diverse opere, nel corso degli anni l'autore fece della sua teoria. Vedasi, quindi: I. G. BARBOUR, «Ways of relating science and theology», 21-48; ID., *Religion in an Age of* Science, I, 3-30; ID., *Religion and science*, 77-105; ID., *When Science meets religion*, 7-38. Ci serviremo anche di S. RONDINARA, «Modi d'interazione», 37-57; ID., «Teologia e Scienza della natura», 301-311.

[59] Forse anche a causa, in parte, di un'errata comprensione della definizione sull'infallibilità del Romano Pontefice sancita dal Concilio Vaticano I, quest'opera si pose in modo fortemente polemico ed ostile nei confronti della Chiesa cattolica. Cfr. J. W. DRAPER, *History of the Conflict between Science and Religion*, New York 1874.

[60] L'opera dello storico episcopaliano, co-fondatore e rettore della prima università non-confessionale negli Stati Uniti, *Cornell University*, è diretta contro la teologia, che cerca di formulare delle affermazioni dogmatiche sul mondo. Cfr. A. D. WHITE, *A History of the Warfare of Science and Theology*, I-II, New York 1896.

in ambito religioso, gli assertori del letteralismo biblico, partendo da un'interpretazione letterale della Scrittura, pretenderebbero di dare risposte di carattere scientifico.

3.1.1 Il materialismo scientifico

Nel materialismo scientifico è possibile rilevare due asserzioni di fondo, una di tipo epistemologico e l'altra di carattere ontologico. Innanzitutto si pretende d'affermare che il metodo scientifico rappresenta l'unica via per poter accedere ad un sapere certo, mentre sul piano ontologico si sostiene che la materia è l'elemento fondante della realtà terrena. Barbour ritenne che queste due posizioni fossero tra loro strettamente collegate dalla convinzione secondo la quale soltanto gli enti fisici e le cause inerenti al sapere scientifico sarebbero reali, e che soltanto la scienza può rivelare la natura della realtà nella sua evoluzione.

Oggigiorno, una delle espressioni eloquenti del materialismo scientifico è rappresentata dal riduzionismo. Barbour richiamò l'attenzione su due tipologie di riduzionismo: quello 'epistemologico' (il quale afferma che le leggi della natura e le teorie delle varie scienze sono riducibili alle leggi della fisica e della chimica) e quello 'ontologico' (secondo il quale sarebbe 'reale' soltanto ciò che può essere conosciuto attraverso le scienze positive).

Ricapitolando, il materialismo scientifico si fonda sull'asserto che soltanto il metodo scientifico è l'unica forma attendibile di sapere. Partendo da questo asserto metodologico-scientifico (ossia che la formulazione delle teorie scientifiche e la loro verifica debbono avvenire in conformità ai risultati ottenuti da esperimenti eseguiti in luoghi, in tempi e da persone diverse) il materialismo scientifico ritiene che qualsiasi sapere extra-scientifico, in modo particolare quello proprio della fede, sia inammissibile, dal momento che esso non può essere verificato empiricamente. Solo la scienza sarebbe in grado – secondo tali sostenitori – di fornire un sapere obiettivo, aperto e universale. Al contrario, il sapere che affonda le proprie radici nelle tradizioni religiose, è considerato come soggettivo, chiuso, acritico, e resistente al cambiamento.

Tra i cosiddetti 'oracoli della scienza'[61], ossia tra gli assertori del materialismo scientifico e delle posizioni riduzioniste, Barbour ricordò (in ragione sia del valore scientifico del loro pensiero, sia per la rilevante diffusione delle loro opere): i biologi Francis Crick[62], Jacques Monod[63],

---

[61] Cfr. A. ARTIGAS – K. GIBERSON, *The Oracles of Science.*
[62] Cfr. F. CRICK, *Of Molecules and Men*, Seattle 1966.
[63] Cfr. J. MONOD, *Chance and Necessity*, New York 1972.

e Richard Dawkins[64]; il socio-biologista Edward O. Wilson[65]; e i cosmologi Carl Sagan[66], Steven Weinberg[67] e Frank Tipler[68].

Ciascuno di questi autori – stando al giudizio di Barbour – interpretarono la realtà esclusivamente in termini 'di origini astronomiche, meccanismi biochimici, o di sviluppo evoluzionistico'. Così facendo, essi respinsero e screditarono ogni altra possibilità di spiegazione che potesse provenire da altri ambiti di conoscenza, *in primis* da quello della religione. Costoro, secondo il nostro autore, non riuscirono a distinguere tra questioni scientifiche e filosofiche, in quanto nelle loro opere, invocavano l'autorità della scienza per elaborare a conclusioni che appartenevano al campo scientifico propriamente inteso.

Sia le due grandi rivoluzioni scientifiche del mondo fisico nel XX secolo, sia gli sviluppi della storia e della filosofia della scienza hanno messo in discussione questa 'visione idealizzata' della scienza, la cui crisi rese possibile una riconciliazione tra le posizioni scientifiche e quelle teologiche. Il materialismo scientifico nacque in un'epoca caratterizzata dallo stupore per il progresso della scienza e della tecnica, esso, ancora oggi, esercita una considerevole influenza sulla cultura e sulla società contemporanea.

3.1.2 Letteralismo biblico

L'interpretazione della Sacra Scrittura ha ricoperto un ruolo rilevante nella caratterizzazione dei rapporti tra fede e scienza. Già nel III e IV secolo, la relazione fra la Sacra Scrittura e la visione scientifica del mondo cominciò ad offrire elementi di vivo dibattito. Barbour richiamò le indicazioni avanzate da Agostino d'Ippona sul come uno debba comportarsi nel caso ci fosse dissenso tra il teologo e lo studioso delle scienze naturali:

> Tutto ciò che i fisici, riguardo alla natura delle cose, potranno dimostrare con documenti certi, è nostro compito provare non essere nemmeno contrario alle

---

[64] Cfr. R. DAWKINS, *The Selfish Gene*, Oxford 1976; ID., *The Blind Watchmaker. Why the Evidence of Evolution Reveals a Universe without Design*, New York 1986; ID., *River out of Eden. A Darwinian View of Life*, London, 1995.

[65] Cfr. E. O. WILSON, *Sociobiology. The New Synthesis*, Cambridge 1975; ID., *On Human Nature*, Cambridge 1978.

[66] Cfr. C. SAGAN, *Cosmos*, New York 1980; ID., *Contact. A Novel*, New York 1985; ID., *A Demon-haunted World. Science as a Candle in the Dark*, New York 1996; T. M. ROSS, «The implicit theology of Carl Sagan», 24-32.

[67] Cfr. S. WEINBERG, *The First Three Minutes*, New York 1977.

[68] Cfr. F. TIPLER, *The Physics of Immortality. Modern Cosmology, God and the Resurrection of the Dead*, New York 1994.

nostre Lettere [...]. Lo Spirito di Dio che parlava per mezzo di essi [*degli scrittori sacri*], non intendeva ammaestrare gli uomini su queste cose (cioè sull'intima costituzione degli oggetti visibili), che non hanno importanza alcuna per la salvezza eterna. [...] Occorre cioè evitare che uno, il quale non comprende la sacra Scrittura, incontrando nei nostri libri o sentendo da altri citare qualche testo relativo a tali argomenti che gli pare in contrasto con le verità da lui conosciute con evidenza mediante la ragione, non presti affatto fede agli altri utili insegnamenti o racconti o profezie della stessa Scrittura[69].

Barbour affermò che, nonostante il contributo di Agostino, e di altri autori medievali – che non nomina e dei quali non fornì alcun riferimento bibliografico –, l'interpretazione letterale della Scrittura giocò un ruolo decisivo sia nell'ammonizione e nella successiva condanna inflitta a Galileo Galilei; sia nella lunga e complicata vicenda riguardante la teoria dell'evoluzione proposta da Charles Darwin. Barbour cita questi due noti casi in ambito cattolico – senza elaborarli nei loro particolari – per fare risaltare l'ostilità sorta verso l'ambiente scientifico a causa di una interpretazione letterale della Bibbia.

Galileo riteneva che non ci fossero né incompatibilità, né contrapposizione tra il «libro della natura» ed il «libro della Scrittura»[70], in quanto entrambi avevano Dio come autore. Il padre della scienza moderna sosteneva, inoltre, che il testo sacro andasse interpretato secondo l'intenzione primaria della Scrittura (ossia quella della salvezza[71]), tenendo conto che «lo Spirito Santo si è 'accomodato' attraverso gli autori sacri al volgo, per farsi capire»[72]. Barbour osservò che le teorie di Galileo, però, entrarono in conflitto con l'interpretazione letterale di alcuni passaggi della Sacra Scrittura[73]. Senza ulteriori argomentazioni o approfon-

---

[69] S. AGOSTINO, *De Genesi ad litteram imperfectus*, I, 21, 41; II, 9, 20, in PL 34, 262. 270. Va sottolineato che Ian Barbour non citò direttamente dall'opera di Agostino, ma rimandando ad un contributo di: E. MCMULLIN, «How should Cosmology Relate to Theology?», 21.

[70] Galileo riprende l'immagine dei 'due libri' presente in Agostino, per esprimere la sua certezza nell'armonia tra la Parola rivelata e le opere di Dio. Cfr. S. AGOSTINO, *Enarrationes in Psalmos*, 45, 7, in PL 36, 518.

[71] «È l'intenzione dello Spirito Santo essere d'insegnarci come si vadia al cielo, e non come vadia il cielo» (Galileo Galilei, citando il Cardinale Baronio, nella «Lettera a Madama Cristina di Lorena Granduchessa di Toscana [1615]», in G. GALILEI, *Lettere teologiche*, 35).

[72] G. GALILEI, «Lettera a Madama Cristina di Lorena Granduchessa di Toscana [1615]», 28.

[73] Va ricordato – anche se Barbour non ne fece alcun cenno – che Galileo nell'urgenza di difendere la propria posizione davanti a coloro che sostenevano l'irriducibile

dimenti, il nostro autore, concludendo la trattazione della vicenda di Galileo, citò l'allocuzione pronunciata da Giovanni Paolo II in occasione del 350° anniversario della pubblicazione dell'opera galileiana *Dialoghi sui due massimi sistemi del mondo*. Secondo Barbour, la Chiesa, attraverso le parole del Pontefice, riconobbe che da allora ci fu «una più precisa comprensione dei metodi propri ai diversi ordini di conoscenza e il frutto di una più rigorosa disposizione di spirito alla ricerca»[74]. Tuttavia, la Chiesa «resta costituita da uomini limitati e legati alla loro epoca culturale. [...] È solamente con uno studio umile e assiduo che impara a distinguere l'essenziale della fede dai sistemi scientifici di un'epoca, soprattutto in un momento in cui l'abituale lettura della Bibbia appariva come legata ad una cosmogonia obbligata»[75].

Quando Charles Darwin pubblicò, nel 1859, la sua teoria sull'evoluzione ne *L'origine delle specie,* essa venne considerata non soltanto come una nuova 'sfida al concetto di disegno della natura' ed alla dignità della persona umana, ma, soprattutto, come una minaccia diretta nei confronti dell'autorità della Scrittura. Dal momento che il racconto biblico della Genesi era ritenuto un racconto storico, risultava impossibile accettare l'ipotesi dell'evoluzione della specie umana da una specie inferiore. Bisognerà attendere quasi cent'anni perché si sviluppasse lo studio dei generi letterari, e con esso si 'facesse più luce' sul genere letterario dei racconti della Genesi[76].

Barbour riconosceva che la Chiesa cattolica aveva superato l'interpretazione letterale della Bibbia[77], ma che questo approccio veniva ancora

---

opposizione tra l'autorità della Scrittura e il sistema eliocentrico, fece egli stesso un'esegesi del Salmo 18 e di Gs 10, 12-13. Ignorando e contraddicendo i principi ermeneutici da lui stesso sostenuti, affermò che il senso letterale dei passi biblici da lui utilizzati si accordavano perfettamente con il sistema copernicano. Cfr. R. FABRIS, *Galileo Galilei*; S. RONDINARA, «Teologia e Scienza della natura», 308-309.

[74] GIOVANNI PAOLO II, *Allocuzione ad un gruppo di scienziati* (09.05.1983), 1195. La vicenda di Galileo verrà maggiormente trattata nel III Capitolo di questo nostro lavoro.

[75] GIOVANNI PAOLO II, *Allocuzione ad un gruppo di scienziati* (09.05.1983), 1195.

[76] Già nel III secolo, Origine nella sua opera *I principi* tenta di indicare come bisogna leggere e interpretare la Sacra Scrittura e qual è nella Sacra Scrittura il significato dei passi oscuri e di ciò che in alcuni punti, secondo il senso letterale, è impossibile o irrazionale. Cfr. ORIGINE, *I principi*, IV, 1-3. Cfr. PIO XII, *Divino afflante Spiritu* (30.09.1943), in *EE* 6/263-270. Per quanto riguarda il valore delle varie teorie sull'evoluzione occorrerà attendere i contributi di Paolo VI e, in particolare, di Giovanni Paolo II. Su questo tema ritorneremo nell'ultimo capitolo del nostro studio.

[77] Barbour non fece alcun riferimento alla *Questione biblica*, ovvero a tutto il cammino fatto dalla Chiesa in cent'anni, dalla prima enciclica biblica *Providentissimus*

sostenuto dalla cosiddetta corrente 'creazionista', presente in alcuni gruppi statunitensi di denominazione cristiana. Tale movimento, noto come 'creazionismo scientifico'[78], sostiene che si possa trovare una prova scientifica della creazione del mondo rifacendosi ad un'interpretazione letterale della Bibbia[79].

Riepilogando, il 'creazionismo scientifico' rappresenta una vera e propria minaccia sia per l'autonomia della scienza, sia per quella della fede. Nato in opposizione ad un certo 'smarrimento etico', causato dai rapidi

---

Deus di Leone XIII (1893) alla *Dei Verbum* del Concilio Vaticano II (1965) – dove vengono affrontati diversi temi: l'ispirazione della Scrittura (DV 11), la Verità [*e non più inerranza*] della Scrittura (DV 11b) e l'interpretazione (tenendo conto dei generi letterari e di tre criteri importanti: unità della Bibbia, tradizione della Chiesa, analogia della fede) (DV 12) – fino al documento *L'interpretazione della Bibbia nella Chiesa* (1993) della Pontificia Commissione Biblica. Lo scopo di questo documento era di fare chiarezza di fronte al succedersi di tanti metodi interpretativi. L'esegesi cattolica non si avvale esclusivamente di un metodo scientifico particolare, ma utilizza tutti i metodi e gli approcci che le permettono di meglio comprendere il significato dei testi. Il documento però riserva un giudizio severo alla 'lettura fondamentalista' della Bibbia: «Il problema di base della lettura fondamentalista è che, rifiutando di tenere conto del carattere storico della rivelazione biblica, si rende incapace di accettare pienamente la verità della stessa incarnazione […] Il fondamentalismo invita, senza dirlo, a una forma di suicidio del pensiero. Mette nella vita una falsa certezza, poiché confonde inconsciamente i limiti umani del messaggio biblico con la sostanza divina dello stesso messaggio» (PONTIFICIA COMMISSIONE BIBLICA, *L'interpretazione della Bibbia nella Chiesa*, 63; 65). Cfr. *L'interpretazione della Bibbia nella Chiesa*. Atti del Simposio promosso dalla Congregazione per la Dottrina della Fede; C. BASEVI, «Sacra Scrittura», 1237-1254.

[78] «Secondo questa posizione le proposizioni del racconto biblico della creazione in sette giorni costituiscono in realtà una vera e propria teoria scientifica soggetta a conferme, corroborazioni e falsificazioni da parte di prove sperimentali sul piano geologico e biologico. Proprio a causa della presenza di queste prove, – affermano i creazionisti scientifici – il racconto del libro del Genesi è superiore alle affermazioni fatte dalle varie teorie sull'evoluzione» (S. RONDINARA, «Modi d'interazione», 48).

[79] Barbour ricordò alcune vicende che ebbero come protagonisti esponenti di questo movimento creazionista statunitense. Innanzitutto menzionò il processo tenutosi a Scopes, nel 1925, in cui si cercava di impedire l'insegnamento della teoria dell'evoluzione nelle scuole pubbliche, in quanto ritenuta in contraddizione con le Sacre Scritture. Nel 1981, in una legge promulgata in Arkansas nel 1981, si chiedeva che, sui manuali di biologia e nelle aule scolastiche, si concedesse uguale spazio alla trattazione della teoria creazionista e di quella evoluzionistica. Questa legge venne abrogata, un anno dopo, dal Tribunale Distrettuale degli Stati Uniti, in quanto a favore di una visione religiosa particolare, violando, oltretutto, la legittima separazione tra Stato e Chiesa. Barbour, infine, ricordò quando, nel 1987, il Tribunale Supremo degli Stati Uniti abrogò, in Louisiana, una legge creazionista, in quanto limitava la libertà accademica, e, soprattutto, perché favoriva un particolare orientamento religioso. Cfr. I. G. BARBOUR, «Ways of relating science and theology», 26-27.

mutamenti culturali che investirono diversi settori di società tradizional-
mente cristiane, finì poi per propugnare ideologie che alimentavano l'intol-
leranza ed il fondamentalismo religioso. Da un lato, i sostenitori del creazionismo scientifico hanno 'smascherato' la 'strategia' posta in atto dagli
assertori del naturalismo evoluzionistico per diffondere una visione materialista ed atea del mondo, sulla base di teorie scientifiche come quella
dell'evoluzione. Dall'altro, però essi sbagliarono nel giudicare la teoria
evoluzionistica come una mera asserzione filosofica ateistica, svuotandola
del suo vero valore scientifico, alimentando così quella falsa convinzione
che si dovesse necessariamente operare una scelta tra scienza e religione.

Barbour concluse che l'intera controversia che stava alla base del conflitto tra fede e scienza era, in un certo senso, anche un riflesso ed una
conseguenza del fatto che nel sistema educativo non si perseguiva e non
si presentava 'una visione unitaria del sapere'.

3.2 *Indipendenza*

Nella seconda tipologia Barbour sostenne che, scienza e fede erano
due realtà distinte, tra le quali non era possibile stabilire alcun relazione.
Potevano forse coesistere, ma a patto di 'mantenersi a distanza' l'una
dall'altra. Barbour valutava questa modalità di interazione – o meglio
questa *non-interazione* – come un primo tentativo per cercare di risolvere
il conflitto tra fede e scienza.

Questa tipologia trovava il suo fondamento nel fatto che, sia le scienze
positive, sia la teologia hanno un loro specifico e distinto dominio, e metodi e modi di giustificazione propri. Ciascuna delle due forme del sapere
segue una propria strada, non interagendo e, soprattutto, non interferendo
con l'altra.

Una tale suddivisione del sapere in 'compartimenti stagni' trova la sua
ragion d'essere, sul piano psicologico, dal desiderio di evitare conflitti con
la realtà confinante, mentre, sul piano concettuale, le ragioni di questa separazione possono essere ricercate sia nella certezza di un'irriducibilità
delle diverse metodologie, sia nel voler considerare le due diverse forme
del sapere come linguaggi diversi e non posti in correlazione tra loro[80].

3.2.1 Campi di studio diversi

Nell'esposizione di questa tipologia, Barbour si riferì a tre pensatori di
particolare rilievo: due appartenenti alla sfera religiosa – Karl Barth e
Langdon Gilkey, e uno al campo scientifico – Stephen Jay Gould.

---

[80] Cfr. I. G. BARBOUR, *When Science meets Religion*, 17.

verificate attraverso il metodo scientifico, avrebbero dovuto essere considerate come 'prive di senso'. Gli studiosi della linguistica ammettevano l'esistenza di tipi differenti di linguaggi, i quali servivano per funzioni diverse, ma che non potevano essere riducibili l'uno all'altro. Dal momento che scienza e religione assolvevano compiti diversi, nessuno dei due avrebbe dovuto esser valutato secondo il linguaggio e le norme dell'altro[89].

Barbour considerava la tipologia dell'indipendenza come un buon punto di partenza per incamminarsi verso un dialogo tra fede e scienza. Essa, innanzitutto, si contrapponeva all'idea che la relazione fra i due ambiti fosse unicamente di carattere conflittuale, ed inoltre poteva essere d'aiuto nel preservare il *proprium* di ciascuno. L'autore rilevava però anche problematicità insite in questo modello interpretativo. È sicuramente vero che, se scienza e religione fossero totalmente indipendenti, non ci sarebbe il rischio di un conflitto, ma questo eliminerebbe anche la possibilità di arrivare ad un dialogo costruttivo dove fede e scienza possano arricchirsi reciprocamente. Barbour riconobbe i limiti di questa modalità, ricercando quindi, altre tipologie per trovare una soluzione al problema.

3.3 Dialogo

Il dialogo è presentato come il terzo modello di relazione tra fede e scienza. Si cerca di 'andare oltre' l'isolazionismo caratteristico della posizione precedente, ammettendo l'esistenza di punti di contatto sui quali la scienza e la religione possano confrontarsi e dialogare. Si riconosce che 'entrambe hanno qualcosa da dire e da dirsi'[90]. Barbour evidenziò quattro 'luoghi di contatto', capaci di favorire un dialogo tra fede e scienza: (i) i 'presupposti generali' per la nascita della scienza; (ii) le questioni di frontiera dell'attività scientifica; (iii) i parallelismi metodologici, (iv) e le analogie euristiche.

3.3.1 I 'presupposti generali' per il sorgere della scienza

A livello storico – come abbiamo accennato precedentemente – si poneva la questione di quale fosse stato il ruolo ed il contributo specifico apportato dal cristianesimo per la nascita della scienza moderna. È vero

---

[89] Cfr. F. FERRÉ, *Language, Logic and God*; W. H. AUSTIN, *The Relevance of Natural Science to Theology*; S. TOULMIN, *The return to Cosmology. Postmodern Science and the Theology of Nature*.

[90] Cfr. A. UDÍAS, «Il rapporto tra scienza e religione», 256-257.

che le scienze naturali si sono sviluppate in tutte le culture, ma il fatto che nel mondo giudeocristiano occidentale, ciò sia avvenuto in modo più rapido e completo, induce a pensare che, in fondo, la dottrina giudeocristiana rappresentò quell'*humus* capace di favorire l'inizio e lo sviluppo della scienza, e che la religione cristiana non è estranea o ostile al mondo scientifico.

Sia il pensiero greco che quello giudeocristiano ritenevano che il mondo fosse creato in modo ordinato e intelligibile: mentre, però, i greci pensavano che il mondo fosse 'necessario', il pensiero giudeocristiano lo considerava 'contingente'. Secondo Barbour, il sorgere delle scienze avvenne non solo grazie a questo 'nuovo' modo di guardare e di concepire il cosmo proprio del pensiero giudeocristiano, ma anche causa della «desacralizzazione della natura»[91] da esso compiuta. Il pensiero giudeocristiano, infatti, pur riconoscendo il mondo come qualcosa di buono e di reale, non lo riteneva, contrariamente alle altre culture, divino. L'uomo poteva, quindi, realizzare liberamente esperimenti sulla natura. Barbour ricordò però anche che questa 'de-mitologizzazione', strumentalizzata e non rettamente compresa, portò, unitamente ad altri fattori culturali ed economici, allo sfruttamento ed alla distruzione dell'ambiente.

Secondo l'autore americano, il contributo storico da parte della cristianità per il sorgere della scienza rappresentava un 'punto di contatto' abbastanza convincente. Egli però ritenne che questa argomentazione fosse già divenuta obsoleta. Si poteva, infatti, semplicemente accettare il presupposto della contingenza e dell'intelligibilità della natura come dati di fatto, assodati e dedicarsi all'investigazione delle strutture del cosmo, senza il bisogno di riferirsi al contributo giudeocristiano.

3.3.2 Domande e situazioni limiti

Un altro 'punto di contatto' tra fede e scienza secondo Barbour era rappresentato dalle domande fondamentali – o interrogativi di limite – che sorgono in ambito scientifico, ai quali la stessa scienza non era in grado di dare risposta. Al riguardo l'autore americano richiamò i contributi del teologo scozzese Thomas Torrance e del teologo cattolico David Tracey.

Torrance, oltre ad confermare l'esistenza di domande che si originano dalla scienza ma che in essa non trovano risposta, affermava che la scienza – rivelando un ordine che era sia contingente che intelligibile – stimolava a cercare forme 'nuove ed inaspettate' dell'ordine razionale. Solo Dio, secondo il teologo scozzese, poteva essere il 'fondamento

---

[91] I. G. BARBOUR, «Ways of relating science and theology», 34.

creativo' e la 'ragione' soggiacente all'ordine contingente ma intelligibile dell'universo[92].

Anche il Tracey avvertì una dimensione religiosa nella scienza. Secondo lui erano le situazioni-limite dell'esperienza umana (basti pensare, ad esempio, all'enigma della morte) che stimolavano l'insorgere delle domande religiose, alle quali la scienza non era in grado di fornire una risposta. Tracey individuava due tipi di 'situazioni-limite' nella scienza: i problemi etici connessi all'esercizio della scienza, e le condizioni circa la possibilità della ricerca scientifica. Il teologo sostenne fermamente che l'intelligibilità del mondo richiedeva 'un fondamento razionale ultimo'. Per il cristiano le risorse per arrivare scoprire questo 'fondamento razionale ultimo' sono i testi religiosi classici e le strutture dell'esperienza umana. Egli credeva, però, che le formulazioni teologiche fossero storicamente limitate e condizionate, avvertendo la necessità di una riformulazione delle dottrine tradizionali secondo le categorie filosofiche contemporanee[93].

A tal riguardo, Barbour si interrogava circa la 'plausibilità' di una riformulazione delle dottrine teologiche tradizionali alla luce delle nuove scoperte scientifiche. Egli affermava che se i punti di contatto tra scienza e teologia rimanevano esclusivamente le 'presupposizioni' e 'le questioni di frontiera', nessuna riformulazione sarebbe potuta avvenire, in quanto si sarebbe trattato sempre di un *quid* di astratto. Ma se si fossero ricercati i 'punti di contatto' tra quegli argomenti che, in un certo qual modo, appartenevano sia alla scienza che alla fede (come ad esempio tra la dottrina del peccato originale e la teoria scientifica dell'evoluzione[94]) e se si fosse riconosciuto che il linguaggio della dottrina era storicamente condizionato, questo avrebbe rappresentato un punto di partenza sufficiente per avviare un dialogo che avrebbe effettivamente portato ad uno sviluppo e ad una riformulazione dottrinale, come suggerì lo stesso Barbour, trattando della tipologia dell'integrazione.

3.3.3 I parallelismi metodologici

Per i positivisti e gli esistenzialisti, la scienza è oggettiva, ossia è teoricamente verificabile da chiunque e ovunque. I criteri e i dati della

---

[92] «*Correlation with that rationality in God goes far to account for the mysterious and baffling nature of intelligibility inherent in the universe, and explains the profound sense of religious awe it calls forth from us and which, as Einstein insisted, is the mainspring of science*» (T. TORRANCE, «God and Contingent Order», 347). Cfr. ID., *Divine and contingent order*.

[93] Cfr. D. TRACEY, *Blessed Rage for order*.

[94] Questo argomento sarà trattato ampiamente nel ultimo capitolo di questo studio.

scienza sono ritenuti indipendenti dal soggetto individuale ed 'immuni' dalle diverse influenze culturali. Al contrario la religione appare ai loro occhi come una realtà soggettiva, fortemente influenzata da convinzioni individuali e culturali.

A partire dalla metà del secolo XIX, la filosofia della scienza mise in discussione questa netta distinzione, sostenendo, da un lato, che anche la scienza non sarebbe cosi 'oggettiva', e che, dall'altro, la religione non sarebbe cosi 'soggettiva' come si pensava che fosse. Le distinzioni tra i due ambiti non sarebbero così assolute e ben definite.

Barbour asseriva che un'osservazione del tutto 'oggettiva' era epistemologicamente insostenibile, in primo luogo perché ogni osservazione, anche quella scientifica, è 'carica di teoria' (*theory-laden*)[95], dal momento che lo stesso soggetto non può che osservare secondo ed a partire dalla propria prospettiva parziale e condizionata. In secondo luogo, è impossibile realizzare un'osservazione totalmente oggettiva in quanto lo stesso processo di analisi modifica sia il soggetto – che diviene partecipante –, sia l'oggetto osservato.

Lo studioso americano riteneva che, anche la struttura basilare della religione fosse, per certi aspetti, simile a quella della scienza, anche se ne differenziava in diversi aspetti essenziali. Sia la scienza che la religione, infatti, elaborano proposizioni ipotetico-deduttive, in un contesto storicamente connotato. Gli studiosi dei rispettivi ambiti organizzano l'osservazione e l'esperienza attraverso modelli analogici, estensibili, coerenti e simbolici, e tali modelli vengono espressi attraverso metafore[96]. Evidentemente le credenze religiose non possono essere verificate empiricamente, ma possono ugualmente venire vagliate con quello stesso 'spirito indagatore' proprio della ricerca scientifica. I

---

[95] «Gli studi condotti dagli psicologi cognitivisti hanno messo in questione l'idea dell'osservazione, ossia dell'osservazione oggettiva [...]. Tutte le nostre osservazioni sono in qualche modo colme di teorie precedenti. Riassumendo con uno slogan: 'L'osservazione è carica di teoria (*theory-laden*). [...] Un secondo aspetto vuole che la terminologia con cui si descrivono le osservazioni aggiunga un ulteriore strato teoretico e soggettivo a quelle che dovrebbero essere osservazioni oggettive. [...] Un terzo aspetto di questo coinvolgimento di fattori soggettivi è dato dalla circostanza per cui anche quanto viene riconosciuto quale fatto dipende dalla teoria di un soggetto. [...] È stato rilevato come qualsiasi fatto, suggerito da un'osservazione, che sia in contrasto con le teorie dominanti, tenda ad essere accantonato, esattamente nel modo in cui altri 'fatti' vengono creati a rinforzo delle teorie dominanti» (J. W. HAYWARD – F. J. VARELA, *Ponti sottili*, 34-37).

[96] Cfr. I. G. BARBOUR, *Myths, Models, and Paradigms*; ID. *Religion in an Age of Science*, I, 32-65; S. MCFAGUE, *Metaphorical Theology. Models of God in Religious Language*; J. SOSKICE, *Metaphor and Religious Language*.

criteri scientifici della coerenza, della completezza e della fecondità trovano, infatti, dei 'parallelismi' nel pensiero religioso.

Barbour richiamò alcuni autori che trovarono dei 'parallelismi metodologici' tra scienza e religione. Thomas Kuhn, ad esempio, nella sua opera *The structure of scientific Revolutions* sostenne che sia le teorie che i dati della scienza dipendono da un paradigma prevalente nella comunità scientifica[97]. Barbour, dal canto suo, suggerì che anche i dati religiosi dipendevano dal paradigma prevalente nella comunità dei credenti. Egli asserì addirittura che per essere interpretati i dati religiosi avevano maggiormente bisogno del paradigma della comunità di quanto, nell'ambito loro proprio, ne avessero bisogno i dati della scienza[98].

Il fisico e teologo John Polkinghorne riportò alcuni esempi di giudizi personali presenti sia nell'ambito della scienza che in quello della religione[99]. Il filosofo Holmes Rolston sostenne che le credenze religiose interpretano e si collegano all'esperienze religiose, allo stesso modo con cui le teorie scientifiche interpretano e si collegano ai dati sperimentali scientifici[100]. Michael Polanyi riteneva che l'armonia del metodo in tutto l'orizzonte del sapere umano avrebbe permesso di superare l'antagonismo tra fede e ragione. Secondo lo stesso filosofo anglo-ungherese la partecipazione personale del soggetto conoscente alla conoscenza acquisita era l'idea centrale capace di unificare i diversi campi del sapere[101].

Questi autori, ai quali si riferì Barbour per elaborare questa terza tipologia di relazione, ammettono anche differenze metodologiche tra le due sfere del sapere. Nonostante nella scienza vi fossero effettivamente molte più teorie di quanto lo affermavano i positivisti, essa rimaneva 'decisamente più oggettiva' della religione. I tipi di dati dai quali attinge la religione sono radicalmente differenti da quelli della scienza, e la possibilità di verificare le credenze religiose è molto più limitata.

---

[97] Cfr. T. KUHN, *The Structure of Scientific Revolutions*, Chicago 1962. «[…] gli epistemologi contemporanei effettuano una revisione del rapporto tra scienza e realtà" non ci sono fatti e osservazioni scientifiche soltanto oggettivi, al di fuori di qualsiasi teoria. La teoria determina come si osserva e che cosa si osserva, cioè che cosa deve essere considerato un fatto. La stessa osservazione è intesa come *thoery-laden*. La scienza si sviluppa nell'ambito di una comunità e sulla base si una particolare *Weltanschauug*, di una certa visione del mondo» (A. GRASSI, *Psicologia dinamica e clinica*, 107-108).

[98] Cfr. I. G. BARBOUR, *Religion and Science*, 106-136.

[99] Cfr. J. POLKINGHORNE, *One World*, 64; ID., *Science and creation*.

[100] Cfr. H. ROLSTON, *Science and religion. A critical survey*.

[101] Cfr. M. POLANYI, *The Tacit Dimension*.

Secondo Barbour, prendere in considerazioni i 'paralleli metodolo-gici' rappresentava un compito preliminare ma importante per svolgere un vero dialogo tra fede e scienza. Il tema, però, in ragione della sua astrattezza, risultava e di maggior interesse per i filosofi della scienza e della religione che per gli scienziati ed i teologici. Questo riconosci-mento delle somiglianze metodologiche rappresentava, però, un altro 'passo' verso una vera integrazione di questi due campi del sapere.

3.3.4 Analogie euristiche

Alcuni autori recenti, oltre ai 'paralleli metodologici', hanno ricercato anche eventuali 'paralleli concettuali' tra scienza e religione, ossia quegli elementi delle teorie scientifiche che potrebbero essere considerati e uti-lizzati analogicamente per esprimere e interpretare oggi il contenuto della fede elaborato in una certa tradizione.

Barbour portò come esempio 'la comunicazione d'informazione' che troviamo in ambito scientifico, tra cui: il DNA negli organismi, i pro-grammi per il computer e la struttura neurale del cervello. Essi offrono alcuni parallelismi concettuali interessanti con la visione biblica del Verbo divino nella creazione[102].

Polkinghorne oltre a condividere il parallelismo concettuale indicato da Barbour – quello che l'attività di Dio nel mondo poteva essere concepita come una comunicazione d'informazione[103] – riteneva che il comporta-mento paradossale dell'elettrone, che si comporta sia come onda e sia come particella, poteva in un certo senso richiamare il 'linguaggio paradossale' utilizzato per indicare le due nature di Cristo, vero uomo e vero Dio[104]. Que-sta ultima affermazione, secondo Barbour, era più nella linea di uso apolo-getico della scienza, piuttosto che una vera integrazione tra fede e scienza.

Ricapitolando, secondo questa tipologia di Barbour, i paralleli meto-dologici e concettuali, più che i presupposti storici e le questioni di fron-tiera, avrebbero potuto offrire 'punti di contatto' per un potenziale dia-logo tra scienza e religione, nel rispetto dell'integrità e della peculiarità di ciascun ambito.

3.4 *Integrazione*

Nella tipologia precedente, si è tentato d'instaurare una proficua col-laborazione tra scienza e religione. Secondo Barbour, però, sarebbe stato

---

102 Cfr. I. G. BARBOUR, *When science meets religion*, 90-118.
103 Cfr. J. POLKINGHORNE, «Natural Science», 340.
104 Cfr. J. POLKINGHORNE, *One world*, 84.

L'allora vescovo di Birmingham Hugh Montefiore, utilizzò questo 'principio antropico' e la direzionalità dell'evoluzionismo, per focalizzare l'attenzione sulla necessità dell'esistenza di un 'architetto intelligente' dell'universo. Egli, però, non la considerava come una 'prova sufficiente' per dimostrare definitivamente l'esistenza di Dio, ma affermava che 'l'esistenza di un Dio' era la più probabile, di qualsiasi altra spiegazione[111].

Il dibattito sulla validità di ciascuno di questi argomenti rimane ancora aperto anche oggi. Secondo Barbour, la teologia naturale innanzitutto si prestava, in modo particolare, per un contesto multi-religioso, in quanto si fonda su dati scientifici condivisibili da tutti, nonostante le differenze culturali e cultuali. I sostenitori dell'argomentazione del disegno intelligente non hanno la pretesa di mostrare, con certezza, la validità e la verità della visione teista; essi affermano soltanto che il credere in un 'disegnatore intelligente' è 'più plausibile di' – o, secondo la sua formulazione debole, 'plausibile come' – qualsiasi altra interpretazione alternativa proposta. La teologia naturale secondo Barbour potrebbe aiutare a superare alcuni ostacoli nel credere, favorendo una maggior apertura e partecipazione alle esperienze religiose. D'altro canto, il nostro autore ne riconobbe anche, che se non rettamente intesa, infatti, la teologia naturale potrebbe condurre verso il deismo, verso un semplice riconoscimento dell'esistenza di un Dio-disegnatore intelligente e creatore del mondo e delle leggi naturali, ma un Dio lontano e distaccato dal mondo, precludendo così ogni possibile rivelazione soprannaturale. Tuttavia, secondo Barbour, se la teologia naturale venisse 'arricchita' da credenze teistiche desunte da esperienze religiose personali e dalle tradizioni storiche, potrebbe veramente approdare ad una visione teistica.

3.4.2 Teologia della natura

Il secondo modo con cui si possono integrare fede e scienze, sarebbe quello della 'teologia della natura'. Essa, contrariamente alla teologia naturale, non parte dai dati scientifici, ma dalle tradizioni religiose fondate sulle esperienze religiose e sulle rivelazioni storiche. Un tale tipo di integrazione tra fede e scienza porterebbe innanzitutto ad 'una riformulazione delle dottrine tradizionali' della religione alla luce del progresso scientifico.

Scienza e fede vengono considerate come fonti indipendenti di conoscenza, in cui però è possibile rinvenire alcune 'aree di sovrapposizione'.

---

[111] Cfr. H. MONTEFIORE, *The probability of God.*

Quest'ultime risultano evidenti soprattutto quando si affrontano temi quali, ad esempio, la creazione del mondo e l'origine della persona umana. Il teologo – ricorrendo a fatti scientifici ampiamente accettati, anziché a teorie speculative e non del tutto provate – ritiene che, in questi determinati casi, il pensiero teologico possa 'essere reso migliore' se venissero presi in considerazione i risultati acquisiti dalle scoperte scientifiche. Tra i maggiori sostenitori di una riformulazione delle dottrine tradizionali alla luce delle scienze, Barbour ricordò Arthur Peacocke e Teilhard de Chardin[112].

Oltre a questi, citò anche il pensiero di alcune autrici, quali, ad esempio, Sallie McFague e Rosemary Radford Ruether[113].

Nel corso degli ultimi secoli – spiegava Barbour – la scienza aveva 'portato alla luce', in modo particolare, il lungo e dinamico processo evolutivo della natura, un processo caratterizzato sia dal 'caso' che dalla 'legge'. Grazie all'evolversi della conoscenza scientifica, l'uomo ha potuto comprendere l'ordine naturale come ecologico, interdipendente e dotato di un multilivello. Queste tre caratteristiche hanno influito sia sul modo con cui veniva percepita la relazione di Dio con la natura, ma anche sulle attitudini dell'uomo verso la natura. Barbour affermò che, attraverso una 'teologia della natura', scienza e religione avrebbero potuto lavorare in sinergia per svolgere 'l'arduo compito' di 'elaborare un'etica dell'ambiente' che fosse davvero significativa per il mondo di oggi. Da un lato, infatti, la scienza potrebbe fornire dati e categorie per valutare le minacce all'ambiente provenienti dalla tecnologia e dall'attuale tenore di vita. Dall'altro, le credenze religiose potrebbero incidere significativamente sulle attitudini degli uomini, spronandoci così l'umanità ad agire correttamente nei confronti della natura.

Gli ambientalisti avevano giustamente criticato – secondo il giudizio espresso da Barbour – la dottrina classica cristiana per aver tracciato una linea di demarcazione troppo netta tra la natura umana e quella non-umana. L'idea di dominio sulla natura che troviamo nel libro del Genesi «Siate fecondi e moltiplicatevi, riempite la terra; soggiogatela e dominate sui pesci del mare e sugli uccelli del cielo e su ogni essere vivente, che striscia sulla terra» (Gn 1,28) venne alcune volte strumentalizzata per

---

112 Cfr. A. PEACOCKE, *The phenomenon of man*; ID., *Intimations of Reality*; ID., *Theology for a scientific age*; I. G. BARBOUR, «Five ways of reading Teilhard», 115-145; ID., «Teilhard's Process metaphysics», 136-159. Secondo Barbour, il concetto di Dio in Teilhard fu modificato tramite le idee evoluzionistiche.

113 Cfr. S. MCFAGUE, *Models of God. Theology for an ecological, nuclear age*; R. RADFORD RUETHER, *Gaia and God. An ecofeminist theology of earth healing*.

giustificare l'eccessivo e dispotico dominio da parte dell'uomo sulle altre creature, considerandole come un semplice mezzo per raggiungere i propri fini[114]. Barbour segnalò però alcuni autori che, rifacendosi a tematiche o ad immagini desunte dalla Bibbia, si schierarono con gli ambientalisti, ribadendo il dovere, da parte dell'uomo, di custodire la natura[115]. Tra i 'temi ed i riferimenti biblici' il nostro autore ricordava: l'uomo come custode e non dominatore della natura[116]; il celebrare la bontà della natura[117]; la visione sacramentaria della natura[118]; e la presenza dello Spirito Santo nella natura[119].

3.4.3 Sintesi sistematica

Barbour indicò, infine, come scienza e fede avrebbero potuto tentare di raggiungere una sintesi sistematica, in cui le verità di una e dell'altra venissero organizzate secondo una 'comprensione razionale unitaria'.

---

[114] Cfr. J. A. NASH, *Loving nature. Ecological integrity and Christian responsibility*.

[115] Cfr. I. G. BARBOUR, ed., *Earth might be fair. Reflections on ethics, religion and ecology*; I. G. BARBOUR, *Technology, environment and human values*; ID., «Scientific and religious prospective on Sustainability», 385-402; ID., *Ethics in an age of technology*; ID., «Religion in an environmental age».

[116] La terra appartiene a Dio. L'uomo non è il proprietario, ma a lui è stato affidato il compito di essere custode del creato e responsabile del benessere della natura. Anche la Legge prescriveva che il giorno di Sabato fosse un giorno di riposo non solo per l'uomo, ma anche per la terra. Inoltre, ogni sette anni (anno sabbatico) e ancora di più ogni quarantanove anni (anno giubilare) vi era l'obbligo di 'lasciare riposare la terra', 'libera da ogni violenza', 'al sicuro dalle zappe e dai vomeri' (cfr. Lv 25,1-54).

[117] La nozione di 'celebrare la bontà della natura', secondo Barbour, sarebbe ben più del semplice 'custodire', in quanto implica che la natura abbia un valore in sé. Questo emerge con particolare evidenza nel primo capitolo della Genesi, quando l'autore sacro afferma che «Dio vide quanto aveva fatto, ed ecco, era cosa molto buona» (Gen 1,31); nell'alleanza con Noè dopo il diluvio quando Dio disse: «Io stabilisco la mia alleanza con voi: non sarà più distrutto nessun vivente dalle acque del diluvio, né più il diluvio devasterà la terra» (Gen 9,11); e nei Salmi. Anche Gesù, non solo utilizzava immagini tratte dalla natura nelle sue parabole, ma parlava anche della cura del Padre nei confronti dei gigli del campo e dei passeri nei cieli (cfr. Mt 6, 25-34).

[118] Questa visione sacramentale della natura, attribuisce un valore più grande alla natura, affermando che in essa c'è la presenza del sacro. Gli Ortodossi, il cristianesimo di tradizione celtica, e alcuni autori anglicani, affermano che tutta la natura – non solo il pane, il vino e l'acqua utilizzati nei sacramenti – possono fungere da veicoli per trasmettere la grazia di Dio all'uomo.

[119] Nei primi versetti della Genesi l'autore sacro afferma che «lo spirito di Dio aleggiava sulle acque» (Gen 1,2b) Anche i Salmi, in modo particolare il Salmo 104 (103) *Gli splendori della creazione*, fanno riferimento alla presenza dello Spirito di Dio nella natura.

A titolo esemplificativo, egli ricordò la metafisica di Tommaso d'Aquino[120], soffermandosi però maggiormente sul tentativo, elaborato in ambiente anglofono, della 'teologia del processo' ispirata all'omonima impostazione filosofica di Alfred North Whitehead.

La teologia del processo (*Process theology*), nata in area protestante, è fondamentalmente una teologia naturale che rilegge il discorso teologico cristiano attraverso le categorie elaborate dalla 'filosofia del processo' (*Process philosophy*), codificata dal matematico e filosofo britannico Whitehead[121]. Benché abbia sempre guardato con interesse alla scienza, la sua visione del mondo, è fortemente influenzata dal paradigma evoluzionistico che costituirebbe, secondo lui, una delle grandi 'cornici' capaci d'unificare la cultura contemporanea[122]. Il suo pensiero – secondo Cobb e Griffin – è incentrato proprio sulla nozione di 'processo'[123], interpretando la realtà come un sistema i cui diversi elementi sono tutti tra loro interconnessi in relazioni dinamiche:

La concezione whiteheadiana del processo ha un tratto distintivo. Afferma che il processo temporale è 'transizione' da un'entità reale ad un'altra. Queste entità sono eventi momentanei che svaniscono immediatamente non

---

[120] Il merito e l'originalità filosofica dell'Aquinate sono stati quelli di aver considerato l'essere come atto supremo di ogni essenza, la quale è riconducibile alla potenza. Mentre Aristotele si era fermato alla composizione di materia/forma, potenza/atto, il *Doctor Angelicus*, in un certo senso, lo 'sorpassa', introducendo il binomio essenza/essere. In alcuni passi particolarmente significativi della sua opera, Tommaso richiama l'interpretazione metafisica del Dio biblico come essere (*Summa contra gentiles*, I, 22, 6; II, 52, 7); tale identificazione è presente emblematicamente nell'introdurre le prove dell'esistenza di Dio, cioè le cinque vie (*Summa theologiae*, I, q. 2 a. 3). Cfr. C. FABRO, «Tommaso d'Aquino», in *Enciclopedia Cattolica*, XII, Città del Vaticano 1954, 285-286. B. MONDIN, «Metafisica», in ID., *Dizionario enciclopedico*, 385-393. Barbour ritenne, tuttavia, che tale sintesi non riuscì a superare completamente i problemi concettuali legati ad alcune dualità, come, ad esempio, quella di mente/corpo, spirito/materia o tempo/eternità. Cfr. I. G. BARBOUR, *Religion in an Age of Science*, I, 28.

[121] «Il filosofo assume il 'processo' come elemento centrale della discussione filosofica ed è caratterizzato dalla continuità spazio-temporale, dalla successione di stati ed eventi, e da una struttura secondo la quale ogni processo si evolve. La *process philosophy* offre una visione dinamica della realtà, non imbrigliata da sistemi o da schemi fissi ma basata su una descrizione del continuo divenire come unità ontologica fondamentale» (M. SGARBI, «Process Philosophy», 9005).

[122] Cfr. H. HÄRING, «Le teoria dell'evoluzione», 33-48.

[123] La nozione di 'processo' sostituisce quelle di 'cosa' e di 'sostanza'. La metafisica e l'ontologia non sono più basate su entità permanenti nel tempo, ma su entità che mutano e cambiano con il divenire. Cfr. A. GOUNELLE, «Process theology», 1063; M. SGARBI, «Process Philosophy», 9005.

appena vengono ad esistere. Il venir meno segna la transizione degli eventi successivi[124].

Whitehead indicò Dio come l'origine di quella 'tensione alla novità' capace d'avviare e di far proseguire il processo, realizzando così il passaggio dal caos all'ordine. Egli attribuì a Dio una natura 'bipolare', distinguendo tra 'natura primordiale' e 'natura conseguente': la prima corrisponderebbe a Dio che influenza il mondo, immutabile in questa sua eterna intenzione; mentre la seconda corrisponderebbe a Dio 'influenzato' dal mondo, cioè diveniente[125].

Secondo i sostenitori della teologia del processo, il messaggio cristiano trova nella riflessione di Whitehead l'apparato filosofico, che meglio interpreta l'esperienza e la cultura umana. La 'teologia del processo' perseguirebbe un duplice obiettivo: innanzitutto quello d'operare un'integrazione tra il discorso scientifico e quello teologico. Whitehead, riguardo alla sua visione olistica affermava:

> Non si può separare la teologia dalla scienza, né la scienza dalla teologia; nemmeno si può separare ciascuna di esse dalla metafisica, o la metafisica da ciascuna de esse. Non ci sono scorciatoie per la verità[126].

Attraverso una sintesi sistematica tra le conoscenze scientifico-tecnologico e la fede cristiana, quest'ultima viene presentata come razionalmente accettabile per l'uomo d'oggi, riguadagnando così quella 'pertinenza alla vita' che sembrava aver perso con il secolarismo moderno.

In sintesi, Whitehead cercò di compiere una nuova mediazione culturale del messaggio cristiano con l'ausilio di una metafisica rinnovata orientata verso una sintesi universale della conoscenza e dell'esperienza umana[127]. Il filosofo americano Charles Hartshorne, continuò ad elaborare le dimensioni teologiche di questa filosofia. Egli sosteneva la totale relazionalità di Dio, prendendo però le distanze sia dalle nozioni di perfezione e di onnipotenza divina, sia da ciò che egli chiamava il 'teismo classico'. Questo autore mostrò, inoltre, che l'universo sarebbe stato inintelligibile senza l'energia divina che lo animava[128]. Tra gli esponenti

---

[124] J. B. COBB – D. R. GRIFFIN, *Teologia del processo*, 14-15.
[125] Cfr. A. N. WHITEHEAD, *Process and reality*, 345.
[126] A. N. WHITEHEAD, *Religion in the Making*, 76-77.
[127] Cfr. C. ALBINI, «La concezione processuale di Dio», 309-310.
[128] Cfr. C. HARTSHORNE, *The Divine Relativity*. «Dio esercita un'azione nel mondo tramite la sua capacità di convincere gli esseri ad ascoltarlo e a rispondere ai suoi impulsi. Non ha la possibilità di obbligarli e dipende in parte dalla loro risposte e reazioni. Ha una Potenza reale, ma non esercita un potere assoluto. C'è scambio e interazione

più rappresentativi e conosciuti della 'teologia del processo', Barbour menzionò anche a John Cobb e David Griffin[129].

3.5 *Altre tipologie successive*

Molteplici furono le classificazioni proposte in seguito a quella elaborata da Barbour[130]: uno sguardo sintetico a queste pubblicazioni ci aiuterà a cogliere due aspetti significativi. In primo luogo l'influsso che ebbe la tipizzazione di Barbour sulla riflessione posteriore, e, in secondo luogo, il notevole interesse sviluppatosi negli ultimi trent'anni, soprattutto in area anglofona, per una riconciliazione ed un'integrazione tra fede e scienza.

Nel 1981 il teologo e biochimico Arthur Peacocke, nell'introduzione al libro *The Sciences and Theolgy in the Twentieth Century*, propose una classificazione in otto settori. Peacocke affermò che la scienza e la teologia: (i) si occupano di due ambiti distinti; (ii) da un lato sono approcci che interagiscono sulla stessa realtà; (iii) dall'altro lato sono due distinti approcci non-interagenti sulla stessa realtà; (iv) costituiscono due sistemi linguistici diversi; (v) sono generati da atteggiamenti diversi; (vi) servono entrambi i loro oggetti specifici, rispettivamente la natura e Dio, e possono essere definiti solo in relazione ad essi; (vii) possono essere integrati; (viii) infine la scienza genera una metafisica attraverso la quale la teologia viene formulata[131].

Nel 1985 la filosofa e teologa statunitense Nancey Murphy riprese la classica ripartizione a cinque settori di Helmut Richard Niebuhr riguardante i modi di relazione tra cristianesimo e cultura proposta nel suo libro *Christ and Culture*[132], e la tradusse in una modalità di relazione tra la scienza e la religione. Attraverso tale tipologia, Murphy volle affermare che la teologia non è solamente un agente trasformante la cultura, ma può esserlo anche in ambito scientifico[133].

---

nei due sensi: Dio influenza il mondo; ciò che avviene nel mondo coinvolge l'essere di Dio» (A. GOUNELLE, «Process theology», 1064).

[129] Cfr. J. B. COBB – D. R. GRIFFIN, *Teologia del processo*.

[130] Cfr. R. J. RUSSEL, «Dialogo scienza-teologia», 383.

[131] Cfr. A. PEACOCKE, *The Sciences and Theology in the Twentieth Century*.

[132] Nel suo libro Niebuhr considerò come il cristianesimo si relazionò e si comportò in relazione al contesto culturale in cui si trovava. Neibuhr elencò cinque punti di vista: (i) Cristo contro la cultura; (ii) Cristo della cultura; (iii) Cristo sopra la cultura; (iv) Cristo e cultura in paradosso; (v) Cristo trasformatore della cultura. Cfr. H. R. NIEBURH, *Christ and Culture*.

[133] Cfr. N. MURPHY, «A Niebuhrian Typology», 16-23.

CAPITOLO II

Giovanni Battista Montini:
una vita all'insegna del dialogo e dell'aggiornamento

La sensibilità di Paolo VI verso il mondo della cultura è sempre stata viva ed intelligente, a cominciare dai primi anni di sacerdozio, con le sue letture ad ampio raggio, i suoi scritti, le sue conferenze e gli incontri con persone significative[1].

La scelta di non trascurare *l'iter* formativo di Giovanni Battista Montini è motivata dalla consapevolezza che già a partire dall'età della giovinezza – nei suoi scritti, nelle sue esperienze – si possono trovare molte, se non tutte, le grandi intuizioni che caratterizzeranno il suo pontificato.

Vogliamo in questo nostro capitolo ripercorre, per sommi capi, le tappe principali della sua vita: dai primi anni trascorsi nell'ambiente familiare, al periodo, agli anni della FUCI (1925-1933), a quelli trascorsi in servizio presso la Segreteria di Stato (1933-1954), al periodo dell'episcopato milanese (1955-1963), fino alla chiamata al soglio di Pietro (1963-1978) ed all'opera da lui compiuta durante i lavori del Concilio Ecumenico Vaticano II.

Delineando lo sfondo storico, culturale ed ecclesiale vogliamo ricordare alcune situazioni, alcune persone che, in diversi modi ed a diverso titolo, hanno contribuito alla formazione di colui che sarà chiamato a promuovere ed a vivere, in prima persona, quel *dialogare* della Chiesa con il mondo moderno.

1. L'ambiente familiare

Nel tentativo di abbozzare la figura e la personalità di Giovanni Battista Montini, non si può prescindere dall'accennare all'ambiente familiare

---

[1] P. MACCHI, *Paolo VI nella sua parola*, 299.

in cui crebbe ed in cui ricevette la prima formazione umana, culturale e religiosa.

> Giovanni Battista Montini è il frutto di un albero vigoroso, pervaso da una linfa di saggezza, di costume, di cultura, di fede straordinari. Ognuno dei membri della famiglia Montini è personaggio a sé [...]. Una famiglia compatta: genitori e figli e viceversa, e fratelli fra loro, e con la cerchia di altre persone intime che avevano dato vita al nucleo; per aprirsi poi, nello spirito di un umanesimo cristiano, a quelle parentele spirituali che sono le amicizie, che furono molte e di qualità[2].

Montini nacque il 26 settembre 1897 a Concesio, un piccolo paese a otto chilometri da Brescia: è il secondogenito di Giorgio e Giuditta Alghisi. Il padre (1860-1943), laureato in Giurisprudenza, era un uomo di spicco nel movimento cattolico dell'epoca; fortemente impegnato sul piano politico-sociale, soprattutto attraverso le pagine del giornale *Il Cittadino di Brescia*, fondato dal beato Giuseppe Tovini. A Giorgio si deve, ad esempio, 'l'interpretazione' del *non expedit* da divieto per i cattolici di partecipazione alle urne, a una sorta di 'preparazione' in attesa d'entrare nella vita politica. Ciò significava l'accettare il veto imposto dalla Santa Sede come una norma provvisoria, che, nel contempo, consentiva, però, di prepararsi, in vista del giorno in cui si sarebbe potuto prender parte alle elezioni politiche[3].

Paolo VI ricordò la figura di suo padre nei primi giorni del pontificato, descrivendolo come colui che concepì il suo impegno in ambito giornalistico come «una splendida e coraggiosa missione al servizio della verità, della democrazia, del progresso del bene pubblico, in una parola»[4]. Confidandosi con Jean Guitton affermò:

> A mio padre devo gli esempi di coraggio, l'urgenza a non arrendersi supinamente al male, il giuramento di non preferire mai la vita alle ragioni della vita. Il suo insegnamento può riassumersi in una parola: essere un testimone[5].

La formazione del futuro Pontefice va quindi letta anche alla luce dell'impegno e dell'esempio del padre. Lo stesso Guitton scriverà di Paolo VI parole che ben si adattano, a nostro avviso, anche alla figura di Giorgio Montini:

---

[2] C. CREMONA, *Paolo VI*, 19.

[3] Per un approfondimento della figura di Giorgio Montini: Cfr. A. FAPPANI, *Giorgio Montini. Cronache di una testimonianza*, Roma 1974.

[4] PAOLO VI, *Provvide indicazioni* (29.06.1963), 44-45.

[5] J. GUITTON, *Dialoghi con Paolo VI*, 72.

Un altro carattere di quest'uomo è il desiderio di immersione nel mondo, intendo il mondo moderno. Immersione, questa parola evoca un tuffo nelle onde, nella corrente, ma anche nella schiuma e nello sporco del mare [...]. Bisogno di impegno, di sporcarsi le mani se è il caso, di maneggiare la terra, di prendere pare al dolore, alla pena; di gettarsi nelle difficoltà dell'uomo, di andare non alla periferia ma al centro della lotta, dove si grida, dove si cede, dove si crea, dove si forza l'avvenire, nella corrente alterna, nel ribollire, nel vortice stesso dell'esistere[6].

Non va però dimenticato il ruolo esercitato dalla madre, Giuditta Alghisi (1874-1934), nell'educazione e nella formazione umana e spirituale del figlio. Ella era una donna di grande sensibilità culturale, di pietà e di carità. Fu lei ad iniziare i figli alle letture in francese[7], una lingua che ricoprì un ruolo significativo nella formazione teologica e culturale di G. B. Montini[8]. Durante un suo soggiorno giovanile a Chambéry, Giuditta si accostò ed approfondì la spiritualità di San Francesco di Sales, un santo cui Paolo VI si ispirerà per l'elaborazione del concetto di umanesimo cristiano[9]. Il Pontefice ricordò con queste parole l'apporto offertogli dalla madre:

A mia madre devo il senso del raccoglimento, della vita interiore, della meditazione che è preghiera, della preghiera che è meditazione. Tutta la sua vita è stata un dono[10].

Nei suoi genitori e attraverso di loro, la giovinezza di Montini è stata «colmata da un esempio vissuto in cui l'amore e la forza tessevano una testimonianza indimenticabile di interiorità silenziosa»[11].

2. La prima formazione

L'ambiente culturale e religioso bresciano dell'epoca in cui crebbe Montini lo aiutò non soltanto a conservare la fedeltà all'insegnamento della Chiesa ed alle indicazioni della Sede Apostolica, ma lo educò anche una certa apertura culturale. Da giovane, Montini frequentò il prestigioso

---

[6] J. GUITTON, *Dialoghi con Paolo VI*, 110.

[7] Fin dalla tenera età, mamma Giuditta aveva abbonato i suoi figli ad una rivista letteraria francese per bambini. Arrivava inoltre a casa Montini, regolarmente, la rivista *Revue des deux mondes*. Cfr. J. PRÉVOTAT, «Les sources françaises», 106.

[8] Cfr. A. FAPPANI, «L'ambiente culturale», 46.

[9] Un altra fonte dalla quale attingerà per il suo 'Umanesimo Cristiano' sarà il pensiero di Jacques Maritain. Cfr. J. MARITAIN, *Humanisme intégral*.

[10] J. GUITTON, *Dialoghi con Paolo VI*, 73.

[11] D. PAOLETTI, *La testimonianza cristiana*, 7.

collegio Cesare Arici retto dalla Compagnia di Gesù, che cercava di offrire una formazione culturale di stampo umanistico diversa da quella di matrice laicista propugnata dalle scuole pubbliche[12]. Questa istruzione umanistico-cristiana, in un'epoca caratterizzata dalla lotta dei cattolici bresciani per il diritto alla libertà dell'educazione, segnò profondamente la personalità del futuro Pontefice[13].

Montini frequentò anche le attività giovanili dell'Oratorio della Pace dei Filippini. A quell'ambiente – in cui si respirava lo spirito di San Filippo Neri – restò legato in modo particolare a padre Giulio Bevilacqua ed a padre Paolo Caresana, i quali hanno ricoperto ruolo significativo, seppur a diverso titolo, nella formazione del futuro Pontefice. Padre Caresana fu colui che seguì da vicino le vicende spirituali più intime ed il discernimento vocazionale del giovane Montini. Padre Bevilacqua fu il suo 'maestro di vita', una vita vissuta all'insegna dell'apertura culturale e dell'amore per la letteratura[14]. In modo particolare Bevilacqua cercò di trasmettere ai ragazzi che frequentavano l'Oratorio «la proposta del cattolicesimo come religione aperta, dinamica, corrispondente alle leggi fondamentali della vita, la passione alla liturgia, l'amore al Vangelo *sine glossa*, una spiritualità cristocentrica, l'unità interiore tra cultura e fede, il gusto dell'apostolato intellettuale, lo spirito di libertà, che lo fece avversario del fascismo»[15].

Segno di quell'apertura culturale che si respirava a Brescia era, ad esempio, la divulgazione delle opere di Geremia Bonomelli, vescovo di Cremona[16]. Durante la crisi modernista Bonomelli mostrò apertamente il suo dissenso al fatto che vi fosse poca attenzione, da parte della Santa Sede, nella salvaguardia della legittima autonomia della scienza e della ricerca intellettuale[17]. Per questa posizione da lui assunta riguardo alla *Questione Romana*[18], Bonomelli «sentì e soffrì come pochi il dissidio fra la Chiesa e il mondo moderno»[19]. Giovanni Battista in una recensione del libro *Corrispondenza inedita fra mons. Geremia Bonomelli ed il senatore Tancredi Canonico (1903-1908)* nella rivista *Studium*, ne

---

[12] Cfr. A. FAPPANI, *Ricordi di una prima Messa*, 11.

[13] Cfr. A. RIGOBELLO, «La formazione culturale», 21.

[14] Cfr. A. RIGOBELLO, «La formazione culturale », 22.

[15] A. ACERBI, *Paolo VI*, 8.

[16] Si vedano: *Geremia Bonomelli e il suo tempo*, Brescia, 1999; A. FAPPANI, *Monsignor Geremia Bonomelli e monsignor Pietro Capretta. Corrispondenza inedita*.

[17] Cfr. N. RAPONI – A. ZAMBARBIERI, «Modernismo», 320.

[18] Cfr. N. VIAN, «Le radici bresciane di G. B. Montini», 23-24.

[19] G. GALLINA, «Bonomelli Geremia», 47-52.

condivise il pensiero, valutandone positivamente l'operato e le posizioni assunte[20].

Non va infine dimenticato il significativo influsso esercitato sull'ambiente culturale bresciano da padre Giovanni Semeria, il quale sosteneva che la cultura teologica dovesse 'aprirsi' alle esigenze scientifiche moderne. Egli era «convinto che la libertà di ricerca scientifica anche in materia religiosa, fosse la condizione per riconciliare l'uomo alla fede»[21]. Semeria non solo conservò legami di amicizia con la famiglia Montini, ma fu uno dei collaboratori de *La Fionda*, il giornale studentesco cui collaborò lo stesso Giovanni Battista[22].

3. Seminario

L'esperienza del seminario fu particolare per Giovanni Battista. Il 20 ottobre 1916 il giovane Montini 'entrò' formalmente in seminario, in quanto, a causa della sua salute cagionevole, grazie ad una speciale dispensa del vescovo di Brescia[23], attese alla formazione sacerdotale come alunno esterno. Anche questa 'non-esperienza'[24], il fatto, cioè, di non essere mai stato alunno interno di un seminario, inciderà sulla vita del futuro Pontefice:

Fuori dal seminario egli poté disciplinare la propria giornata in maniera meno rigida, ebbe accesso a libri e ad autori che altrimenti gli sarebbero stati preclusi, poté continuare a frequentare ambienti e persone che furono decisivi per la sua formazione. La ricca, profonda umanità che tutti hanno sempre notato in Montini è figlia diretta di questo tipo di educazione giovanile, e così pure la sua inclinazione a comprendere più che giudicare, a condividere prima di accogliere o di rifiutare. Forse Guitton non avrebbe trovato in Paolo VI, per la prima volta in un Pontefice, la condizione umana allo stato puro, se egli avesse dovuto sottoporsi in gioventù al lungo e rigido tirocinio disciplinare d'un seminario[25].

---

[20] Cfr. G. B. MONTINI, «Recensione di G. ASTORI», 565-566.

[21] A. M. GENITILI, «Semeria Giovanni», 596-602.

[22] Cfr. R. DE MATTEIS, *Storia de "La Fionda"*, come citato in A. FAPPANI, *Ricordi di una prima Messa*, 81.

[23] «Quella concessa dal vescovo di Brescia Giacinto Gaggia è infatti una deroga davvero eccezionale, in tempi in cui bastava mancare un giorno solo per perdere l'anno scolastico. Ma mons. Gaggia la concesse volentieri in vista della salute del giovane, ma anche in considerazione della sua serietà e impegno e per la garanzia che gli davano i suoi genitori che egli stimava moltissimo» (A. TORNIELLI, *Paolo VI*, 47).

[24] Cfr. G. ROMANATO, «Esperienze, cultura e letture», 222.

[25] G. ROMANATO, «Esperienze, cultura e letture», 223-224.

In un tale clima culturale, Giovanni Battista si presentò come apostolo e testimone della verità[38] – di quella «realtà assoluta, oggettiva, necessaria, e perciò viva e sostanziale»[39] – la verità che si trova in Cristo e nel suo Vangelo. E per far si che questa Verità – Cristo e il suo Vangelo – fosse conosciuta dal mondo a lui contemporaneo, Montini sottolineò la duplice necessità di avvicinarsi e approfondire la conoscenza dell'uomo moderno e di approfondire la conoscenza del Vangelo, così da poter essere in grado di rendere ragione della propria fede[40].

Negli articoli de *La Fionda* è possibile intravedere quel *leitmotiv* che caratterizzò la sua missione quando gli venne affidata la cura spirituale dei giovani della FUCI – l'amore alla verità: non solo «la custodia, la ricerca, la professione della verità» ma soprattutto il cercare in ogni «verità particolare riflessi della Verità prima»[41].

Nell'impegno profuso e negli articoli redatti per *La Fionda* traspariva, da un lato, quella cultura che Montini aveva acquisito grazie a quella 'formazione aperta' che aveva ricevuto come alunno esterno del seminario (ben superiore a ciò che la cultura ecclesiastica del tempo poteva offrire), e, dall'altro, traspariva anche il suo anelito verso una Chiesa che fosse capace di comprendere e di confrontarsi con la realtà culturale del proprio tempo[42].

5. L'Assistente della FUCI

Immediatamente dopo l'ordinazione sacerdotale svolta il 29 maggio 1920, Giovanni Battista fu inviato a Roma per approfondire gli studi in Filosofia, presso la Pontificia Università Gregoriana. Ricevuta la debita autorizzazione da parte del suo vescovo, si iscrisse nel contempo anche alla facoltà di Lettere, presso l'Università statale. Nel novembre del 1921, con rammarico[43], dovette interrompere i suoi studi per entrare nella Pontificia Accademia dei Nobili Ecclesiastici, dove rimane per due anni[44].

---

[38] Cfr. G. B. MONTINI, «Spiritus veritatis», in ID., *Colloqui religiosi*, 81.

[39] G. B. MONTINI, «Crisi Spirituale», in *Scritti giovanili*, 83.

[40] Cfr. G. B. MONTINI, «Il Congresso studentesco», in *Scritti giovanili*, 107-108.

[41] G. B. MONTINI, «Spiritus veritatis», 81.

[42] Cfr. G. GLODER, *Carattere Ecclesiale*, 22.

[43] «I miei studi sono semplicemente capovolti: troncate le mie lettere, sospesa la filosofia; da iniziarsi un corso rudimentale in diritto. La specializzazione scientifica, se mai vi pensai talvolta come a forma di apostolato [...] è finita» (G. B. MONTINI, «Lettera da Roma [29.10.1921]», in *Lettere a casa*, 65.

[44] Durante questi due anni Montini conseguì tre laure: una in Filosofia, presso i Protonotari Apostolici; una in Diritto Canonico, presso la Facoltà Giuridica del Seminario

Dopo una breve esperienza come Addetto di Nunziatura in Polonia – da maggio ad ottobre del 1923 – venne richiamato a Roma per prestare servizio in Segreteria di Stato. Vi rimase, ricoprendo diversi uffici, per trent'anni.

Il «piccolo e ritorto sentiero»[45] della vita di Montini subì una 'svolta significativa' nel novembre del 1923 quando, venne nominato prima Assistente ecclesiastico del circolo romano della FUCI ed in seguito quando, nell'ottobre del 1925, fu chiamato a ricoprire 'provvisoriamente'[46] il ruolo di Assistente ecclesiastico nazionale della FUCI[47]. In questo compito impegnativo (anche a causa di un momento critico che l'associazione stava attraversando[48]) fu affiancato da Igino Righetti, che, allora, ricopriva la carica di Presidente. Un uomo saggio, «mirabile tempra di capo,

---

a Milano – dopo aver frequentato i corsi alla Gregoriana – ed una in Diritto Civile, presso l'Apollinare (Cfr. N. VIAN, ed., *Anni e opere di Paolo VI*, 17-19).

[45] G. B. MONTINI, *Lettere ai familiari*. I. *1919-1927*, 335.

[46] Lo stesso Montini sottolineò il carattere *provvisorio* nella prima lettera che, il 28 ottobre 1925, indirizzò, in qualità di nuovo Assistente ecclesiastico, agli assistenti regionali della FUCI: «Rev. Signore, Un suo confratello, ch'era non d'altro desideroso che di studiare e lavorare in silenzio, è stato invece costretto a fungere *temporaneamente* da Assistente Ecclesiastico della Federazione Universitaria Cattolica Italiana. Il sottoscritto [...] prega la S. V. di volergli essere largo di consigli e di fiducia, affinché il comune lavoro in questo *breve periodo* di transizione [...]» (M. C. GIUNTELLA, «Documenti di un'amicizia», 103-104). Cfr. G. B. MONTINI, *Lettere ai familiari*. I. *1919-1927*, 386-387.

[47] Per una descrizione più dettagliata e per un'analisi più organica del periodo fucino di Giovanni Battista Montini vedasi: G. MARCUCCI FANELLO, *Storia della Federazione Universitaria Cattolica Italiana*, Roma 1971; C. BALLERIO, «La federazione universitaria cattolica italiana», 39-69. N. ANTONETTI, *La FUCI di Montini e di Righetti*; R. MORO, *La formazione della classe dirigente cattolica (1929-1937)*; G. B. SCAGLIA, «La FUCI di Righetti e di Montini (e di Pio XI)», 585-602; M. C. GIUNTELLA, *La FUCI tra modernismo, Partito Popolare e fascismo*; R. MORO, «La FUCI di Giovani Battista Montini», 41-58; A. ACERBI, «Chiesa, cultura e società», 391-428; L. CECI, *Il papa non deve parlare*, 67-107.

[48] La presenza e la costante pressione esercitata dai Gruppi Universitari Fascisti (Cfr. M. C. GIUNTELLA, *Autonomia e nazionalizzazione dell'Università*, 125-170), spinse la FUCI ad una decisione che non fu favorevolmente accolta dalla Santa Sede. Nel 1925 la presidenza della FUCI, infatti, pose sotto il patrocinio del Re d'Italia, Vittorio Emanuele III, il proprio Congresso Nazionale, tenutosi a Bologna, così da tutelarsi da eventuali attacchi violenti degli squadristi fascisti. Questa 'imprudenza' portò alle dimissioni forzate del Presidente Pietro Lizier e dell'Assistente spirituale Mons. Luigi Piastrelli. Il nuovo Presidente e l'Assistente nazionale vennero nominati direttamente dal Papa: con la modifica degli statuti si aboliva il diritto dell'assemblea di eleggere autonomamente il proprio Presidente. Questo passaggio – da un Presidente eletto a uno direttamente nominato dalla gerarchia ecclesiastica – non fu facilmente accettato da un'Associazione che si vantava della propria autonomia. Per questa ragione, quindi, Montini

intrepido e umile»[49], come lo descrisse lo stesso Montini in occasione della sua morte. Durante i nove anni del suo ministero presso la Federazione Universitaria Cattolica Italiana per «don g. b. m.» – come si firmava in questo periodo – si aprì, inaspettatamente, una feconda stagione di apostolato tra i giovani: coltivò numerose amicizie e divenne la guida spirituale per decine di giovani che, nel dopoguerra, ricoprirono ruoli di responsabilità nella sfera politica e sociale italiana. Il futuro Pontefice «si trovò così impegnato, per autorevole incarico, ad inventare una pastorale nuova, quella della cultura»[50].

Negli scritti e negli interventi di «don g.b.m.» è possibile rinvenire i prodromi di quello che in seguito – dopo l'elezione al soglio di Pietro – sarà l'atteggiamento da lui assunto nella relazione e nel confronto col mondo moderno. Senza nutrire la pretesa di poter sintetizzare in poche pagine l'intensa attività svolta da Montini durante il periodo fucino, riteniamo però che sia utile per la nostra ricerca riprendere alcuni elementi della formazione impartita ai giovani universitari da Giovanni Battista, soprattutto riguardo al «guardare al mondo non come ad un abisso di perdizione, ma come a un campo di messe»[51].

5.1 *Apertura al mondo moderno*

La FUCI, sotto la guida di Montini, si prefiggeva, innanzitutto, lo scopo di formare giovani in grado di guardare al mondo esterno secondo una nuova prospettiva. Non più con sospetto, ma considerando il cosmo come una realtà che doveva essere amata ed illuminata dalla buona novella cristiana[52]. Era arrivato il tempo – scriveva lo stesso Montini – «di

---

fu accolto con una certa diffidenza dagli universitari: «C'era attorno a lui – da parte della 'vecchia guardia' fucina – il sospetto che egli fosse la *longa manus* vaticana, col compito di sopprimere le autonomie fucine gelosamente difese in tante occasioni. Queste cose gli furono dette in un'assemblea, con la violenza verbale dei giovani. Ma quando Mons. Montini parlò, con il suo periodare incisivo, forte, suadente: con la chiarezza d'idee radicate nella fede, avvenne il prodigo. I giovani lo compresero: e fu il loro capo spirituale» (A. FAPPANI – F. MOLINARI, *Giovannibattista Montini giovane*, 221).

[49] G. B. MONTINI, *Lettere ai familiari*. II. *1928-1943*, 436.

[50] V. PERI, «Le radici italiane», 318. La FUCI montiniana voleva instaurare «un'indipendenza intellettuale della base studentesca cattolica» (R. MORO, *La formazione della classe dirigente*, 82-83).

[51] G. B. MONTINI, «La distanza dal mondo», 1.

[52] «Una visione ottimistica, praticamente larga e liberale, del mondo, derivata dal criterio di misericordia che il cristianesimo instaura per guarirlo; è una fiducia soprannaturale nella forza redentrice del Vangelo applicabile a ogni condizione della vita» (G. B. MONTINI, «Apologia e polemica», 458-459).

riconoscere che ogni realtà delle cose umane nasconde una presenza divina, che bisogna riconoscere, adorare, promuovere e di cui non si può non essere sicuri e contenti sempre»[53]. In un'altra occasione Montini sottolineava:

> Noi ignoriamo spesso questo mondo che ci circonda, che cammina a fianco ma contro la nostra fede e la nostra concezione di vita; noi lo ignoriamo perché non lo amiamo come si deve: e non lo amiamo perché semplicemente non amiamo[54].

La FUCI di Montini doveva coltivare e possedere uno «spirito critico»[55] verso il moderno, senza però chiudersi aprioristicamente in un atteggiamento antimoderno radicale, ma, anzi, avrebbe dovuto essere «pronta ad assorbire il bene e fecondarlo dovunque si trova»[56]. A tale scopo, il futuro Pontefice si impegnò per cercare d'aiutare i giovani universitari ad intraprendere questa nuova missione:

> [...] dare al pensiero cristiano in Italia un enunciato moderno, un apparato culturale nuovo, una diffusione più larga, un'applicazione coerente e rinnovatrice [... nella convinzione che ...] il pensiero cattolico poteva, in perfetta ortodossia, essere compreso, rielaborato, modernamente vissuto[57].

5.2 *Strumento di dialogo*

Montini, insistendo presso i suoi più diretti collaboratori alla FUCI, desiderava fare della cultura universitaria *uno strumento di dialogo* per arrivare nuovamente ad una *unità interiore*[58], tra dottrina e vita, tra fede e ragione, tra Vangelo e cultura, così da superare quel dilemma fittizio che proponeva di scegliere se «essere moderni o essere cristiani»[59]:

---

[53] G. B. MONTINI, «Lettera alla presidenza della FUCI», 369-370. Montini durante questo periodo adottò un atteggiamento che non 'strangola' mai l'avversario, (Cfr. G. B. MONTINI, «Prefazione a J. MARITAIN», 57-59), tentando sempre d'individuare quanto di positivo vi poteva essere, cogliendo quegli elementi che avrebbero potuto essere di supporto nel cammino verso l'unica verità (Cfr. G. B. MONTINI, «Recensione di M. CORDOVANI», 324).

[54] G. B. MONTINI, «Lettera di G. B. Montini», in *Scritti fucini*, X.

[55] G. B. MONTINI, *Coscienza universitaria*, 33.

[56] G. B. MONTINI, «Apologia e polemica», 62-63.

[57] G. B. MONTINI, Prefazione a A. BARONI, VIII-IX.

[58] Cfr. R. MORO, «La FUCI di Giovanni Battista Montini», 55-56. «La nostra intransigenza è stata forse sterile e separatista: non bisognerà ripetere questo errore» (G. B. MONTINI, «Vocazione antica», 208).

[59] G. B. MONTINI, «Discorso pronunciato a Torino (03.07.1932)», *Notiziario dell'Istituto Paolo VI* 20 (1990) 13-14.

Gli Assistenti devono ben seguire la formazione del pensiero dei propri amici e allievi, perché è uno dei principali fondamentali del nostro programma tendere all'unità spirituale del giovane: non scompartimenti stagni separati nell'anima, cultura da una parte, e fede dall'altra; scuola da un lato, chiesa dall'altro. La dottrina, come la vita, è unica[60].

Nel processo di riavvicinamento tra il cristianesimo e il mondo moderno, nello sforzo per superare la rottura tra fede e ragione, tra cultura cattolica e cultura profana[61], la FUCI montiniana vedeva in San Tommaso un valido ed autorevole sostegno:

La scelta tomista della FUCI non viene fatta perché in essa si intravede un'arma integralista, ma come bisogno di risposta alle ansie, alle incertezze, ai vicoli ciechi in cui si trova il pensiero moderno[62].

Montini scoprì l'attualità dell'Aquinate[63] grazie alla conoscenza degli scritti del teologo domenicano Mariano Cordovani[64], il cui valore – come indicò lo stesso Montini – risiedeva proprio nel fatto che fu capace di mostrare «la versatile capacità del tomismo a misurarsi con le principali questioni attualissime»[65]. La *ri*-scoperta del pensiero vivo e autentico di Tommaso sembrava rendere possibile «la visione di una definitiva conciliazione tra una cultura religiosa rinnovata e la modernità»[66]. Scrivendo una recensione ad un libro sul rinnovamento del pensiero del *Doctor Angelicus*, l'Assistente della FUCI constatava:

Il problema centrale del libro è quindi la relazione fra il nuovo e la Scuola; problema che i moderni (i modernisti, per meglio dire) risolvono coll'accettare il nuovo, [...] il contingente [...]; e che invece il neo-tomismo (di buon

---

[60] G. B. MONTINI, «Idee = forze», 343. «Tocca a noi fare dell'intelligenza un mezzo di unità sociale; tocca a noi rendere la verità tramite della comunione fra gli uomini; tocca a noi diffondere l'unità di pensiero» (G. B. MONTINI, *Coscienza universitaria*, 87). Cfr. G. B. MONTINI, «La spiritualità della FUCI», 1.

[61] Cfr. G. B. MONTINI, «Recensione di M. CORDOVANI», 615-616.

[62] R. MORO, *La formazione*, 96.

[63] Giovanni Battista non solo citava ampiamente San Tommaso d'Aquino nei suoi cinque 'Corsi di Cultura religiosa', ma aveva anche una diretta conoscenza della *Summa Theologica*. (Cfr. J. PRÉVOTAT, «Les sources françaises», 112, nota 57).

[64] Philippe Chenaux è dell'opinione che Giovanni Battista Montini conobbe meglio il pensiero di Tommaso d'Aquino attraverso le *XXIV tesi tomiste* di P. Guido Mattiussi, s.j., ed anche grazie ad un viaggio a Parigi nell'estate del 1924, che gli permise di entrare in contatto con il clima culturale parigino, allora caratterizzato da una rinascita del tomismo (Cfr. V. POSSENTI, «Presenza di Tommaso d'Aquino», 92).

[65] G. B. MONTINI, «Cattolicesimo e Idealismo», 326.

[66] R. MORO, *La formazione*, 98.

conio) risolverà con l'introdurre nel patrimonio della scolastica i nuovi tesori, non creati, ma scoperti; non tenuti, ma cercati[67].

Già in questi passaggi possiamo scorgere i prodromi di quell'atteggiamento aperto al *dialogo* che andò crescendo e maturando durante gli anni del suo episcopato milanese e quelli del suo pontificato[68].

5.3 *Carità intellettuale*

Lo studio per un giovane fucino, secondo il pensiero dell'Assistente ecclesiastico, non doveva essere fine, ma avrebbe dovuto 'trasformarsi in un dono', in una forma di gratuita ed autentica carità:

> Anche la scienza può essere carità. Chi si occupa a fondo d'un argomento, dice un pensatore cristiano, è un benefattore dell'umanità. Cosi ci sembra poter aggiungere che chiunque con l'attività del pensiero o della penna cerca di diffondere la verità rende servizio alla carità[69].

Il giovane universitario, attraverso il suo sapere, era quindi chiamato a svolgere questa specifica *diaconia*[70]. Le categorie di *'carità intellettuale', 'apostolato dell'intelligenza',* e *'apostolato intellettuale',* diventarono così parole paradigmatiche della FUCI, nella consapevolezza che per i giovani membri della Federazione la forma di carità più alta era rappresentata dall'impegno a servizio e nella trasmissione della verità[71].

5.4 *Coscienza universitaria*

L'espressione *'coscienza universitaria'* – coniata da Montini come titolo per alcuni suoi articoli pubblicati su *Studium*[72] – rappresentava una sorta di *vademecum* per gli studenti fucini, invitandoli ad attendere alla propria *'vocazione intellettuale'*[73] immergendosi nella «fatica del pensare» e resistendo la tentazione della «servilità intellettuale»[74]:

---

[67] G. B. MONTINI, «Recensione di S. TALAMO», 706.

[68] Paolo VI dedicherà il suo primo documento ufficiale – l'enciclica *Ecclesiam suam* – al tema del dialogo. Affrontando il tema del problema della relazione fra la Chiesa e il mondo moderno, sottolineò l'urgenza e la necessità d'instaurare, tra le due realtà, un dialogo reale e fattivo. *Vd. infra,* 102-109.

[69] G. B. MONTINI, «Carità intellettuale», 1.

[70] Cfr. T. BONAVENTURA, «Montini», 83.

[71] Cfr. M. MARCOCCHI, «G. B. Montini, *Scritti Fucini*», 19.

[72] G. B. Montini scrisse nel 1930 una serie di articoli apparsi su *Studium* intitolandola *Coscienza universitaria*. Nel 1982 vennero riediti dalle Edizioni Studium, raccolti in un volume con la prefazione di G. Tonini.

[73] Cfr. G. B. MONTINI, «Vocazione antica», 205.

[74] G. B. MONTINI, *Coscienza universitaria*, 38.

Non bisogna mai assopirsi in una passiva accettazione di qualsiasi insegnamento; bisogna continuamente rendersi conto di ciò che si sta imparando, di ciò che si sta assimilando. Non vogliamo un'endosmosi incosciente del pensiero altrui! Vogliamo una revisione subitanea, cosciente e riflessa di ciò che si legge, e di ciò che si ascolta. Se tutto ciò che entra nel mio pensiero è fatto per dare unità al mio spirito e sviluppo alla mia attività, esso deve subito essere messo in armonia con le mie idee, con i miei bisogni spirituali: se questa armonia non è possibile crearla subito, devo isolare quella nozione disarmonica; devo circondarla di interrogativi, e metterla quasi in disparte nel mio spirito, ché non ne turbi il funzionamento e la vita[75].

L'universitario – secondo Montini – non avrebbe dovuto temere di raffrontare le verità desunte dalla fede (forse ancora troppo poco studiata e approfondita) con quelle provenienti dalla ricerca scientifica (dotata di esattezza e di controllabilità)[76]. Il futuro Pontefice auspicava che l'esperienza universitaria potesse diventare una *vera palestra* per la vita, dove le generazioni future avrebbero potuto formarsi[77].

In sintesi, la FUCI montiniana avrebbe dovuto assumersi l'arduo compito di aiutare l'uomo moderno ad avvicinarsi al messaggio cristiano, in modo particolare a quel 'grande ignoto'[78], che era Gesù Cristo. Guardando all'attività da lui svolta nell'ambiente universitario, possiamo percepire non soltanto l'attenzione di Montini nei confronti della cultura moderna, ma soprattutto la sua attenzione ed il suo amore per l'uomo.

Il 12 marzo 1933, Giovanni Battista fu costretto, con amarezza, a rassegnare le proprie dimissioni da Assistente ecclesiastico della FUCI[79].

6. La matrice francese della cultura montiniana e l'influenza di Jacques Maritain

L'influenza culturale francese nella formazione intellettuale del giovane Montini fu preponderante[80]. Certamente l'autore francese che

---

[75] G. B. MONTINI, *Coscienza universitaria*, 38.

[76] Cfr. G. B. MONTINI, «In tota mente tua», in *Coscienza universitaria*, 36-37.

[77] «Per noi il periodo universitario è un periodo di straordinaria importanza e quindi di augusta bellezza: è in esso che l'uomo, nel concetto autentico del nostro umanesimo latino, si forma» (G. B. MONTINI, *Scritti Fucini*, 155).

[78] «Nel campo profano, gli uomini di pensiero, anche e forse specialmente in Italia, non pensano nulla di Cristo. Egli è un ignoto, un dimenticato, un assente, in gran parte della cultura contemporanea» (G. B. MONTINI, *Introduzione allo studio di Cristo*, 23).

[79] Per approfondire la vicenda e le ragioni che portarono alla dimissione dell'Assistente Ecclesiastico, vedasi la documentazione riportata in G. B. MONTINI, *Scritti fucini*, 699-704.

[80] Jacques Prévotat sottolinea «l'écrasante proportion des livres français, parmi les

maggiormente incise sul pensiero e sulla riflessione del futuro Paolo VI
sarà Jacques Maritain.

6.1 Quarant'anni di sodalizio intellettuale

Il pensiero filosofico e teologico elaborato da Jacques Maritain[81] trovò
nel futuro Pontefice un convinto estimatore[82]. Giovanni Battista Montini
venne in contatto con la riflessione filosofica di Maritain probabilmente
attraverso la pubblicazione di *Revue des Jeunes*, nella quale l'autore pubblicò i suoi primi articoli tra 1920 e 1924[83]. Tra il maggio e l'ottobre del
1923 Montini iniziò il servizio diplomatico per la Santa Sede come Addetto di Nunziatura a Varsavia. Durante la sua breve permanenza in terra
polacca, egli chiese una copia del volume che il filosofo scrisse per i
giovani studenti, *Introduzione alla filosofia*[84], ricevendola nella traduzione italiana curata dal salesiano A. Coiazzi, edita un anno dopo la pubblicazione in Francia, in lingua originale[85]. Altri testi di Maritain, come
ad esempio *Art et Scolastique* (1920) vennero letti con grande entusiasmo dal giovane don Battista[86].

---

ouvrages étrangers représentés» nella biblioteca del futuro Pontefice (Cfr. J. Prevotat,
«Les sources françaises», 102).

[81] Per l'approfondimento della figura di Jacques Maritain si consigliano: R. Papini,
ed., *Jacques Maritain e la società contemporanea*; V. Possenti, ed., *Jacques Maritain
oggi*; B. Razzotti, ed., *Jacques Maritain e la contemporaneità filosofica e politica*;
F. Occhetta, «Le tracce del pensiero di Maritain», 43-49; P. Viotto, *Introduzione a
Maritain*, al quale rimandiamo per un'amplissima bibliografia.

[82] Sul rapporto tra Montini e Maritain rimandiamo, tra l'altro, a: A. Fappani – F.
Molinari, *Giovannibattista Montini giovane*, 304-306; N. Antonetti, *La FUCI di
Montini e Righetti*, 57-59; P. Chenaux, *Paul VI et Maritain*; G. Campanini, «Montini
e Maritain», 83-95; G. Galeazzi, ed., *Montini e Maritain*; G. Campanini, «Gli influssi
di J. Maritain», 87-94; P. Viotto, *Grandi amicizie*, 147-156.

[83] Cfr. P. Viotto, «Riferimenti a Maritain», 124.

[84] Cfr. N. Vian, ed., *Anni e opere di Paolo VI*, 19. In una lettera indirizzata ai suoi
genitori, datata 2 settembre 1923, Montini elencando le cose di cui aveva bisogno a
Varsavia, chiese che gli inviassero anche «i *Pensées* di Pascal e *Eléments de philosophie: Introduction générale à la philosophie* – anche in italiano – di Maritain» (G. B.
Montini, *Lettere ai familiari*. I. *1919-1927*, 251).

[85] Cfr. J. Maritain, *Eléments de philosophie*, Paris 1921; tr. it., *Elementi di filosofia*, Torino 1922.

[86] Don Battista diventò un assiduo lettore delle opere di Maritain, spesso riceven-
done dallo stesso autore una copia con dedica personale, come risulta da una lettera
di Montini indirizzata al filosofo francese del 1 aprile 1937: «Signor Professore, ho
appena ricevuto il bel volume (*Art et Scolastique*) che conoscevo dalla sua prima
apparizione (...) Io vi ringrazio di cuore per l'invio e per l'attenzione che voi avete avuto
nel mettere la vostra dedica. Questa nuova edizione mi procura il piacere di ascoltarvi una

Nel 1924, Montini, ordinato sacerdote da quattro anni, compì il suo primo viaggio di studio in Francia, trascorrendo l'intera estate a Parigi e frequentando un corso di lingua e letteratura francese presso l'*Alliance Française*[87]. Seguirono altri soggiorni a Parigi nel 1926, nel 1928, e nel 1930, durante i quali non solo perfezionò la propria conoscenza della lingua francese, ma ebbe anche modo d'orientare i propri interessi intellettuali verso la cultura di quel Paese. All'epoca del primo viaggio in Francia, il pensiero filosofico di Maritain era agli albori ed era ancora fortemente influenzato da un atteggiamento di rifiuto nei confronti del mondo moderno. Questa sua intransigenza verso la modernità venne espressa nell'opera *Antimoderne* (1922), un volume che figurava già nella biblioteca personale di Montini[88].

Durante il primo soggiorno parigino non sembra che Montini ebbe l'occasione d'incontrare Maritain all'*Institut Catholique*, ma ne venne indirettamente influenzato attraverso un giovane sacerdote svizzero, Maurice Zundel[89], il quale frequentava le lezioni di Maritain presso i circoli tomistici di Meudon[90]. Rientrato in Italia, Montini si impegnò a divulgare il pensiero del filosofo francese, attraverso le recensioni delle

---

volta di più e di provare ancora il senso di purezza e di gioia che voi sapete donare a coloro che camminano con voi nella esplorazione tranquilla e profonda delle cose vere. Ciò che mi tocca di più questa volta è il vostro ricordo, è l'amabile bontà che voi mi testimoniate. Vi sono profondamente riconoscente. A mia volta vi prego di gradire i migliori auguri, che formulo per voi, e perché la vostra attività sia profittevole sempre per la buona causa e per il trionfo della verità cristiana» (P. VIOTTO, *Grandi amicizie*, 147).

[87] Cfr. N. VIAN, ed., *Anni e opere di Paolo VI*, 20. Del suo primo soggiorno parigino Montini conservò un bellissimo ricordo e così ne parlò con Jean Guitton: «Abitavo dai benedettini di Rue Monsieur [...] Vi ho conosciuto, ricordo, don Maurice Zundel [...] Quanti originali gravitavano allora a quel monastero. Ma la mia principale occupazione era di perfezionarmi nella conoscenza della vostra cultura, della vostra letteratura, della vostra lingua. E anche nella sintassi e nella pronuncia [...] Ricordo bene le strade di Parigi. Respiro ancora l'odore dell'asfalto parigino [...] Consacrai tutto il mio tempo al francese. L'*Alliance Française* aveva dei maestri eccezionali, un staff incomparabile di insegnanti [...] Frequentavo assiduamente le lezioni di René Doumic [...] Voi francesi avete degli scrittori meravigliosi che sanno evocare il dramma di tutta una vita in poche pagine [...] Da allora ho sempre seguito la letteratura francese» (J. GUITTON, *Dialoghi con Paolo VI*, 141-143).

[88] Cfr. G. ROMANATO – F. MOLINARI, «Le letture del Giovane Montini», 59.

[89] Cfr. M. MANTOVANI, «Giovanni Battista Montini e la filosofia», 139-141.

[90] Il rapporto tra Montini e Zundel continuò attraverso scambi epistolari ed invii di libri. Nel 1939 Montini fece pubblicare per la Morcelliana un volume di Zundel, *Il poema della sacra liturgia*, mentre, nel 1972, da Papa, chiamò in Vaticano l'abate Zundel,

sue opere e grazie alla pubblicazione di alcuni articoli, scritti dallo stesso filosofo, sulle riviste *Studium* e *Azione Fucina*[91]. A partire da questo momento, Montini non solo diventò un assiduo lettore di testi maritiani, ma anche un divulgatore delle opera e del pensiero di Maritain negli ambienti intellettuali italiani. A partire dal 1945, i due si poterono incontrare personalmente, dal momento che Maritain venne nominato dal generale De Gaulle Ambasciatore di Francia presso la Santa Sede[92], nel periodo in cui Montini era Sostituto della Segreteria di Stato.

Il loro 'sodalizio intellettuale' culminò quando, al termine dell'Assise conciliare, il Pontefice consegnò al filosofo francese, il messaggio destinato agli uomini di pensiero e di scienza[93]. Alla scomparsa del pensatore francese, nell'aprile del 1973, Paolo VI ricordò la sua figura nel corso del *Regina Coeli* domenicale:

«Ogni professore cerca d'essere quanto più possibile esatto, e ben informato come possibile nella disciplina particolare sua propria. Ma egli è chiamato a servire la verità in modo più profondo. Il fatto è che a lui è domandato d'amare prima di tutto la Verità, come l'assoluto, al quale egli è interamente dedicato; s'egli è cristiano, è Dio stesso ch'egli ama». Chi parla così? È Maritain, morto ieri a Tolosa. Maritain, davvero un grande pensatore dei nostri giorni, maestro nell'arte di pensare, di vivere e di pregare. Muore solo e povero, associato ai *Petits Frères* di Padre Foucauld. La sua voce, la sua figura resteranno nella tradizione del pensiero filosofico, e della meditazione cattolica. Non dimentichiamo la sua apparizione, su questa piazza, alla chiusura del Concilio, per salutare gli uomini della cultura nel nome di Cristo maestro[94].

Come acutamente osservò Piero Viotto, ciò che accomunava da una parte il filosofo francese e dall'altra il sacerdote, vescovo e Papa Montini, era la ricerca e la testimonianza della verità attraverso la *luce tomista*:

---

incaricandolo di proporre le meditazioni per la Quaresima di quell'anno. Cfr. P. Viotto, «Riferimenti a Maritain», 125.

[91] La recensione di *Arte e scolastica* apparve in *Studium* nel 1923; quella di *Religione e cultura*, nel 1931, in *Azione Fucina*, e quella di *Il sogno di Cartesio* ancora in *Studium* nel 1932. Cfr. P. Viotto, «J. Maritain e la rivista Studium», 883-892. In *Azione fucina* sono particolarmente significativi due articoli di Maritain: «Intorno alla filosofia tomista» *AzFu* (09.03.1930) 3; e «Orientamento del pensiero moderno cristiano», *AzFu* (18.01.1931) 4.

[92] Cfr. G. Campanini, «L'ambasciatore e il sostituto, 44-64; R. Fornasier, *Jacques Maritain ambasciatore*, 195-200.

[93] Cfr. Concilio Vaticano II. *Messaggio agli uomini di scienza* (08.12.1965), in *EV* 1/487*-493*.

[94] Paolo VI, *Jacques Maritain maestro* (1973), 381-382.

Il filo conduttore di questo lungo dialogo a distanza tra Montini e Maritain [...] è la filosofia tomista intesa non solo come una 'metodologia', ma come vero e proprio 'sistema filosofico' di riferimento, perché la fede presuppone la ragione, e l'intelligenza è in grado di conoscere la verità; e perché il tomismo risulta essere il sistema filosofico più compatibile con le verità di fede, capace di elaborarle razionalmente senza snaturarle nella loro soprannaturalità[95].

6.2 *La questione della modernità*

L'influsso esercitato dal pensiero del filosofo francese sul Pontefice è ravvisabile soprattutto per ciò che riguarda il rapporto con la modernità[96]. In questo nostro studio vogliamo quindi soffermarci, in modo particolare, sull'influenza esercitata da Maritain su Montini nello sviluppo del proprio approccio nei confronti della modernità. Questo risulta utile per cercare di comprendere quell'atteggiamento che soggiace all'insegnamento del Pontefice sulla scienza e la tecnica, entrambe caratteristiche ed espressioni del mondo moderno.

Sia Maritain che Montini si posero una domanda comune: *come* affrontare la modernità senza, da un lato, condannarla aprioristicamente e, dall'altro, senza lasciarsi da essa sopraffare fino al punto da perdere la propria identità. Nella risposta a questo quesito, si possono ravvisare alcuni elementi comuni tra la riflessione di Montini – che egli elaborò già a partire dagli *Scritti fucini* fino alla redazione delle encicliche *Ecclesiam suam* e *Popolorum progressio* – ed il pensiero del filosofo francese.

Cercheremo brevemente, senza la pretesa di trattare in modo esaustivo l'argomento, di evidenziare come quel *passaggio* compiuto dal filosofo francese da una percezione fondamentalmente negativa del mondo moderno verso un giudizio più positivo[97] si possa ritrovare anche nello stesso Paolo IV[98].

6.3 *'Trois réformateurs'* – *Cultura della separatezza*

Il filosofo francese inizialmente nutrì un atteggiamento severo, se non addirittura di rifiuto nei confronti del mondo moderno. Questa posizione,

---

[95] P. Viotto, «Riferimenti a Maritain», 126.

[96] Cfr. G. Campanini, «Gli influssi di J. Maritain», 90.

[97] Mentre inizialmente Maritain immaginava che il principale compito della filosofia fosse quello di *confutare l'errore*, successivamente comprese che la confutazione dell'errore era un'opera secondaria, e spesso vana e inutile. Non bisognava, quindi, limitarsi a confutare, ma bisognava *illuminare e precedere*. Cfr. J. Maritain, *Ricordi e appunti*, 72.

[98] Per ulteriore approfondimento del tema si consiglia: *Paul VI et la modernité dans l'Église*, Rome 1984.

espressa, in modo particolare nell'opera *Antimoderne* (1922), arrivò ad un punto conclusivo in un libro dal titolo *Trois réformateurs*, pubblicato in Francia nel 1925. Qui il filosofo individuò le cause e le origini del 'soggettivismo contemporaneo' nelle riforme poste in essere da Lutero, Cartesio e Rousseau[99]. Tre anni più tardi, l'opera venne pubblicata in italiano con una prefazione curata dallo stesso traduttore (ossia da Giovanni Battista Montini)[100], nella quale il futuro Pontefice non esitò ad indicare l'opera maritainiana come un contributo importante per l'educazione filosofica dei cattolici:

> Due ordini di considerazioni mi hanno suggerito il modestissimo compito di traduzione del presente volume per agevolarne più facile e più larga lettura anche in Italia, dove libro e autore sono già conosciuti; e cioè: l'opportunità del contenuto e l'opportunità della forma con cui il libro è scritto. La prima sembra a me vantaggiosa all'educazione spirituale giovanile, l'altra all'educazione filosofica dei cattolici, non esclusi gli ecclesiastici[101].

L'*opportunità di contenuto* era data dal fatto che indicava le origini del 'soggettivismo contemporaneo': proprio per questa ragione quest'opera fu considerata da Montini come uno strumento prezioso per l'educazione dei giovani universitari cattolici[102]. L'*opportunità di forma* le derivava dalla sua impostazione tomista[103]. Il traduttore e autore della prefazione ammirava la capacità che questo 'tomismo di Maritain' aveva

---

[99] Quest'opera è il frutto della rielaborazione di una serie d'articoli su Lutero, Cartesio e Rousseau pubblicati nella *Revue Universelle* tra il 1921 e il 1924. In questi articoli l'autore indicava Lutero come il riformatore della religione, Cartesio come il riformatore della cultura, Rousseau come il riformatore della società.

[100] Cfr. J. MARITAIN *Trois réformateurs*, Paris 1925; tr. it., *Tre riformatori*, Brescia 1928.

[101] G. B. MONTINI, «Prefazione a J. MARITAIN», 57.

[102] In alcuni articoli redatti da Montini e pubblicati su *Studium*, si utilizzava questa argomentazione del filosofo francese – senza, però, citare direttamente la fonte – come strumento per cercare di contrastare la soggettività della coscienza di quei tempi, aiutando i giovani studenti a recuperare il valore dell'oggettività della verità. Questi articoli vennero in seguito raccolti nella pubblicazione: G. B. MONTINI, *Coscienza universitaria*, Roma 1982.

[103] «Il tomismo del Maritain non solo a questi ha valso un nome, che, ormai anche in Italia, rende superflua ogni presentazione; ma ha valso al tomismo stesso una celebrità, che molti dei suoi stessi difensori dubitavano potessi raggiungere nel nostro tempo; quella d'una originalità, di una espressività, di una verginità, per così dire, che lo fa rampollare, senza nulla avere perduto della sua forza di quercia annosa, con primaverili germogli nel campo del pensiero e dell'arte» (G. B. MONTINI, «Prefazione a J. MARITAIN, 59).

nell'aprire nuovi orizzonti al pensiero cattolico, rimanendo nell'alveo antico e sicuro della sapienza cristiana[104].

Massimo Marcocchi annota che il fatto che Montini avesse tradotto e fortemente caldeggiato quest'opera di Maritain non deve stupire, in quanto anche lui, in realtà, sarebbe stato, almeno in quegli anni, antimoderno[105]. Egli, infatti, in un articolo apparso sulla rivista *Studium*, esprimendo una valutazione negativa nei confronti dell'anima immanentistica della cultura moderna affermava:

> È stato detto che la critica è la forma moderna della vita intellettuale, e che essa ha tre radici: una religiosa, che si nutre dello spirito della riforma protestante, con Lutero maestro... anti-maestro; l'altra sociale, che corrisponde ai regimi democratici contemporanei, insegnata da Rousseau, il teorico della rivoluzione cioè della società-antisociale; e la terza filosofica che vien dal soggettivismo di Cartesio fino al nostro impenetrabile individualismo. Libero esame, suffragio universale, dubbio sistematico, tre dogmi posti fuori discussione (cioè al riparo da un libero esame, da un suffragio spontaneo, da un accertamento scientifico) sono le componenti d'una sola direttiva risultante del pensiero moderno che sembra, nonostante le smentite pratiche, essere orientato teoricamente verso le deserte regioni del solipsismo[106].

Altri autori, invece, – tra cui, ad esempio, Giorgio Campanini – nutrono non poche riserve sul fatto che Montini realmente avesse condiviso pienamente le posizioni sostenute da Maritain, sebbene ne fosse il traduttore in lingua italiana:

> In particolare se si riflette sulle convinzioni sinceramente democratiche del giovane Montini, assimilate in una famiglia di tradizione cattolica-liberale e dalla quale si guardava con simpatia al popolarismo di Sturzo, e se le si confrontano con la dura polemica antidemocratica del Maritain del 1926 (sia pure in riferimento alle posizioni di un Rousseau letto come segreto anticipatore del totalitarismo) è lecito nutrire qualche dubbio al riguardo[107].

Al di là della piena condivisione o meno delle posizioni di Maritain, Montini considerò quest'opera come un valido sussidio metodologico per cercare di leggere la modernità nella sua complessità e come una «diagnosi sulle origini storiche e spirituali degli errori moderni»[108]. Maritain considerava la modernità – nata dalla *triplice* riforma di Lutero, di

---

[104] Cfr. P. CHENAUX, *Le eredita/3: I montiniani*.

[105] Cfr. M. MARCOCCHI, Introduzione a G. B. MONTINI, *Scritti fucini (1925-1933)*, XVI.

[106] G. B. MONTINI, «Criticismo», 355.

[107] G. CAMPANINI, «Gli influssi di J. Maritain», 91.

[108] G. B. MONTINI, «Prefazione a J. MARITAIN», 58.

Cartesio e di Rousseau – come una *cultura della separatezza*. Quanto la modernità aveva separato – fede e ragione, anima e corpo, individuo e società – andava invece distinto, per poter poi essere ricondotto all'*unità*, attraverso il recupero del pensiero del Aquinante[109]. La società cattolica aveva bisogno di questo confronto con la modernità in quanto era diventata una società autoreferenziale, troppo chiusa e ripiegata su sé stessa[110].

6.4 *'Humanisme intégral'* – *Verso una nuova valutazione della modernità*

Dopo la presa di distanza dall'*Action française*[111] (a causa della condanna pronunciata su questo movimento da Pio XI) ed a distanza di dieci anni della pubblicazione di *Trois réformateurs*, Maritain elaborò ulteriormente il suo pensiero sulla modernità attraverso l'opera *Humanisme intégral*[112].

In questo volume, il suo giudizio sulla modernità divenne 'più prudente' ed al posto della condanna, subentrò la speranza. A differenza della posizione assunta nei *Trois réformateurs*, in questo saggio il filosofo adottò un atteggiamento di dialogo e di simpatia, che lo *ri-orientava* a mettere in luce quanto vi era di positivo nel mondo moderno, cercando di conciliarlo con l'eredità del pensiero classico[113]. Nell'opera maritainiana è possibile ravvisare come una sorta di *una pars destruens* – l'identificazione e la critica delle radici della 'tragedia dell'umanesimo'– ad una *pars costruens* – la proposta di una nuova cristianità[114].

Maritain affermava che «la nozione di umanesimo integrale esprime il carattere distintivo della nuova cristianità»[115]: una nuova cristianità,

---

[109] Cfr. G. CAMPANINI, «G. B. Montini e J. Maritain», 228.

[110] Cfr. G. CAMPANINI, «Gli influssi di J. Maritain», 92.

[111] Movimento politico francese, di stampo anti-parlamentare e anti-democratico, fu fondato nel 1899. Vicino a posizioni di stampo e di matrice fascista.

[112] Il filosofo nel agosto del 1934 tenne sei lezioni all'Università di Santander, in Spagna. I testi di queste lezioni furono raccolti e pubblicati con il titolo *Problemas espirituales y temporales de una nueva cristiandad*. Dopo un'ulteriore rielaborazione del testo, nel 1936 Maritain pubblicò, in Francia, *Humanisme intégral*, quella che viene considerata come l'opera più significativa del suo pensiero. *Religion et culture* (1930) è da considerarsi come la tappa intermedia tra i due testi, *Trois réformateurs* e *Humanisme intégral*.

[113] Antonio Pavan ritiene che si possa parlare di una 'sostanziale continuità' nel pensiero di Maritain. Formatosi e sviluppatosi in un periodo denso di eventi storici ed ecclesiali, risulta naturale che il pensiero maritainiano avesse subito 'approfondimenti, riorientazioni di attenzione, e sottolineature' nuove. Cfr. A. PAVAN, «Introduzione», VI.

[114] Cfr. G. GALEAZZI, «La Neoscolastica», 867-899.

[115] J. MARITAIN, *Umanesimo Integrale*, 224.

Nei *Pareri e voti per la buona riuscita del Concilio*[122] che l'allora Arcivescovo di Milano trasmise alla Commissione antipreparatoria del Concilio Vaticano II, sono ravvisabili alcuni influssi della riflessione maritainiana, soprattutto di quanto esposto in *Humanisme intégral*[123]:

> Venga chiarita e definita la dottrina sulle principali questioni dei rapporti tra l'ordine soprannaturale e le realtà umane o i momenti umani delle cose che soprattutto angustiano l'uomo moderno. Nel Concilio pare si debbano trattare gli argomenti che seguono: (a) i rapporti tra la vita politica e la vita religiosa, affermando sia la competenza della Chiesa sia i suoi limiti, affinché ai cristiani venga proposta una dottrina chiara e valida; (b) il valore delle cose o delle azioni cosiddette "temporali" in relazione al raggiungimento del fine soprannaturale, perché venga proposto il senso religioso, ma vero, di ogni attività umana "temporale"; (c) la carità cristiana e le sue conseguenze necessarie logiche nella vita sociale, affinché la vita cristiana venga presentata come il vero fermento di ogni bene, anche temporale, del genere umano, fermento che niente può sostituire[124].

Montini affrontò la problematica circa i rapporti tra cultura e religione, tra la vita eterna e quella terrena, tra umanesimo e cristianesimo in una delle sue omelie, pronunciata in occasione della solennità dell'Assunta, riferendosi – pur senza citarlo – al pensiero soggiacente l'opera maritainiana in merito alla missione temporale del cristiano:

> A prima vista sembra che i due mondi, temporale ed eterno, si escludano a vicenda nell'animo umano. Quando si pongono come sufficienti ed assoluti, l'uomo si oppone all'altro. Il materialismo, o meglio la concezione puramente umana della vita, diventa facilmente negatore dell'immortalità dell'anima e negatore di Dio [...] D'altro canto uno spiritualismo esclusivo, cioè l'orientamento totale della vita ai beni invisibili e ultraterreni, sembra essere inammissibile, e pare favorire il disinteresse per la realtà presente e favorire l'inettitudine, la pigrizia, il pessimismo a riguardo dello sviluppo umano e dei beni, pur apprezzabili e necessari, del mondo temporale[125].

---

[122] Il documento in lingua latina, è pubblicato in *Acta et Documenta Concilio Oecumenico Vaticano II apparando,* series I (*Antepreparatoria*), II pars III, Città del Vaticano MCMLX, 374-381. La traduzione italiana a cui si farà riferimento è quella che si legge in: «Pareri e voti per la buona riuscita del Concilio», *Notiziario dell'Istituto Paolo VI* 6, (1983), 47-52.

[123] Anche Philippe Chenaux sottolineò l'influenza di Maritain in questo testo mandato dall'allora Arcivescovo di Milano Montini alla Commissione antiprepartoria del Vaticano II. Cfr. P. CHENAUX, *Paul VI et Maritain*, 77-79.

[124] G. B. MONTINI, «Pareri e voti», 48-49.

[125] G. B. MONTINI, «I due fini della vita», 5229-5230.

Montini individuò nel filosofo francese un valido interlocutore e sostegno nell'arduo compito di cercare di riconciliare cristianità e modernità. A tale scopo era necessario che Giovanni Battista, sulla scia di Maritain, prendesse le distanze dalla società moderna – attraverso l'opera *Trois réformateurs* – per poi aprirsi, con un atteggiamento ed uno sguardo più positivo verso la modernità – mediante l'opera *Humanisme intégral*[126]. Affrontare la questione della modernità rappresenta la chiave di volta per cercare di comprendere l'influenza che il filosofo Maritain esercitò sul futuro Paolo VI:

> Il passaggio dall'iniziale diffidenza verso il mondo moderno ad una successiva apertura di credito alla modernità rappresenta il nodo centrale della relazione intellettuale fra Maritain e Montini. Le incertezze, le oscillazioni, le esitazioni iniziali dell'uno si riflettono puntualmente nell'altro; così come, alla fine li accomuna un atteggiamento verso il mondo moderno ispirato ad apertura e a simpatia[127].

Probabilmente il processo di apertura verso il mondo moderno avviato dal Concilio Vaticano II non sarebbe stato così fruttuoso senza il contributo di questi due grandi personaggi (Maritain come ispiratore intellettuale e Montini come guida sicura nella fase delicata e conclusiva del Concilio), che ebbero il 'coraggio' di abbandonare i vecchi schemi della reciproca indifferenza ed ostilità tra Chiesa e modernità, improntando, invece, la relazione col mondo moderno secondo un'ermeneutica di 'simpatia e apertura'[128].

7. Arcivescovo di Milano

La nomina del Pro-segretario di Stato, Giovanni Battista Montini, come Arcivescovo di Milano, il 1 novembre 1954, – dopo un trentennio di lavoro presso la Segreteria di Stato – lo immerse nell'«oceano della realtà»[129]:

> [...] la sede metropolitana di Milano, la più industrializzata e problematica fra le città italiane [...] significa per il Nostro il contatto con la dura, immediata concretezza del moderno, con tutte le tensioni e i mutamenti che affascinano e, allo stesso tempo sconvolgono[130].

Il capoluogo lombardo degli anni Cinquanta rappresentava uno dei centri più importanti per la ricostruzione dell'Italia nel dopoguerra. Sono

---

[126] Cfr. G. CAMPANINI, «G. B. Montini e J. Maritain», 236.

[127] G. CAMPANINI, «Gli influssi di J. Maritain», 93-94.

[128] Cfr. G. CAMPANINI, «Gli influssi di J. Maritain», 94.

[129] J. GUITTON, *Dialoghi con Paolo VI*, 77-78.

[130] D. PAOLETTI, *La testimonianza cristiana*, 91.

anni segnati dall'immigrazione e dal rapido sviluppo scientifico e tecnologico, che portarono al cosiddetto 'boom-industriale'[131].

Gli anni che trascorse alla guida di questa grande Arcidiocesi – indipendentemente dalle motivazioni che portarono a questa nomina[132] – rappresentano un ulteriore tempo di 'preparazione' verso il soglio di Pietro. Non è nostra intenzione analizzare con organicità e completezza i diversi aspetti che caratterizzarono il periodo milanese, ma vorremmo – in quanto inerente al nostro studio – fare alcune sottolineature soprattutto riguardo alla problematica dell'apertura della Chiesa e del Cristianesimo nei confronti della modernità[133]. Una preoccupazione, questa, presente e chiaramente espressa fin dal suo primo discorso nel duomo di Milano, nel giorno del suo ingresso in Diocesi, che Montini declinò poi in un vero e proprio piano pastorale:

> Il problema che a Noi, in questa stessa solenne circostanza, quasi programma, si pone è questo: [...] Come possiamo noi adeguare la nostra vita moderna, con tutte le sue esigenze, purché sane e legittime, con un cristianesimo autentico?[134]

---

[131] Montini, consapevole di questo fenomeno, affermerà dopo qualche anno di ministero che «Milano cresce, cresce continuamente, rapidamente, oltre ogni previsione, oltre la nostra già tesa e sofferente possibilità di pareggiare con la dovuta proporzione l'assistenza pastorale ai bisogni dei nuovi quartieri [...] Sentiamo il dovere di concorrere senza stanchezza e senza lamento, anzi con civile e cristiana solidarietà, allo sviluppo eccezionale della nostra Metropoli [...]» (G. B. MONTINI, «Le nuove chiese [12.11.1961]» in *Discorsi e scritti sul Concilio*, 66).

[132] Non essendo ancora consultabile la documentazione relativa a questo periodo, è opportuno sospendere il giudizio se la nomina di Giovanni Battista Montini a Milano debba leggersi nella logica del *promoveatur ut amoveatur*, in seguito alla posizione assunta da Montini nei confronti della situazione politica italiana, (cfr. A. MELLONI, *Il Conclave*, 105; B. LAI, *Il "mio" Vaticano*, 45-46) oppure se essa fu una scelta di Pio XII per offrire al proprio Pro-segretario di Stato la possibilità di fare una esperienza pastorale forte e significativa, nell'ottica di un'ulteriore preparazione in vista di un'eventuale elezione al soglio di Pietro (Cfr. G. ADORNATO, *Paolo VI*, 50-51; C. CREMONA, *Paolo VI*, 171-172).

[133] L'Arcivescovo, durante il periodo del suo episcopato milanese, scrisse nove importanti lettere pastorali: *Omnia nobis est Christus* (Quaresima 1955); *Osservazioni su l'Ora presente* (Quaresima 1956); *Sul senso religioso* (Quaresima 1957); *L'educazione liturgica* (Quaresima 1958); *La Nostra Pasqua* (Quaresima 1959); *Per la famiglia cristiana* (Quaresima 1960); *Sul senso morale* (Quaresima 1961); *Pensiamo al concilio* (Quaresima 1962); *Agitare il fuoco perché riprenda la fiamma* (Discorso alla fine della messa crismale del 1963). Pur trattando di temi assai diversi, in tutte queste lettere pastorali soggiace lo stesso interrogativo: «Esiste un problema religioso? È compatibile con tutte le cose della vita moderna?» (G. B. MONTINI, «La Nostra Pasqua», 2570).

[134] G. B. MONTINI, «È giunta un'ora nuova», 61.

7.1 La necessità di instaurare un dialogo

In forza della logica dell'Incarnazione[135], la dottrina cattolica aveva bisogno di trovare «nel tempo nostro espressione per ogni verso valida e benefica»[136]. Montini esortò dunque la Chiesa a non arroccarsi in una posizione di difesa e di aprioristica sfiducia e condanna verso il mondo contemporaneo, ma ad uscire da questa 'roccaforte' per raggiungere i lontani e portare l'annuncio cristiano.

Per incontrare il mondo moderno, la Chiesa avrebbe dovuto 'trasformarsi' in un *luogo di dialogo*[137]. Un luogo dove non solo manifestare la simpatia, l'ascolto e l'accoglienza nei confronti degli esponenti del mondo moderno, ma soprattutto essa avrebbe dovuto divenire sempre più un luogo dove valorizzare quanto di positivo poteva venire dalla società contemporanea e dove poter ammirare i risultati raggiunti delle moderne conquiste in campo tecnico-scientifico[138]. Questa modalità di rapportarsi con il mondo, trovò una sua manifestazione tangibile, ad esempio, in occasione delle Missioni popolari dal 5 al 24 novembre del 1957. La Chiesa di Milano, animata dalla 'carità apostolica', volle scuotere l'indifferenza atea e risvegliare il desiderio di Dio nell'uomo moderno:

> Quando si avvicina un lontano, non si può non sentire un certo rimorso. Perché questo fratello è lontano? Perché non è stato abbastanza amato. Non è stato abbastanza curato, istruito, introdotto nella gioia della fede. Perché ha giudicato la fede dalle nostre persone, che la predicano, che la rappresentano; e dai nostri difetti ha imparato forse ad aver noia, a disprezzare, a odiare la religione. Perché ha ascoltato più rimproveri, che ammonimenti e inviti. Perché ha intravisto, forse, qualche interesse inferiore al nostro ministero, e ne ha patito scandalo. I lontani spesso sono gente male impressionata di noi, ministri della religione; e ripudiano la religione, perché la religione coincide per essi con la nostra persona. Sono spesso più esigenti che cattivi. Talora il loro anticlericalismo nasconde uno sdegnato rispetto alle cose sacre, che credono in noi avvilite. Ebbene, se è così, fratelli lontani, perdonateci. Se non

---

[135] «Ciò che è divino ed eterno è sempre giovane e attuale, e non teme, mediante l'ineffabile nodo dell'Incarnazione, di venire a contatto con le sempre nuove e sempre fugaci opere del tempo» (G. B. MONTINI, «Il Magistero Pastorale di Pio XII, 1386). Cfr. G. GLODER, *Carattere ecclesiale*, 47-48.

[136] G. B. MONTINI, «Le alte mete di una provvida istituzione», 177.

[137] Cfr. G. B. MONTINI, «*Servi inutiles sumus*», 2334-2336.

[138] Il futuro Paolo VI mostrò il suo apprezzamento per le scoperte scientifiche e le innovazioni tecnologiche, in modo particolare convocando ogni anno, a partire dal 1956, gli espositori della Fiera campionaria di Milano: Cfr. G. B. MONTINI, «Inno squillante nell'aperto cielo», 729-734; ID., «La moderna civiltà del lavoro», 1312-1316; ID., «Pace a voi, uomini del lavoro», 2083-2087.

vi abbiamo compreso, se vi abbiamo troppo facilmente respinti, se non ci siamo curati di voi, se non siamo stati bravi maestri di spirito e medici delle anime, se non siamo stati capaci di parlarvi di Dio come si doveva, se vi abbiamo tratto con l'ironia, con il dileggio con la polemica, oggi vi chiediamo perdono. Ma ascoltateci [...][139].

Riferendosi al Concilio Ecumenico Vaticano II, sottolineò, in modo particolare, la chiamata della Chiesa al dialogo, affermando:

> Che cosa sta facendo la Chiesa? Non solo cerca se stessa, ma cerca il mondo, cerca di venire a nuovo contatto, [...] ambisce ritessere un dialogo[140].

Solo attraverso questo dialogo – guardandosi dagli inevitabili pericoli e rischi[141] – si poteva arrivare a quella «pacificazione della tradizione cattolica italiana con l'umanesimo buono della vita moderna»[142]. Nella Lettera Pastorale per la Quaresima del 1956, *Osservazioni su l'ora presente*, Montini invitò a discernere i '*segni dei tempi*', un'espressione che fu poi ripresa dal Vaticano II e che trovò un'ampia eco durante gli anni post-conciliari. Egli invitava i fedeli a riconoscere l'intervento di Dio anche nei profondi mutamenti del mondo moderno, un mondo profondamente segnato dalle conquiste scientifiche e tecnologiche, dall'industrializzazione, dalle nuove correnti di pensiero[143]. Ricordava che «tutti i principi che danno al mondo moderno un dinamismo foriero di vero progresso umano e di nuova vera civiltà, sono principi mutuati dal Vangelo»[144].

7.2 *La perdita del senso religioso dell'uomo moderno*

Per instaurare un dialogo incisivo e fruttuoso con il mondo moderno, la Chiesa avrebbe dovuto approfondire la propria conoscenza dell'uomo contemporaneo, inserito in una realtà sempre *in divenire*, in continua

---

[139] G. B. MONTINI, «Fratelli lontani, perdonateci», 1753-1754.

[140] G. B. MONTINI, «La Chiesa sta cercando se stessa», 5660.

[141] L'Arcivescovo Montini riteneva che cercando d'avvicinare gli indifferenti e i lontani, si poteva incorrere nell'errore «di scambiare l'avvicinamento degli indifferenti, dei lontani, degli avversari con l'assimilazione al loro modo di pensare e di agire. Non saremo più dei conquistatori, ma dei conquistati. Il dialogo, metodo necessario all'apostolo, non deve terminare con una negazione, o un oblio della nostra verità, a profitto dell'errore, o della parziale verità che voleva redimere» (G. B. MONTINI, «La festa della nascita del cristianesimo. Omelia per la solennità dell'Epifania [06.01.1960]», in *DiscScMi*, II, 3265).

[142] G. B. MONTINI, «È giunta un'ora nuova», 61; ID., «Le alte mete di una provvida istituzione», 176-177.

[143] Cfr. G. B. MONTINI, «Osservazioni su l'ora presente», 639-649.

[144] G. B. MONTINI, «È giunta un'ora nuova», 62.

trasformazione[145]. L'uomo di questa «nuova civiltà»[146], veniva descritto come 'un disorbitato', dal momento che, avendo distolto il proprio sguardo dal cielo, aveva perso anche il proprio autentico orientamento[147]. Egli si ritrovava a correre come 'un gigante lanciato', che aveva sia la fame (il desiderio) che il possesso dei mezzi, ma a cui mancava, però, l'ansia dei fini[148]. Montini sottolineò che questa 'perdita dello sguardo rivolto verso il cielo', poteva identificarsi con la perdita del 'senso religioso':

> Il popolo non ha oggi la sensibilità religiosa che aveva ieri. L'osservanza dei doveri religiosi esige ora maggiore fatica che non in passato. Le persone che sono impegnate nelle attività caratteristiche della vita moderna: lo studio scientifico, il lavoro industriale, la macchina, la tecnica [...] sono meno disposte all'atto religioso[149].

Il venir meno dell'«attitudine naturale dell'essere umano a percepire qualche nostra relazione con la divinità»[150] venne posta in relazione, in parte, anche la mentalità scientifica propria della modernità:

> Basta osservare il processo della mentalità scientifica per notare ch'essa non si contenta più d'essere agnostica rispetto ai problemi supremi dell'Essere, essa diventa totalitaria ed esclusiva; [...] spegne nelle sue radici il bisogno di Dio per limitare il campo dell'esplorazione conoscitiva al mondo della natura, di cui crede di attingere ormai l'intima costituzione e di dominarla[151].

La 'questione religiosa' dell'uomo contemporaneo, venne affrontata dall'Arcivescovo di Milano nella Lettera Pastorale per la Quaresima del

---

[145] «La trasformazione deriva principalmente dal progresso scientifico, dallo sviluppo industriale, dalle applicazioni tecniche. Una nuova civiltà sta nascendo dal meraviglioso impiego delle ricchezze e delle forze naturali» (G. B. MONTINI, «Osservazioni su l'ora presente», 642).

[146] G. B. MONTINI, «Osservazioni su l'ora presente», 642.

[147] «L'uomo moderno è un disorbitato, perché ha perso il suo vero orientamento, che consiste nel guardare verso il cielo» (G. B. MONTINI, «Orientati verso il cielo», 4152).

[148] «Corre come un gigante lanciato. Ma facciamo attenzione. Dove va? Ha occhi cotesto gigante [...] L'uomo moderno ha la fame e il possesso dei mezzi, non ha l'ansia dei fini» (G. B. MONTINI, «Dove corre questo mondo?», 5464). Cfr. ID., «Il cristiano e il benessere temporale», 5611.

[149] G. B. MONTINI, «Sul senso religioso», 1219.

[150] G. B. MONTINI, «Sul senso religioso», 1214; «Esso indica cioè l'aspetto soggettivo del fatto religioso, la disposizione dell'anima a intuire ed a cercare Dio, a trattare con Lui, a credere, a pregar, ad amare Dio, ad avvertire il carattere sacro delle cose o delle persone, a connettere una responsabilità trascendente all'operare umano. Dà in concreto la misura di quanto un soggetto umano, e non soltanto la natura umana considerata in astratto, sia capax Dei, capace di Dio» (Ibid.).

[151] G. B. MONTINI, «Universitari e vita religiosa», 3022.

7.3 Il recupero del senso religioso

Un dialogo fecondo della Chiesa con l'umanità moderna, avrebbe potuto aiutare l'uomo a ricuperare il proprio 'senso religioso'. Montini invitò, quindi, innanzitutto ad «una riabilitazione razionale del senso religioso»[162] in modo che il clero[163] e gli uomini di pensiero[164], possano rinnovarsi attraverso «una più diretta ed accurata conoscenza delle scienze moderne e dell'anima contemporanea, osando espressioni originali e approfondite della dottrina ortodossa»[165]. Montini era anche ben consapevole della 'capacità' che la scienza possedeva di scuotere positivamente il sistema dottrinale, purificandolo da un certo «intonaco contingente»[166]:

> Se l'irreligiosità di cui è pervaso il mondo contemporaneo, e che si arma di pensiero scientifico nelle nostre Università, valesse a dare al nostro sentimento religioso, alla nostra dottrina religiosa, alla nostra pietà religiosa più forte e sempre operante concetto della trascendenza e dell'ineffabilità del Dio che adoriamo e che amiamo, avremmo tratto non piccolo vantaggio dal presente dramma spirituale[167].

Il futuro Paolo VI riteneva inoltre necessario, rieducare la mentalità moderna a «pensare Dio»[168] ed aiutandola a riscoprire quel suo bisogno

---

fosse vittoria dell'ateismo, e non piuttosto un invito a meglio contemplare quell'universo che canta la gloria di Dio?» (G. B. MONTINI, «Religione e lavoro», 3472).

[162] G. B. MONTINI, «Sul senso religioso», 1223.

[163] Durante il proprio episcopato, Montini dedicò particolare attenzione alla formazione ed all'educazione del clero, così che quest'ultimo potesse essere in grado di dialogare con il mondo moderno, una formazione capace di «portare il mistero di Cristo nella società contemporanea, di congiungere cioè due realtà, quella soprannaturale del Vangelo e della Chiesa con quella temporale del mondo moderno, le quali si sono nel nostro secolo enormemente diversificate e divaricate: problema educativo estremamente difficile ed ogni fecondo di nuovi ostacoli e di nuove prospettive» (G. B. MONTINI, «Una fervorosa officina», 3768); «La vita moderna si specializza, si qualifica: occorre un'assistenza specializzata. Aumentano le difficoltà a un dialogo religioso con gli uomini del nostro tempo: l'azione ministeriale deve essere qualitativamente più dotata. Necessità quantitativa e qualitativa di vocazione» (G. B. MONTINI, «Il talismano della vita sacerdotale», 3825).

[164] Inaugurando la nuova sede della libreria Ancora a Roma, l'Arcivescovo di Milano invitò in modo particolare i pensatori e gli scrittori cattolici «a darci nuovi trattati, nuovi racconti, nuove rielaborazioni della cultura cattolica» (L. CRIVELLI, Montini Arcivescovo a Milano, 177).

[165] G. B. MONTINI, «Sul senso religioso», 1223.

[166] G. B. MONTINI, «Universitari e vita religiosa», 3022.

[167] G. B. MONTINI, «Universitari e vita religiosa», 3023.

[168] G. B. MONTINI, «Sul senso religioso», 1225.

che è inscritto nella sua stessa natura[169]. La mentalità umana avrebbe potuto dirsi completa non solo avendo «curiosità e coscienza delle leggi scientifiche, del cui il lavoro si avvale», ma se riuscisse a scoprire in esse «il postulato d'un Pensiero trascendente, creatore e ordinatore»[170]. L'uomo moderno avrebbe dovuto 'riaccendere in sé' la curiosità per la metafisica, l'ambizione di risalire a quella *raison d'être*, al *perché* profondo ed essenziale dell'universo che egli esplorava, non fermandosi alla mera conoscenza del *come* della realtà che lo circondava e che gli stava dinanzi:

> Un meccanico, davanti alla sua macchina, dovrà dire contento: è nuova, è mia; ma dovrà aggiungere ancor più contento e pensoso: io ho più scoperto, che inventato; ho scoperto proprietà e leggi anteriori al mio pensiero; io non ho fatto che applicarle; io sono arrivato più vicino alla manifestazione naturale d'una Sapienza, che non conoscevo, a cui prima non pensavo; sono arrivato ad un incontro insospettato con Dio. Se in passato la natura era intermediaria fra Lui e la mente umana, perché oggi l'opera tecnica e dell'arte non lo potrebbe essere?[171]

7.4 *Conservare e rinnovare*

Potremmo affermare che la prospettiva pastorale assunta dall'Arcivescovo Montini durante gli otto anni alla guida dell'Arcidiocesi, si articolava tra due poli[172]. Da un lato vi era l'impegno a *conservare* intatto il deposito della fede[173]. In una realtà come quella milanese, dove l'uomo viveva immerso in una cultura scientista e positivistica[174], e dove poteva essere maggiormente tentato di rifiutare il valore della tradizione, l'Arcivescovo Montini richiamò, a più riprese e con forza, la necessità di ritornare al «riconoscimento e l'amore di ciò che è eterno nel tempo, di ciò che dev'essere conservato come spirito perennemente valido per la vita umana»[175].

---

[169] Giovanni Battista Montini nella Lettera Pastorale per la Quaresima del 1955 scrisse che Cristo era stato dimenticato dalla cultura contemporanea eppure rimaneva necessario per la vita dell'uomo. Cfr. G. B. MONTINI, «*Omnia nobis est Christus*», 142.

[170] G. B. MONTINI, «Sul senso religioso», 1227.

[171] G. B. MONTINI, «Sul senso religioso», 1227.

[172] Cfr. G. GLODER, *Carattere ecclesiale*, 47-48; G. ADORNATO, *Paolo VI*, 57.

[173] Cfr. G. B. MONTINI, «È giunta un'ora nuova», 63; ID., «Il Magistero Pastorale di Pio XII», 1385; ID., «Missione e mistero della Chiesa», 1667-1669; ID., «Osservazioni su l'ora presente», 640.

[174] Cfr. G. B. MONTINI, «Rivelazione e fede», 1907; ID., «Religione e lavoro», 3463ss; ID., «Incontro tra Cristo e il mondo nuovo», 3527-3528.

[175] G. B. MONTINI, «Cultori della tradizione», 3649-3650.

Accanto all'impegno nella conservazione del *depositum fidei*, in una città in stato di 'perenne di novità'[176], l'Arcivescovo si prodigò anche per cercare vie e strumenti per *rinnovare* il messaggio cristiano, così da poter presentare «un cristianesimo vero, adeguato al tempo moderno»[177]:

> Conservare il patrimonio ricevuto, ufficio di per sé tanto difficile, non basta; occorre rinnovare, non in se stesso, oggettivamente, [...] ma soggettivamente, in noi stessi, nelle nostre opere, nelle nostre istituzioni, nella nostra cultura, [...] il sempre fecondo tesoro religioso e morale che abbiamo ricevuto[178].

L'urgenza e la necessità di un tale aggiornamento derivavano dal fatto che sia «il mondo [...] è in fase di [...] evoluzione, e sia perché l'applicazione e l'enunciazione del messaggio cristiano ammette varietà di tempi e di forme»[179]. La tensione tra 'fedeltà statica' e 'fedeltà dinamica' della Tradizione[180], fu vissuta da Montini, quando eletto Papa, ebbe la responsabilità di continuare e di guidare i lavori dell'Assise conciliare:

> Stabilire questa relazione tra l'elemento immutabile della nostra fede e l'ambiente che cambia in grado sommo nel nostro tempo è arte difficile, sapienza che richiede la luce divina[181].

Fedeltà ed *aggiornamento*: due esigenze, due prospettive di riflessione che orientarono i lavori e la riflessione del Concilio Ecumenico Vaticano II, iniziato da Giovanni XXIII e concluso da Paolo VI[182].

8. L'Arcivescovo Montini al Concilio

Il 25 gennaio 1959, Giovanni XXIII recatosi alla Basilica di San Paolo fuori le Mura, annunciò, inaspettatamente[183], il desiderio di convocare

---

[176] «Novità di qua, novità di là [...] ogni giorno c'è una novità, una scoperta, una meraviglia [...] si direbbe che tutti sono presi da qualche panico: bisogna correre, bisogna fare presto, bisogna guadagnare» (G. B. MONTINI, «Vi parlo del mondo», 5272).

[177] G. B. MONTINI, «È giunta un'ora nuova», 61.

[178] G. B. MONTINI, «È giunta un'ora nuova», 64.

[179] G. B. MONTINI, «Missione e mistero della Chiesa», 1679.

[180] Cfr. A. SPADARO, «Un dialogo 'cordiale' con gli uomini», 521-522.

[181] PAOLO VI, *Discorso al Sacro Collegio* (24.12.1963), 428.

[182] «Solamente un Papa come Giovanni, impulsivo e semplice, poteva iniziare il Concilio, ma era necessario un Papa sulla misura di Paolo VI, più profondo e riflessivo, per condurre in porto l'opera iniziata, per salvarne lo spirito e impedirne le deviazioni» (G. MARTINA, *La Chiesa in Italia*, 100).

[183] Cfr. GIOVANNI XXIII, *Allocuzione* (25.01.1959), 65-69.

un Concilio ecumenico[184]. L'Arcivescovo di Milano fu tra i primi ad aderire all'idea del Pontefice, come attesta un messaggio che rivolse alla sua Arcidiocesi dal titolo *Eco ambrosiana all'annuncio del prossimo Concilio ecumenico*:

> Un avvenimento storico, di prima grandezza sta per verificarsi; [...] Sarà il maggiore, questo Concilio, che la Chiesa abbia mai celebrato nei suoi venti secoli di storia [...] La città sul monte, la Chiesa, salirà in vetta ai pensieri ed alle vicende umane[185].

Attraverso una lettera firmata dal cardinale Tardini, Segretario di Stato e Presidente della Commissione antepreparatoria del Concilio, l'intero episcopato mondiale fu invitato ad esprimere la propria opinione in merito alle tematiche che si sarebbero dovute affrontare durante l'Assise conciliare. L'articolata lettera di risposta scritta da Montini risulta di particolare interesse ed utilità anche per comprendere alcune prospettive che caratterizzarono il pontificato del futuro Paolo VI. Tra i possibili argomenti suggeriti dall'Arcivescovo milanese nella lettera datata l'8 maggio 1960, figuravano: l'ecumenismo e l'unità dei cristiani; la riforma liturgica; la riforma del diritto canonico; la riforma degli onori e delle onorificenze attribuite agli ecclesiastici, ma soprattutto, si chiedeva che si trattasse dell'impegno della Chiesa ad aprirsi verso il mondo[186].

Giovanni XXIII nominò l'Arcivescovo di Milano tra i membri della Commissione Centrale Preparatoria[187] e questi partecipò, per la prima volta, alla terza sessione della seconda fase preparatoria, tenuta all'inizio del 1962. Questa commissione aveva il compito di coordinare i lavori delle undici commissioni istituite nel 1960, per preparare il materiale da sottoporre ai Padri conciliari. Esamineremo brevemente alcuni dei 66 interventi che Montini pronunciò durante i lavori della commissione preparatoria.

Affrontando lo schema *De ordine morali*, presentato dal cardinale Alfredo Ottaviani, Presidente della Commissione Teologica, Montini si

---

[184] Per una esposizione sintetica delle vicende del Concilio: Cfr. H. JEDIN, *Storia della Chiesa*, X, 105-161.

[185] G. B. MONTINI, *Discorsi e scritti*, 25-26.

[186] Cfr. *Acta et Documenta Concilio Oecumenico Vaticano II apparando,* series I (*Antepreparatoria*), II pars III, Città del Vaticano 1960, 374-381. La traduzione italiana qui riportata è quella che si legge in: «Pareri e voti per la buona riuscita del Concilio», *Notiziario dell'Istituto Paolo VI* 6, (1983), 47-52.

[187] «La commissione Centrale ha funzionato come il laboratorio sperimentale e insieme la cellula genetica del Concilio, l'aula della Commissione Centrale si è trovata a dover anticipare largamente il dibattito conciliare. Concentrandolo però in spazio assai più ristretto, riservato fra una sessantina di persone al massimo livello di responsabilità effettiva, il discorso risultava insieme più libero e più teso» (G. B. MONTINI, *Interventi*, VI).

associò alle posizioni dei cardinali Achille Liénart, Julius Döpfner e Bernard Jan Alfrink, i quali chiedevano all'Assise conciliare di limitarsi nel pronunciare condanne, adottando, invece, un atteggiamento 'più positivo'[188]. La medesima logica soggiaceva sia all'intervento che Montini pronunciò durante la discussione dello schema *De istrumentis communicationis socialis* in cui chiese che «i canoni non vengano redatti in forma negativa o di anatema o strettamente giuridica, ma piuttosto in forma espositiva e positiva»[189], e sia durante la discussione sullo schema *De animarum cura*, in cui si pronunciò favorevole ai «suggerimenti del cardinale relatore [Ciriaci][190] riguardo all'opportunità di condannare tutti gli errori con parole scelte con cautela»[191]. La Chiesa – secondo l'Arcivescovo di Milano – avrebbe dovuto comportarsi con i propri figli come una madre sapiente e amica, e non come una maestra severa[192].

---

[188] «[...] non si limiti a pronunciare condanne, ma in qualche modo presenti e esponga in maniera positiva così che la bellezza dell'ordine morale cristiano sia meglio chiarita e gli errori vengano condannati in modo più cauto, affinché le particelle di verità in essi contenute non vengano indiscriminatamente negate» (*Acta et Documenta Concilio Oecumenico Vaticano II apparando,* Series II (*Praeparatoria*), *Commissio centralis* II pars II, Città del Vaticano 1965, 82, [*tr. nostra*]).

[189] *Acta et Documenta Concilio Oecumenico Vaticano II apparando,* series II (*Praeparatoria*), *Commissio centralis* II pars II, Città del Vaticano 1965, 524, [*tr. nostra*]. In merito alla necessità da parte della Chiesa di porsi in un atteggiamento positivo e di apertura all'ascolto nei confronti del mondo, così si pronunciò l'Arcivescovo, in un discorso all'Istituto per gli Studi di politica internazionale di Milano: «Il concilio, io penso, non fulminerà anatemi sul mondo, anche se dovrà parlare il linguaggio fermo e squillante di verità. Anche questa sarà forse una novità nello stile conciliare della Chiesa, la quale ha usato, di solito, nella storia, l'esercizio più autorevole del suo magistero nelle espressioni negative di condanna in difesa di verità positive» (G. B. MONTINI, *Discorsi e scritti sul Concilio (1959-1963)*, 139-141).

[190] Il cardinale Pietro Cariaci, esortava la Commissione ad evitare di chiedere al Concilio parole di condanna: «Io vorrei che nel futuro Concilio, nel quale deve prevalere la carità non si odano parole come queste: eretici, scismatici, protestanti, perfidi giudei, comunisti, socialisti. Certamente non possiamo non essere preoccupati dei grandi pericoli che derivano dal comunismo e anche dal socialismo. Né potrei escludere che si giunga a una qualche condanna da parte del Concilio, ma occorre procedere con molta cautela così che non si dia il pretesto di affermare che noi combattiamo contro il comunismo non per ragioni religiose, ma per motivi economici e politici» (*Acta et Documenta Concilio Oecumenico Vaticano II apparando,* series II (*Praeparatoria*), Commissio centralis II pars II, Città del Vaticano 1965, 799, [*tr. nostra*]).

[191] *Acta et Documenta Concilio Oecumenico Vaticano II apparando,* series II (*Praeparatoria*), Commissio centralis II pars II, Città del Vaticano 1965, 828 [*tr. nostra*].

[192] Cfr. *Acta et Documenta Concilio Oecumenico Vaticano II apparando,* series II (*Praeparatoria*), Commissio centralis II pars II, Città del Vaticano 1965, 828.

La *fedeltà* alla Tradizione di Montini si percepì, ad esempio, durante la discussione dello schema *De deposito fidei pure custodiendo*, in modo particolare quando venne sollevato il tema del poligenismo, cioè la dottrina secondo la quale le razze umane e le loro lingue avrebbero avuto origini molteplici. Egli si schierò con le opinione di Döpfner, il quale ammonì: «*ut ultra enciclica Humani Generis non procedatur*»[193], ossia non si doveva 'andar oltre' a quanto affermò Pio XII in questa enciclica, riprendendo la dottrina tridentina[194].

Strettamente connesso con la *fedeltà* alla Tradizione, vi era, come abbiamo già in precedenza esposto, il tema *dell'aggiornamento*. Scrivendo la Lettera pastorale per la Quaresima del 1962, l'Arcivescovo spiegando ai suoi fedeli il significato del Concilio, affrontò il delicato tema dell'aggiornamento:

> Che cosa significa aggiornamento? Che la Chiesa ha finora sbagliato tattica? Che la Chiesa è vecchia, è arretrata? Che la Chiesa è condizionata dagli avvenimenti esteriori? Che tutto quanto la riguarda si può mettere in discussione? E che la Chiesa ritrova ragion d'essere e prosperità solo se si mette al passo con l'evoluzione naturale della storia profana? [...] Come si vede, qui si profilano questioni gravi, come quella dell'adattamento della Chiesa ai tempi ed agli ambienti, in cui si trova a vivere, adattamento che sotto molti aspetti la Chiesa non solo subisce, ma vuole e promuove. Fa parte della sua cattolicità nel tempo e nei paesi della terra questa capacità di accettare l'uomo com'è, purché conforme alla legge naturale e positiva di Dio, e di infondergli il suo spirito di verità e di grazia. Ma tale adattamento non è assoluto e non intacca i valori originali ed eterni, che la Chiesa reca con sé e offre all'umanità. Il relativismo, con cui si configura la sua espressione pastorale nella storia, non è sintomo di debolezza o di vecchiaia. È piuttosto un effetto d'un vigore interiore, sempre rinascente, sempre rifiorente [...] cercherà di farsi comprendere, e di dare agli uomini d'oggi facoltà di ascoltarla e di parlarle con facile ed usato linguaggio[195].

---

[193] *Acta et Documenta Concilio Oecumenico Vaticano II apparando,* series II (*Praeparatoria*), Commissio centralis II pars II, Città del Vaticano 1965, 384.

[194] «I fedeli non possono abbracciare quell'opinione i cui assertori insegnano che dopo Adamo sono esistiti qui sulla terra veri uomini che non hanno avuto origine, per generazione naturale, dal medesimo come da progenitore di tutti gli uomini, oppure che Adamo rappresenta l'insieme di molti progenitori; non appare in nessun modo come queste affermazioni si possano accordare con quanto le fonti della Rivelazione e gli atti del Magistero della Chiesa ci insegnano circa il peccato originale, che proviene da un peccato veramente commesso da Adamo individualmente e personalmente, e che, trasmesso a tutti per generazione, è inerente in ciascun uomo come suo proprio» (PIO XII, *Humani Generis* (12.08.1950), in *EE* 6/737. Su questo tema ritorneremo nel ultimo capitolo.

[195] G. B. MONTINI, *Discorsi e scritti sul Concilio*, 90-97. L'Arcivescovo Montini sottolineerà la necessità di trasmettere un messaggio che risulti veramente e comprensibile,

l'unità tra i cristiani[207], e soprattutto il dialogo con gli uomini contemporanei:

> Il Concilio cercherà di lanciare un ponte verso il mondo contemporaneo. [...] Lo sappia il mondo: la Chiesa guarda ad esso con profonda comprensione, con sincera ammirazione e con schietto proposito non di conquistarlo, ma di valorizzarlo; non di condannarlo ma di confortarlo e di salvarlo[208].

Gli obiettivi esposti in questo «discorso molto rigoroso, molto strutturato, che offre direttive precise per il lavoro del Concilio»[209], da alcuni studiosi vengono considerati come una sorta di anticipazione – o forse una prima redazione – dell'*Ecclesiam suam*, l'enciclica programmatica del suo pontificato, che analizzeremo in seguito.

Paolo VI concluse il Secondo periodo il 4 dicembre, promulgando la Costituzione sulla Sacra Liturgia *Sacrosanctum concilium* ed il Decreto sugli strumenti della comunicazione sociale *Inter mirifica*, annunciando, nel contempo, anche la sua decisione di recarsi in pellegrinaggio in Terra Santa – «donde Pietro partì e dove non ritornò più un suo successore»[210], nella terra in cui Dio entrò in *dialogo* con l'umanità nella persona di Gesù Cristo. Durante questo viaggio avvenne il primo incontro e il primo abbraccio, dopo lo scisma d'Oriente, con il patriarca di Costantinopoli Atenagora I.

Il Terzo periodo del Concilio iniziò il 14 settembre 1964. Questa risultò essere la sessione 'più impegnativa e difficile' di tutto il lavoro conciliare, durante la quale il Pontefice intervenne due volte: attraverso l'invio della *Nota praevia* per ribadire che la collegialità era da intendersi

---

al quale pensa il Concilio non deve dunque consistere nel sovvertire la vita attuale della Chiesa, né nel rompere con le sue tradizioni in ciò che è essenziale e venerando, ma piuttosto nel rispettare queste tradizioni, liberandole dalle forme caduche e distorte, e nel volerle rendere autentiche e feconde» (PAOLO VI, *Discorso* [29.09. 1963], in *EV* 1/164*-165*). Il tema dell'aggiornamento era già presente in uno dei primi discorsi come Sommo Pontefice: ID., *Abnegazione dei ministri di Dio* (06.09.1963), 116-122.

[207] «Mentre chiama, conta, rinchiude nell'ovile di Cristo le pecore che lo costituiscono a titolo debito e giusto, il Concilio apre intanto le porte, alza la voce ed invita con trepidazione tante pecore di Cristo che non sono ancora racchiuse nei recinti dell'unico ovile. Perciò è proprio di questo Concilio aspettare, confidare, fare in modo che in avvenire molti con animo fraterno partecipino della sua vera ecumenicità» (PAOLO VI, *Discorso* [29.09.1963], in *EV* 1/170*).

[208] PAOLO VI, *Discorso* (29.09.1963), in *EV* 1/183*;190*.

[209] Y. CONGAR, *Diario del Concilio*, citato in G. ALBERIGO, ed., *Storia del Concilio Vaticano II*, III, 56.

[210] PAOLO VI, *Discorso* (04.12.1963), *in EV* 1/231*.

sempre *cum et sub Petro*[211] e per chiedere all'Assise conciliare di attribuire alla Vergine Maria, il titolo di *Mater Ecclesiae*[212]. Il 21 novembre si concluse questa sessione, con la promulgazione del Decreto sull'ecumenismo, *Unitatis redintegratio*, e della Costituzione dogmatica sulla Chiesa, *Lumen gentium*.

Restava però ancora da rivedere lo schema sulla Divina rivelazione, da mettere a punto la schema sulla libertà religiosa, e soprattutto elaborare il cosiddetto *Schema XIII*, sulla Chiesa ed il mondo contemporaneo.

Nell'allocuzione per l'apertura del Quarto e ultimo periodo del Concilio – definita come un «inno alla carità»[213] –, Papa Montini definì il Concilio come «un atto di amore, di un grande triplice atto di amore: verso Dio, verso la Chiesa, verso l'umanità»[214].

Durante questo periodo, il Pontefice si recò a New York e, accogliendo l'invito rivoltogli dal Segretario Generale delle Nazioni Unite, Maya Thray Sithu U Thant, Paolo VI parlò all'Assemblea Generale delle Nazione Unite in occasione del ventesimo anniversario della sua costituzione. In un periodo in cui la pace mondiale appariva minacciata, Papa Montini – rappresentante della Chiesa «esperta in umanità»[215] – si fece messaggero di pace[216], richiamando i delegati dei Paesi membri a svolgere il loro compito di educare «l'umanità alla pace»[217]. Nell'alveo di questo importante discorso, a distanza di due anni, il Pontefice scrisse l'enciclica sullo sviluppo dei popoli, la *Popolorum progressio*.

Durante l'ultimo periodo dell'Assise conciliare furono promulgati il Decreto sull'attività missionaria della Chiesa, *Ad gentes*; la Dichiarazione sulla libertà religiosa, *Dignitatis humanae*; la Costituzione dogmatica sulla divina rivelazione, *Dei verbum* e la Costituzione pastorale sulla Chiesa nel mondo contemporaneo, *Gaudium et spes*. Un gesto carico di

---

[211] Cfr. F. G. BRAMBILLA, «Carlo Colombo e G. B. Montini», 221-260; A. BELLANI, «Carlo Colombo e la Nota praevia: inediti», 248-284.

[212] Cfr. PAOLO VI, *Discorso* (21.11.1964), in *EV* 1/306*. A dieci anni dalla proclamazione del dogma, nel discorso in occasione della festa dell'Assunta del 1960, Paolo VI rilesse la figura di Maria secondo una prospettiva ecclesiologica, riprendendo un'espressione di s. Ambrogio: «Maria "est *Ecclesiae typus*". Maria è l'immagine ideale, l'archetipo, il modello della Chiesa» (G. B. MONTINI, «Un affermazione di ottimismo [15.08.1960]», 3713).

[213] A. RIMOLDO, ed., *Paolo VI*, XV.

[214] PAOLO VI, *Discorso* (14.09.1965), in *EV* 1/334*.

[215] PAOLO VI, *Discorso alle Nazioni Unite* (04.10.1965), 517.

[216] «Mai più la guerra, mai più la guerra [...] è la pace a guidare il destino degli uomini e di tutta l'umanità» (PAOLO VI, *Discorso alle Nazioni Unite* [04.10.1965], 519-520).

[217] PAOLO VI, *Discorso alle Nazioni Unite* (04.10.1965), 520.

14). Come abbiamo già rilevato, anche il discorso inaugurale della seconda sessione del Concilio, in un certo senso, anticipò i principi di fondo che trovarono poi un ulteriore sviluppo nell'enciclica in parola. In questo testo, per la prima volta in un documento ufficiale della Chiesa, venne introdotto il concetto di 'dialogo'[228].

Anticipando di un giorno la presentazione di questa enciclica, Montini durante l'udienza generale del 5 agosto, ne fornì le chiavi interpretative di lettura:

> Ma che cosa diciamo finalmente in questa Enciclica? Diciamo quello che Noi pensiamo debba fare oggi la Chiesa per essere fedele alla sua vocazione e per essere idonea alla sua missione [...] Possiamo forse intitolare questa Enciclica: le vie della Chiesa. E le vie da Noi indicate sono tre: la prima è spirituale; riguarda la coscienza che la Chiesa deve avere e deve alimentare su se stessa. La seconda è morale; e riguarda il rinnovamento [...] di cui la Chiesa ha bisogno per essere [...] autentica. E la terza via è apostolica; e l'abbiamo designata col termine oggi in voga: il dialogo; riguarda cioè questa via il modo, l'arte, lo stile che la Chiesa deve infondere nella sua attività ministeriale nel concerto dissonante, volubile, complesso del mondo contemporaneo[229].

Nella stessa udienza egli precisò anche il carattere esortativo[230] della sua prima enciclica, da lui personalmente composta[231]. L'intenzione generale che soggiaceva a questo documento era quella di «sempre più chiarire a tutti, quanto, da una parte, sia importante per la salvezza dell'umana società, e dall'altra, quanto sia a cuore alla Chiesa che ambedue – cioè la Chiesa e la società – s'incontrino, si conoscano, si amino» (ES 8).

Per poter instaurare questo dialogo, la Chiesa avrebbe dovuto tener conto e partire da due presupposti indispensabili.

---

[228] Cfr. J. Dupuis, «Dialogo Interreligioso», *DTF*, 311.

[229] Paolo VI, *L'Annuncio ai fedeli* (05.08.1964), 473.

[230] «Un'Enciclica può essere dottrinale o dogmatica quando tratta di verità o di errori relativi alla fede; ovvero esortatoria, se essa tende a confortare in chi la riceve, sentimenti o propositi di vita cristiana, e a rinsaldare i vincoli di disciplina, di unione, di fervore, che devono collegare interiormente la Chiesa e sostenerla nella sua missione spirituale» (Paolo VI, *L'Annuncio ai fedeli* (05.08.1964), 472). Lo stesso Pontefice spiegò perché scelse uno stile volutamente destituito di 'carattere solenne e propriamente dottrinale' (cfr. ES 9-10): innanzitutto per non condizionare i lavori conciliari (cfr. ES 32-33) ed anche perché desiderava che la sua prima Enciclica avesse un tono discorsivo e confidenziale (Cfr. *Ibid.*, 473).

[231] Cfr. M. O'Carroll, «Pope Paul's First Encyclical», 14; «Cette encyclique a été pensée, composée et écrite par lui seul» (R. Rouquette, «L'encyclique "Ecclesiam suam"», 422).

Innanzitutto avrebbe dovuto *approfondire la propria coscienza* (cfr. ES 10): una necessità, questa, che nasceva proprio dal contesto 'in via di grandi trasformazioni', in cui si trovava:

> È a tutti noto che la Chiesa è immersa nell'umanità, ne fa parte, ne trae i suoi membri, ne deriva preziosi tesori di cultura, ne subisce le vicende storiche, ne favorisce le fortune. Ora è parimenti noto che l'umanità in questo tempo è in via di grandi trasformazioni, rivolgimenti e sviluppi, che cambiano profondamente non solo le sue esteriori maniere di vivere, ma altresì le sue maniere di pensare. Il suo pensiero, la sua cultura, il suo spirito sono intimamente modificati sia dal progresso scientifico, tecnico e sociale, sia dalle correnti di pensiero filosofico e politico che la invadono e la attraversano. Tutto ciò, come le onde d'un mare, avvolge e scuote la Chiesa stessa (ES 28).

Un tale approfondimento avrebbe aiutato la Chiesa non solo ad 'immunizzarsi' dal pericolo di «sconfessare se stessa ed assumere nuovissime e impensate forme di vivere» (ES 28), ma anche a riscoprire «il suo rapporto vitale con Cristo» (ES 37), aumentando la consapevolezza del suo essere *mistero*[232] (cfr. ES 38).

Il secondo presupposto irrinunciabile da cui la Chiesa avrebbe dovuto partire per instaurare un dialogo autentico e fruttuoso col mondo era rappresentato dalla *riforma*[233], ossia da quella vocazione che le è propria di «correggere i difetti dei propri membri e [...] farli tendere a maggior perfezione [...] per giungere con saggezza a tanto rinnovamento» (ES 12). Attraverso la riforma ed il rinnovamento, la Chiesa[234], avrebbe potuto

---

[232] L'idea che il mistero della Chiesa consistesse nel suo riferimento a Cristo era già stata precedentemente esposta nel discorso dell'inaugurazione della Seconda Sessione del Concilio Vaticano II: Cfr. PAOLO VI, *Discorso* (29.09.1963), in EV 1/143*- 145*.

[233] Il tema della riforma era molto presente nel magistero dell'arcivescovo Giovanni Battista Montini a Milano come si può evincere dalla raccolta dei suoi *Discorsi e scritti milanesi*. Ci limitiamo a indicare soltanto la sua lettera pastorale *Pensiamo al Concilio* del 22.02.1962, in cui parlò a lungo sulla riforma nella Chiesa. (Cfr. G. B. MONTINI, «Pensiamo al Concilio» (22.02.1962), 4898-4935). Affronterà ancora questo tema nel discorso d'apertura della seconda sessione conciliare «Un altro principalissimo scopo di questo Concilio; quello, come si dice, del rinnovamento della Santa Chiesa. Dovrebbe essere, a nostro giudizio anche questo scopo derivato dalla nostra consapevolezza della relazione che unisce Cristo alla sua Chiesa» (PAOLO VI, *Discorso* (29.09.1963), in EV 1/160*- 161*).

[234] Paolo VI nell'auspicare un approfondimento della conoscenza ed un rinnovamento della Chiesa – non volendo redigere una trattazione dottrinale e dommatica sul tema della Chiesa per non interferire col lavoro dell'Assise conciliare (ES 35) – egli ricorse all'insegnamento codificato da Pio XII nella *Mystici Corporis*, sottolineando, in modo particolare, il rapporto vitale sussistente tra Cristo e la Chiesa (Cfr. PIO XII, *Mystici Corporis,* 238). Vedi anche: G. COLOMBO, «Genesi», 141-142; A. SPADARO, «Un dialogo 'cordiale'», 521.

del mondo, per sostituirvi, dicono, una concezione scientifica e conforme alle esigenze del moderno progresso» (ES 103)[239]. Anche in questo caso, Paolo VI suggeriva che la Chiesa avrebbe dovuto cercare di cogliere «nell'intimo spirito dell'ateo moderno i motivi del suo turbamento e della sua negazione» (ES 108). Il Pontefice era ottimista nel credere, che, mostrandosi cauti e rispettosi nel giudizio, un giorno si sarebbe potuto instaurare un colloquio positivo e costruttivo con l'ateismo moderno.

Il secondo dei cerchi presentati da Paolo VI nell'enciclica «è quello degli uomini [...] che adorano il Dio unico e sommo» (ES 111). Nel riaffermare la fede nell'unicità di Gesù, il Papa affermò di non voler «rifiutare il [...] rispettoso riconoscimento ai valori spirituali e morali delle varie confessioni religiose non cristiane» (ES 112).

Il terzo cerchio, riguardava, infine, il dialogo con i cristiani delle altre confessioni. Qui il Pontefice ricordava di partire mettendo in evidenza «ciò che ci è comune, prima di notare ciò che ci divide. È questo un tema buono e fecondo per il nostro dialogo», ma ribadiva anche dei 'punti fermi' ricordando che «dobbiamo pur dire che non è in Nostro potere trasgredire sull'integrità della fede e sulle esigenze della carità» (ES 113)[240].

In sintesi, riprendendo l'analisi elaborata da Congar, possiamo affermare che, nella terza parte dell'enciclica, è possibile ritrovare: i fondamenti rivelati del dialogo, la riflessione teologica al riguardo e la loro applicazione al momento presente ed a persone concrete[241]. La prospettiva delineata dall'*Ecclesiam suam* sarà molto importante per una corretta analisi e interpretazione del magistero di Paolo VI, in quanto – come afferma G. Colombo – questa enciclica programmatica più che elaborare un trattato sulla 'teologia del dialogo', vuole presentarlo come un elemento costitutivo della natura della Chiesa[242]. Padre O'Malley afferma

---

[239] Cfr. ES 104-106.

[240] Negli appunti abbozzati da Paolo VI in vista della redazione, si legge che il dialogo con i cristiani separati deve studiare: «come rendere la Chiesa unica dimora praticabile a loro. Qualche cosa essi devono ammettere e modificare; qualche cosa la Chiesa cattolica deve ammettere (e) modificare: non sulla fede, ch'è unica; non sul regime nella carità che è unico, ma sulle forme pratiche e storiche di vivere ed esprimere il cristianesimo. L'ovile è unico; potrà estendere i limiti del suo recinto e accogliere la parte di gregge rimasta fuori, purché questa desideri ed accetti d'essere inclusa nell'unicità della Chiesa, pur conservando molti suoi modi originali di vivere il cristianesimo» (PAOLO VI, «Note per l'Enciclica» [1980], 53).

[241] Cfr. Y. M.- J. CONGAR, «De fundamento dialogi in natura catholicitatis ad effectum deducendae», in *Acta Congressus internationalis de Theologia Concilii Vaticani II*, Roma 1968, 652-661; G. FERRARO, «L'Enciclica 'Ecclesiam suam'», 10.

[242] Cfr. G. COLOMBO, «Genesi», 147-148.

che sarebbe riduttivo considerare l'adozione di questo atteggiamento di dialogo come strumento del linguaggio, come una mera scelta strategica per conseguire dei risultati. Esso, invece, rappresenta l'espressione esterna di un sistema di valori interiori[243].

Il Pontefice cercò di declinare e di tradurre in strutture ecclesiali adeguate e concrete, le indicazioni sul dialogo offerte nell'enciclica *Ecclesiam suam*. A tale scopo, ad esempio: rafforzò il *Segretariato per l'unione dei cristiani*, fondato da Giovanni XXIII nel 1960; istituì il *Segretariato per i non cristiani* al fine di promuovere il dialogo con le grandi religioni del mondo, ed il *Segretariato per i non credenti*, nel desiderio di poter stabilire un contatto con coloro che cercano onestamente la verità.

11. Il 'cordiale e sincero' dialogo con il mondo secondo la *Gaudium et spes*.

Quando in un futuro lo storico si piegherà sui fogli del concilio Vaticano II e si porrà la domanda: ma che cosa faceva, in fondo, la Chiesa, in quel difficile ventesimo secolo, secolo di guerre, di miseria e di rovina, secolo al tempo stesso di aggiornamento di tutta vita economica-sociale e politica, in quel critico momento della storia universale? Allora egli dovrà rispondere: la Chiesa amava[244].

'L'amore della Chiesa' per l'umanità di cui parla Schillebeeckx, riprendendo le parole di Paolo VI[245], si declinava nella ricerca di un cordiale e sincero dialogo con tutti gli uomini al fine di «lavorare insieme alla costruzione del mondo» (GS 92). Tra i sedici documenti emanati dai padri conciliari, *Gaudium et spes*, la Costituzione pastorale sulla Chiesa nel mondo contemporaneo, appare come un *unicum*. La sua particolarità risiede non tanto nel genere del testo[246], o nella novità di alcuni dei temi

---

[243] Cfr. J. W. O'MALLEY, *Che cosa è successo nel Vaticano II*, 312-313.

[244] E. SCHILLEBEECKX, *Bilancio del concilio*, come citato in, E. GIAMMANCHERI, ed., *La Chiesa nel mondo contemporaneo*, 16.

[245] Il teologo riprende le parole di Paolo VI, in occasione del discorso d'apertura della quarta sessione del Concilio: «il Concilio è un solenne atto d'amore per l'umanità» (PAOLO VI, *Discorso* (14.09.1965), in *EV* 1/334*).

[246] I Padri conciliari usarono la qualificazione 'Costituzione Pastorale' per la *Gaudium et spes*. Questa nuova espressione fu poi spiegata attraverso una nota iniziale: «Viene detta "pastorale" appunto perché sulla base di principi dottrinali intende esporre l'atteggiamento della Chiesa in rapporto al mondo e agli uomini d'oggi. Pertanto né alla prima parte manca l'intenzione pastorale, né alla seconda l'intenzione dottrinale» (*Gaudium et spes*, nota 1); Cfr. K. RAHNER, «La problematica teologica», 61-83.

trattati[247], ma in quell'*atteggiamento dialogico*[248] attraverso il quale si volevano affrontare le questioni degli uomini nel mondo di oggi. Questa fu una novità non irrilevante, se si considerano «le distanze e fratture verificatesi negli ultimi secoli, nel secolo scorso ed in questo special-mente fra la Chiesa e la civiltà profana»[249]. Gli storici non esitano a ri-conoscere all'*Ecclesiam suam* – l'enciclica del dialogo – un ruolo deci-sivo nella preparazione e nelle discussioni che portarono alla stesura della *Gaudium et spes*, sia sul piano pratico, che su quello dottrinale[250]. Dopo la presentazione dello schema iniziale il 20 ottobre 1964, ad esem-pio, sui 41 interventi dei Padri Conciliari, 14 esplicitamente si riferirono alla *Ecclesiam suam*[251]. Non si può non ricordare che l'enciclica monti-niana influenzò anche altri documenti conciliari[252].

La Chiesa, attraverso la *Gaudium et spes*, espresse autorevolmente la volontà d'instaurare un dialogo non soltanto con i fedeli cattolici ma con tutta quanta la famiglia umana, rivolgendosi «a tutti indistintamente gli uomini, desiderando di esporre loro come esso [il Concilio] intende la presenza e l'azione della Chiesa nel mondo contemporaneo» (GS 2). Essa non guardava al mondo da una posizione di superiorità, ma come

---

[247] La Costituzione Pastorale non espone soltanto principi generali e fondamentali di fede, ma si esprime in merito a questioni concrete del mondo contemporaneo tra i quali la scienza e la tecnica, il matrimonio e la famiglia, l'ordine sociale, il lavoro, l'economia, la pace e la guerra.

[248] Il medesimo atteggiamento fu indicato da Paolo VI nella sua enciclica program-matica all'inizio pontificato, l'*Ecclesiam suam*, quale 'atteggiamento di dialogo' lo tro-viamo rispecchiato non tanto nella lettera (cfr. GS n. 3; 19; 21; 25; 40; 43; 56; 85; 90; 92) quanto soprattutto nello spirito. Cfr. G. CAMPANINI, *Gaudium et spes*, 14-15.

[249] PAOLO VI, *Allocuzione* (07.12.1965), in *EV* 1/454*.

[250] Cfr. M. G. MC GRATH, «Présentation», 29; R. TUCCI, «Introduction historique», 72.

[251] Cfr. SACROSANCTI CONCILII OECUMENICI VATICANI SECUNDI, *Acta Synodalia*, vol. III, *pars* IV, 215-419. I riferimenti all'enciclica, soprattutto nelle proposizioni, di-vennero sempre più esigui: Cfr. *Ibid*. 423-512.

[252] La tematica del dialogo è presente anche in altri documenti conciliari. A titolo esemplificativo si possono ricordare: *Christus Dominus*, n.13; *Optatam totius*, n. 9;15;16;19; *Gravissimum educationis*, n.11; *Dignitatis humanae*, n. 11; *Presbyterorum ordinis*, n. 3; 9. Non vi può essere un'influenza diretta dell'enciclica sul Decreto *Uni-tatis redintegratio*, in quanto il documento promulgato il 21 novembre 1964, fu però già approvato dal Papa per la discussione in aula il 27 aprile dello stesso anno, prima, cioè, della pubblicazione dell'*Ecclesiam suam* (Cfr. G. COLOMBO, «Genesi», 156). Quanto alla Dichiarazione sulle relazioni della Chiesa cattolica con le religioni non cri-stiane, *Nostra aetate*, durante la difficile elaborazione del testo, soltanto 8 interventi su di un totale di 63 (tra scritti ed orali) citarono esplicitamente l'*Ecclesiam suam* (Cfr. SACROSANCTI CONCILII OECUMENICI VATICANI SECUNDI, *Acta Synodalia*, vol. III, *pars* II, 578-607, 877-811; vol. III, *pars* III, 11-55,141-142, 155-178).

una realtà inserita *nel* mondo, come indicato nel titolo stesso della Costituzione[253], e come ricorda il celebre *incipit*:

> Le gioie e le speranze, le tristezze e le angosce degli uomini d'oggi, dei poveri soprattutto e di tutti coloro che soffrono, sono pure le gioie e le speranze, le tristezze e le angosce dei discepoli di Cristo, e nulla Vi è di genuinamente umano che non trovi eco nel loro cuore (GS 1).

11.1 *Chiavi di lettura per un dialogo secondo lo spirito della Costituzione pastorale*

11.1.1 Un'antropologia cristocentrica

Al centro del documento conciliare, sta 'l'uomo'[254], il quale rappresenta 'il luogo d'incontro' degli uomini, delle politiche, e delle religioni[255]. È lui che la Chiesa è chiamata a servire, come affermò Paolo VI in occasione dell'inaugurazione della terza sessione del Concilio:

> La Chiesa si pone tra Cristo e il mondo, non paga di sé, non diaframma opaco, non fine a se stessa, ma fervidamente sollecita d'essere tutta di Cristo, in Cristo, per Cristo, e tutta degli uomini, fra gli uomini e per gli uomini [...][256].

---

[253] Nel titolo non si legge "Costituzione Pastorale della Chiesa *al* mondo contemporaneo" ma "Costituzione pastorale sulla Chiesa *nel* mondo contemporaneo". Questo, a nostro avviso per evidenziare ulteriormente ed esplicitamente la volontà della Chiesa di essere realmente solidale con il mondo.

[254] La precisa intenzione della *Gaudium et spes* è espressa fin dall'inizio: «È l'uomo dunque, l'uomo considerato nella sua unità e nella sua totalità, corpo e anima, l'uomo cuore e coscienza, pensiero e volontà, che sarà il cardine di tutta la nostra esposizione» (GS 3). A conclusione del Concilio, Paolo VI, parlando della 'Chiesa del Concilio' – riferendosi implicitamente alla Costituzione Pastorale appena promulgata – affermò che essa «si è assai occupata, [...] dell'uomo, dell'uomo quale oggi in realtà si presenta: l'uomo vivo, l'uomo tutto occupato di sé, l'uomo che si fa soltanto centro d'ogni interesse [...]. Tutto l'uomo fenomenico, cioè rivestito degli abiti delle sue innumerevoli apparenze» (PAOLO VI, *Allocuzione* (07.12.1965), in *EV* 1/456*).

[255] Cfr. R. LATOURELLE, «Gaudium et spes», *DTF*, 451. Questo concetto sarà ripreso anche nell'enciclica programmatica di Giovanni Paolo II: «L'uomo, nella piena verità della sua esistenza, del suo essere personale ed insieme del suo essere comunitario e sociale – nell'ambito della propria famiglia, nell'ambito di società e di contesti tanto diversi, nell'ambito della propria nazione, o popolo (..), nell'ambito di tutta l'umanità – quest'uomo è la prima strada che la Chiesa deve percorrere nel compimento della sua missione: *egli è la prima e fondamentale via della Chiesa,* via tracciata da Cristo stesso, via che immutabilmente passa attraverso il mistero dell'Incarnazione e della Redenzione» (GIOVANNI PAOLO II, *Redemptor hominis* (04.03.1979), in *EE* 8/43).

[256] PAOLO VI, *Discorso* (14.09.1964), in *EV* 1/251*.

A tal riguardo, Luis Ladaria annota:

> Il Concilio Vaticano II non ha dedicato espressamente nessun documento all'uomo. Però è ugualmente chiaro che la costituzione pastorale *Gaudium et spes* sulla chiesa nel mondo contemporaneo ci offre, soprattutto all'inizio, una valida sintesi di antropologia[257].

La Costituzione considera l'effettiva condizione dell'uomo nel mondo contemporaneo. Impostare il discorso a partire dalla crisi antropologica in cui versava l'umanità[258], consentiva di poter disporre di «una grammatica comune per parlare all'uomo e dell'uomo moderno»[259]. Commenta al riguardo R. A. Sigmond, uno dei coautori del testo:

> In questa diagnosi dell'uomo moderno uno degli aspetti più singolari è il seguente: a misura che egli compie le sue mirabili conquiste nella sfera della natura e del lavoro, sempre minor chiarezza acquisisce su se stesso, la sua vocazione e il senso della vita. È un grosso problema. È qui, secondo il Concilio, il punto in cui deve iniziare il dialogo[260].

Una volta individuato il punto di partenza, si pone la questione di 'come' porsi e di 'come' interagire in questo dialogo. Il fondamento della Costituzione Pastorale, da cui la Chiesa muove i propri passi per entrare in dialogo col mondo contemporaneo è rappresentato – come rileva Walter Kasper – da *un'antropologia* dagli intenti *cristocentrici*[261]. Il numero 22 della *Gaudium et spes* fornisce la «sintesi cristologica dell'antropologia»[262], il fondamento teologico della missione della Chiesa nel mondo:

> In realtà solamente nel mistero del Verbo incarnato trova vera luce il mistero dell'uomo [perché] con l'incarnazione il Figlio di Dio si è unito in certo modo ad ogni uomo (GS 22).

---

[257] L. LADARIA, *Introduzione alla antropologia teologica*, 26. Per un'analisi dettagliata si vede: ID., «L'uomo alla luce di Cristo», 939-951.

[258] L'uomo ha letteralmente 'compiuto passi da gigante' in campo tecnico-scientifico: una trasformazione così repentina e radicale dello stile di vita e del modo di guardare e di rapportarsi col mondo, però, non è priva 'd'inconvenienti' e di rischi. La Costituzione pastorale enumera, in forma antitetica, i principali cambiamenti verificatisi e le relative conseguenze sull'uomo e sul creato.

[259] D. TETTAMANZI, «La bussola della Gaudium et spes», 27.

[260] R. A. SIGMOND, *Unterlagen zur Geschichte der pastoralen Konstitution über die Kirche in der Welt von heute*, citato in W. KASPER, «L'antropologia teologica», 48.

[261] W. KASPER, «L'antropologia teologica», 44-54. Cfr. ID. «L'uomo e la Chiesa», 87-106.

[262] S. PIÉ-NINOT, *Ecclesiologia*, 618.

Il Concilio – come precisa Kasper – ha tenuto conto della moderna svolta antropologica, rileggendola ed assegnandole un fondamento e una finalizzazione di tipo cristologico[263], proclamando Gesù Cristo come origine e traguardo dell'essere umano, nella verità della sua intima identità e nella sua realizzazione piena e definitiva[264]. La Chiesa potrà dirsi veramente «esperta in umanità»[265], soltanto se si impegnerà a svelare pienamente l'uomo all'uomo, ed a ripristinare la grandezza e la bellezza della sua «dignità sublime» (GS 22) alla luce della verità di Cristo[266].

11.1.2 Un ascolto più positivo delle situazioni odierne

La Chiesa del Concilio non solo ha 'posto al centro l'uomo', ma ha mostrato, nei suoi confronti, un 'atteggiamento di simpatia', usando «la medicina della misericordia»[267] verso di lui e verso tutto ciò che attiene alla sua grandezza e dignità[268]. Un tale atteggiamento presuppone necessariamente un'apertura della Chiesa verso il mondo. La Chiesa non vuole più porsi in antagonismo, in contrapposizione col mondo in cui si trova immersa, ma lo vuole conoscere; vuole comprenderne i cambiamenti e le sfide, per poterlo amare e per potervi annunciare la Buona Novella.

Questo atteggiamento – come rileva Tettamanzi[269] – viene sintetizzato, a livello magisteriale, attraverso la categoria dello «scrutare i segni dei tempi»[270]:

Per svolgere questo compito [essere al servizio dell'uomo], è dovere permanente della Chiesa di scrutare *i segni dei tempi* e di interpretarli alla luce del

---

[263] «Si può dire che il Vaticano II ha fatto sua la svolta antropologica moderna. Ma tramite la motivazione e la finalizzazione teologiche dell'antropologia, l'espressione della quale ha il suo acme nel paragrafo 22 – la Costituzione Pastorale si distanzia altresì criticamente sia da concreti progetti antropologici, sia da vissute attuazioni d'istanze antropologiche. La cristologia rimanda alla problematica fondamentale a cui conduce l'impostazione antropologica. L'antropologia vien dunque trascesa dalla cristologia. Questa addita quale meta degna dell'uomo l'umanizzazione dell'uomo attraverso la divinizzazione dell'uomo, che non è certo realizzabile dall'uomo stesso» (W. KASPER, «L'antropologia teologica», 53-54).

[264] Cfr. C. APARICIO VALLS, *La plenitud del ser humano en Cristo*.

[265] PAOLO VI, *Populorum progressio* (26.03.1967), in *EE* 7/942.

[266] Cfr. D. TETTAMANZI, «La bussola della Gaudium et spes», 27.

[267] GIOVANNI XXIII, *Allocuzione* (11.10.1962), in *EV* 1/57*.

[268] Cfr. M. GARGANTINI, «Magistero della Chiesa», 823.

[269] Cfr. D. TETTAMANZI, «La bussola della Gaudium et spes», 25.

[270] Per un approfondimento in merito all'evoluzione storica ed al valore teologico di questa espressione, si consiglia: M. D. CHENU, «I segni dei tempi», 85-102.

da trasformare la faccia della terra e da perseguire ormai la conquista dello spazio ultra-terrestre (GS 5).

La volontà di porsi accanto e di dialogare con la famiglia umana anche nell'ambito scientifico-tecnologico, non deve essere concepita come una diretta, indebita ed inopportuna intromissione da parte della Chiesa nell'indagine scientifica, ma essa deve tradursi, innanzitutto, nel prender coscienza «del fatto che le scoperte della scienza e la potenza raggiunta dalla tecnica hanno ripercussioni non facilmente valutabili sui problemi fondamentali dell'uomo»[278].

Il Concilio vuole riconoscere che accanto – e non in conflitto[279] – alla cultura classica tradizionale di stampo umanistico-letterario – alla «quale la Chiesa faceva riferimento nei suoi piani di studio e col quale si era intimamente identificata»[280] – nell'epoca contemporanea deve trovar posto anche il sapere scientifico-tecnologico, come uno degli elementi caratterizzanti dell'odierna cultura[281].

11.3 *Scienza e tecnica nella* Gaudium et spes

L'attenzione della Chiesa nei riguardi della scienza è stata presente sin dall'inizio dei lavori conciliari, come attesta lo schema per il Decreto *Apostolicam actuositatem*, presentato nel 1963 dalla Commissione Preparatoria per l'Apostolato dei Laici. Nella parte dedicata all'apostolato dei laici in specie, lo schema contemplava già due capitoli intitolati rispettivamente *De Scientiis et Arte*, e *De ordine artium technicarum*[282]. In seguito alla riorganizzazione dei lavori, dopo la morte di Giovanni XXIII e l'elezione di Paolo VI, quest'ultimi vennero collocati all'interno del IV capitolo dedicato alla cultura sotto il titolo *La promozione del progresso della cultura* del nuovo schema XIII, da cui si originò poi la *Gaudium et spes*[283].

---

[278] M. VIGANO, «Scienza e tecnica», 270.

[279] Il saggio dello storico Charles P. Snow, *Le due culture* (1959), denunciava la separazione esistente tra la cultura di carattere umanistico-letterario, e quella scientifica, auspicando la nascita di una 'terza cultura', in cui entrambe avrebbero potuto coesistere. (Cfr. C. P. SNOW, *Le due culture*, 3-12; originale inglese: *The Two Cultures*, London 1959).

[280] M. SÁNCHEZ DE TOCA ALAMEDA, «Storia dei rapporti recenti», 26.

[281] Cf. G. TANZELLA-NITTI, «Nuova Evangelizzazione e cultura scientifica», 347-349.

[282] Cfr. SACROSANCTUM CONCILIUM OECUMENICUM VATICANUM SECUNDUM. *Schemata. Constitutionum et Decretorum ex quibus argument in Concilio disputanda seligentur*. Series Quarta. Typis Polyglottis Vaticanis, 1962, Caput VI-VII, 165-167.

[283] La Costituzione Pastorale è molto probabilmente il documento più articolato del Concilio Vaticano II. Numerosi sono i saggi e gli scritti che presentano uno studio dettagliato e sistematico della genesi e dell'*iter* di redazione della *Gaudium et spes*.

Non ci sorprende il fatto che si decise d'affrontare il tema della scienza e la tecnica quasi esclusivamente nella *Gaudium et spes*[284], dal momento che questa Costituzione pastorale si prefigge lo scopo di parlare della Chiesa in un mondo fortemente connotato e condizionato dalla scienza e dalla tecnica.

Schematicamente, i riferimenti alla scienza e la tecnica possono essere raggruppati in tre luoghi[285]: (i) nella *Esposizione introduttiva* – in cui elencando la situazione dell'uomo nel mondo contemporaneo, si afferma che le scienze naturali e matematiche hanno 'acquistato un peso sempre maggiore' nella vita e nella società (cfr. GS 5); (ii) nel Capitolo III della Prima Parte, trattando l'attività umana nell'universo, si riconosce esplicitamente e formalmente la giusta autonomia delle realtà terrene e, quindi, anche quella della scienza (cfr. GS 36); (iii) nel Capitolo II della Seconda Parte intitolata *La promozione del progresso della cultura*, in cui, oltre a ribadire il fatto che la cultura è segnata dalla scienza e della tecnica (cfr. GS 52-53), e la necessità di una legittima autonomia (cfr. GS 59), vengono proposti alcuni orientamenti di tipo pastorale, tra cui anche l'affermazione dell'importanza anche per i teologi di un'adeguata formazione scientifica (cfr. GS 62). In questi passaggi, la *Gaudium et spes* sottolinea due aspetti della scienza.

11.3.1 Legittima autonomia della scienza e della tecnica

La Costituzione pastorale riconosce il valore della scienza e della tecnica, la legittima autonomia delle realtà terrene e, quindi, anche la giusta libertà nella ricerca scientifica:

> Se per autonomia delle realtà terrene si vuol dire che le cose create e le stesse società hanno leggi e valori propri, che l'uomo gradatamente deve scoprire, usare e ordinare, allora si tratta di una esigenza d'autonomia legittima: non solamente essa è rivendicata dagli uomini del nostro tempo, ma è anche conforme al volere del Creatore. Infatti è dalla stessa loro condizione di creature che le cose tutte ricevono la loro propria consistenza, verità, bontà, le loro leggi proprie e il loro ordine; e tutto ciò l'uomo è tenuto a rispettare, riconoscendo le esigenze di metodo proprie di ogni singola scienza o tecnica. Perciò la ricerca metodica di ogni disciplina, se procede in maniera veramente

---

Cfr., ad esempio, H. DE RIEDMATTEN, «Storia della costituzione pastorale», 19-59; G. TURBANTI, *Un concilio per il mondo moderno*.

[284] Cfr. Le voci *'scienza'* e *'scienze'* nell'*Indice*, in *EV* 1, 969-1311. Il termine scienza – nel senso di scienza sperimentale – appare anche nei decreti *Ad gentes* e *Apostolicam Actuositatem*, oltre che in *Gaudium et spes*.

[285] Cfr. M. SÁNCHEZ DE TOCA ALAMEDA, «Storia dei rapporti recenti», 25-26.

quello nel superamento di una concezione magica del mondo (contribuendo così ad una 'purificazione' della relazione con Dio[291]).

11.4 Gaudium et spes – *punto di partenza*

Emanata il 7 dicembre del 1965, la Costituzione Pastorale *Gaudium et spes* si pone non solo come conclusione del lavoro conciliare, ma anche come punto di partenza per una nuova tappa nella vita della Chiesa:

> Il Concilio, quindi, con questo documento non ha inteso chiudere l'indagine, ma invece prevederla e stimolarla, fissare un punto di partenza, porre le premesse di un dialogo fecondo. Ed è un fatto positivo che la Chiesa abbia ad ogni modo avuto quello che un acuto osservatore definiva "Mut zur Unvollkommenheit", il coraggio di contentarsi delle cose imperfette, cioè di cominciare e di affidarsi al futuro con umile fiducia in Dio e nell'uomo sua immagine[292].

Per il cardinale König, questo documento, segna «una svolta nella concezione della Chiesa verso la Storia che chiude l'era del Sillabo e della Pascendi»[293]. Anche l'allora teologo Joseph Ratzinger, definì la Costituzione come il *testamento* del Concilio:

> Se si cerca una diagnosi globale del testo si potrebbe dire che esso (in collegamento con i testi sulla libertà religiosa e sulle religione del mondo) è una revisione del Sillabo di Pio IX, una sorta di anti-Sillabo, [...] nella misura in cui rappresenta un tentativo di un'ufficiale riconciliazione della Chiesa col mondo quale si è evoluto dopo il 1789[294].

L'interesse, l'attenzione e l'amore al mondo che hanno caratterizzato tutto il Concilio – trovando l'espressione più alta nella *Gaudium et spes* – furono mirabilmente sintetizzati dal Pontefice nell'omelia pronunciata in occasione della chiusura dell'Assise conciliare:

---

moltiplicazione di mezzi di scambio tra le nazioni, la famiglia umana a poco a poco è venuta a riconoscersi e a costituirsi come una comunità unitaria nel mondo intero» (GS 33).

[291] «Anche la vita religiosa, infine, è sotto l'influsso delle nuove situazioni (*tra questi il progresso della scienza e la tecnica*). Da un lato, un più acuto senso critico la purifica da ogni concezione magica nel mondo e dalle sopravvivenze superstiziose ed esige un'adesione sempre più personale e attiva alla fede; numerosi sono perciò coloro che giungono a un più vivo senso di Dio» (GS 7). Cfr. M. VIGANO, «Scienza e tecnica», 275.

[292] R. TUCCI, «Introduzione storico-dottrinale», 134. Dello stesso avviso sono altri testimoni diretti del Concilio: J. RATZINGER, *Problemi e risultati*, 125; P. DELHAYE, «Histoire des textes», 275-277.

[293] F. KÖNIG, *Chiesa dove vai?*, 108.

[294] J. RATZINGER, *Les principes*, 423. 425-427.

Il Concilio è stato vivamente interessato dallo studio del mondo moderno. Non mai forse come in questa occasione la Chiesa ha sentito il bisogno di conoscere, di avvicinare, di comprendere, di penetrare, di servire, di evangelizzare la società circostante, e di coglierla, quasi di rincorrerla nel suo rapido e continuo mutamento[295].

Secondo il giudizio di padre Kobler, Paolo VI fu la vera mente del Vaticano II, mentre i teologi non furono che degli 'ingegneri'[296], chiamati ad aiutarlo nel realizzare il suo programma di rinnovamento della Chiesa; un programma «che può essere riassunto in tre parole: *totus homo phaenomenicus*, cioè tutto l'uomo come una realtà fenomenologica»[297].

12. Conclusione – I 'tre amori' di Paolo VI

Un giorno, quando uno storico onesto intraprenderà l'esposizione di quella che fu la vita reale della Chiesa in questi ultimi quindici anni, allora, disperse tutte le vane agitazioni, risulterà senza dubbio evidente che nell'intera fedeltà cristiana, sotto l'impulso di Paolo VI, tutto si preparava affinché fosse perseguita l'azione salutare della Chiesa di Cristo in seno a un mondo profondamente trasformato[298].

A conclusione di questo capitolo mi limito ad indicare tre aspetti fondamentali che hanno pervaso tutta quanta la vita di Paolo VI: l'amore a Cristo, l'amore alla Chiesa e l'amore all'uomo.

12.1 *Amore per Cristo*

Gesù fu da sempre il suo amore vivo, il suo riferimento costante, il suo interesse fondamentale, la sua passione, la sua specialità, e il suo unico Maestro[299]. In sintesi, l'esistenza di Montini fu una vita eminentemente 'cristocentrica'. Egli visse profondamente in unione con Cristo, amato ed annunciato instancabilmente e con forza. Egli fondò tutta la sua esistenza, di sacerdote, di Arcivescovo, di Successore di Pietro, sulla fede in Cristo. Nei suoi scritti giovanili, nelle sue omelie, nei suoi discorsi, nelle sue catechesi, egli parlava di Cristo, con un vigore simile a quello dell'*Apostolo delle Genti* da cui prese il nome, Paolo. Basti ricordare, ad esempio, queste vibranti parole, pronunciate a Manila nel 1970:

---

[295] PAOLO VI, *Allocuzione* (07.12.1965), in *EV* 1/454.
[296] Cfr. J. F. KOBLER, «Were theologians the engineers of Vatican II?», 242-243.
[297] J. F. KOBLER, *Vatican II*, 83.
[298] H. DE LUBAC, «Coerenza e contestazione», 3.
[299] Cfr. P. MACCHI, *Paolo VI nella sua parola*, 357-358.

CAPITOLO III

Gli insegnamenti di Paolo VI sulla scienza e la tecnica

1. La Chiesa non teme né la scienza né la tecnica.

Paolo VI, in svariate occasioni ed in numerosi discorsi, sottolineò, esplicitamente e con fermezza, che la Chiesa non aveva alcun timore a relazionarsi ed a porsi in dialogo col mondo scientifico, auspicando che la ricerca potesse aiutare a meglio comprendere l'uomo e l'universo.

I prodromi di questo atteggiamento d'apertura e di dialogo da parte della Chiesa verso il mondo della scienza si possono ritrovare già a partire dal 1870, quando, in un clima culturale dominato dal positivismo, i Padri del Concilio Vaticano I dichiararono che non esisteva una reale opposizione tra fede e scienza, ma che, anzi, la Chiesa non soltanto non temeva le conquiste della ragione umana, ma le incoraggiava[1].

Quindici anni dopo, Leone XIII, nell'Enciclica *Immortale Dei*, riferendosi esplicitamente alle scienze scriveva:

> siccome non si può dare alcuna verità naturale che sminuisca la credibilità delle dottrine rivelate e molte anzi se ne danno che l'accrescono; e potendo la scoperta di qualsiasi vero condurre a meglio conoscere e lodare il Signore, così la Chiesa accoglierà sempre con suo giubilo e gradimento tutto ciò che venga utile ad allargare i confini della scienza, e con l'abituale zelo si impegnerà a caldeggiare e promuovere, come le altre discipline, così quelle che hanno per oggetto lo studio della natura. Nelle quali ricerche della scienza, la chiesa non osteggia le nuove scoperte[2].

---

[1] Cfr. CONCILIO VATICANO I, *Dei Filius,* Cap. IV (DS 3015-3020.
[2] LEONE XIII, *Immortale Dei*, in *EE* 3/507. Cfr. ID., *Providentissimus Deus*, in *EE* 3/1152-1154: qui il Pontefice affermava l'impossibilità di una reale contraddizione tra la Sacra Scrittura e le scienze naturali.

Da allora, nell'alveo tracciato da Leone XIII, la Chiesa non si è limitata a dei meri pronunciamenti di carattere teorico, ma ha intrapreso la strada di un fattivo e qualificato impegno anche in ambito scientifico, in dialogo col mondo contemporaneo, come testimoniano, ad esempio, l'esistenza e l'operato della *Pontificia Accademia delle Scienze* e la *Specola Vaticana*. A chi si domandasse se la Chiesa abbia davvero bisogno della scienza, Mons. Georges Lemaître, presbitero, fisico ed astronomo belga, Presidente della Pontificia Accademia delle Scienze durante il pontificato di Paolo VI, risponderebbe: «Ma al cristiano niente di ciò che è umano gli è estraneo. Come ha potuto la Chiesa disinteressarsi della più nobile delle occupazioni più strettamente umane: la ricerca della verità?»[3]

Vorremo qui brevemente ripercorrere le tappe fondamentali della storia della *Pontificia Accademia delle Scienze* e della *Specola Vaticana*, enucleandone le ragioni della loro istituzione e sottolineandone gli apporti, riferendoci, in particolar modo, al pontificato di Paolo VI.

1.1 *La Pontificia Accademia delle Scienze*

L'attuale Pontificia Accademia delle Scienze è stata fondata da Pio XI, il 28 ottobre 1936 col Motu Proprio *In multis solaciis*. In realtà, però, essa è erede dell'antica Accademia dei Lincei[4], fondata il 17 agosto 1603 da Federico Cesi[5] e da alcuni altri giovani[6] impegnati nel ambito scientifico col beneplacito di Papa Clemente VIII «col nobile intento di iniziare l'indagine naturalistica moderna alla luce della filosofia aristotelica, stabilendo legami tra tutti studiosi, a qualsiasi Nazione appartenessero»[7].

---

[3] O. GODART – M. HELLER, «Les relations», 7.

[4] *Accademia dei Lincei*: riferendosi nel nome alla lince, animale per antonomasia dotato di una vista particolarmente acuta (lo si riteneva capace di guardare attraverso i muri) si voleva richiamare la perspicacia e la vivacità d'ingegno di cui dovevano essere necessariamente dotati coloro che si dedicavano alle scienze. L'Accademia fu posta anche sotto il patronato di San Giovanni Evangelista, nell'iconografia sovente raffigurato con un'aquila o con una lince, simboli della vista e della ragione.

[5] Il principe Federico Cesi (1585-1630), figlio del duca di Acquasparta, può essere considerato come l'uomo che portava in sé, le caratteristiche, gli aneliti tipici dell'epoca rinascimentale, appena conclusasi, e dell'era moderna, contrassegnata dalle scoperte scientifiche. In lui trovarono sintesi, infatti, quelle tre "correnti del sapere" che rappresentavano il substrato culturale dell'Accademia dei lincei: il sapere filosofico, mutuato da Bernardino Telesio e da Francesco Bacone; il sapere scientifico, da Leonardo e da Galileo; il "sapere religioso", da Filippo Neri e dal Cardinale Baronio. Cfr. E. DI RO-VASENDA, «Sapere scientifico», 11-24.

[6] Giovanni Heck, medico olandese di 27 anni; Francesco Stelluti, di Fabriano; Anastasio de Filiis, di Terni.

[7] PONTIFICIA ACCADEMIA SCIENTIARUM, *Statuti e notizie storiche*, LIII. Cfr. G. B.

La fama della giovane Accademia dei Lincei crebbe considerevolmente quando, il 25 aprile 1610[8], Galileo Galilei, padre della scienza moderna, decise di diventarne membro. L'Accademia non soltanto accolse pienamente il pensiero e le idee di Galileo, ma si impegnò a propagandarne le scoperte, pubblicando dapprima le sue *Lettere sulle macchie solari* (1613), e, successivamente, *Il Saggiatore* (1623). In seguito alla prematura morte di Federico Cesi (a soli quarantacinque anni di età), l'attività dell'Accademia diminuì drasticamente, venendo così a mancare anche allo stesso Galileo il suo prezioso appoggio. Un autorevole Accademico Pontificio scrisse che forse «il processo Galileo del 1633 [successivamente strumentalizzato a discapito di una retta comprensione del rapporto tra scienza e fede] non avrebbe avuto luogo se Federico Cesi fosse stato ancora vivo»[9]. Nella prima metà dell'800, si cercò di dare nuovo impulso all'Accademia, su iniziativa di Pio VII (1801), di Leone XII (1826) e di Pio IX (1847) che rifondò l'Accademia col nome (già assegnatole da Gregorio XVI nel 1838) di Pontificia Accademia dei Nuovi Lincei[10]. In seguito al Concordato tra la Santa Sede e l'Italia (11 febbraio 1929) vi fu un'ulteriore proposta per un rinnovamento di carattere istituzionale e scientifico dell'Accademia da parte di padre Giuseppe Gianfranceschi, S.I., Rettore della Pontificia Università Gregoriana[11], prima a Benedetto XV e poi a Pio XI; nel 1936 essa venne nuovamente rifondata. Le finalità di questa istituzione, soprattutto per ciò che riguarda l'ambito del dialogo tra scienza e fede, sono state così sintetizzate da Pio XI nel Motu Proprio *In multis solaciis*:

> Tra le molte consolazioni, con le quali la divina Bontà ha voluto rallegrare gli anni del Nostro Pontificato, Ci piace di porre quella di aver Noi potuto vedere non pochi di coloro che si dedicano agli studi delle scienze sperimentali mutare il loro atteggiamento e il loro indirizzo intellettuale nei riguardi della religione. La scienza quando è vera cognizione non è mai in contrasto con le verità della Fede cristiana; anzi – come è ben noto a coloro che

---

MARINI-BETTÒLO, «Historical Aspects of the Pontifical Academy of Sciences», *Pontificia Accademia Scientiarum Documenta*, 21 (1986).

[8] A partire da questo momento, Galileo Galilei, fiero della sua appartenenza a questa istituzione, firmò i suoi libri e le sue opere con la dicitura *Galileus Lynceus*.

[9] G. B. MARINI-BETTÒLO, «Historical Aspects», 10.

[10] «I legami tra la Chiesa e l'Accademia sono divenuti particolarmente intensi con Pio IX che le affidò compiti di ricerca scientifica al servizio degli Stati Pontifici» (GIOVANNI PAOLO II, *Discorso* [28.10.1986], 269 = *Insegnamenti di Giovanni Paolo II*, IX,2 [1986], 1275]).

[11] Cfr. E. DI ROVASENDA, «Commemorazione del Padre Giuseppe Gianfranceschi», 1-13.

studiano la storia della scienza – si deve riconoscere che, da un canto, i Romani Pontefici e la Chiesa Cattolica hanno sempre favorito le ricerche dei dotti anche nel campo sperimentale, e dell'altro queste ricerche hanno spianato la via alla difesa del deposito delle verità soprannaturali, affidato alla Chiesa [...] Ci ripromettiamo pertanto ed è nei Nostri fervidi voti che gli "Accademici Pontifici" per mezzo di questo loro e Nostro Istituto, conferiscano sempre più e sempre meglio al progresso delle Scienze; ad essi non chiediamo altro, giacché in questo egregio proposto e nobile lavoro consiste quel servizio in favore della verità che da essi aspettiamo[12].

Pio XI, oltre a rinnovare i precedenti statuti[13], conferì al Accademia il titolo di *Pontificia Academia Scientiarum*[14]. Gli statuti vennero ulteriormente aggiornati da Paolo VI nel 1976[15]. Una delle modifiche più significative apportate da Paolo VI al precedente statuto riguarda proprio la composizione dei membri dell'Accademia:

La composizione stessa dell'Accademia, che accoglie uomini di scienza senza distinzione di nazionalità, di religione, o di opinione, sottolinea efficacemente questa universalità della scienza, elemento primo di incontro e di intesa tra i popoli[16].

Nel scegliere i membri dell'Accademia delle Scienze, il Pontefice non si limitò più all'ambito clericale, ma nomina i membri in ragione della loro perizia e competenza in campo scientifico, tenendo anche conto della dirittura della loro condotta morale[17]. Paolo VI, durante il suo pontificato, nominò 56 nuovi membri della Pontificia Accademia delle Scienze, tra i quali anche la prima donna, Rita Levi-Montalcini. Tra le altre personalità di spicco nominate da questo Pontefice possiamo ricordare: D. Baltimore,

---

[12] PIO XI, *Motu Proprio* (28.10.1936), 421-424 (tr. it., *OR* [31.10.1936], 2).

[13] Cfr. PIO XI, *Statuto della Pontificia Accademia delle Scienze* (28.10.1936), 437-446.

[14] L'*iter* storico dell'Accademia è sinteticamente descritto in: G. B. MARINI-BETTÒLO, «Historical Aspects»; G. Marchesi, «La Pontificia Accademia delle scienze», 235-246; M. SÁNCHEZ SORONDO, «Storia e compiti della Pontificia Accademia delle Scienze».

[15] Cfr. PAOLO VI, *Statuto della Pontificia Accademia delle Scienze* (01.04.1976), 348-350.

[16] PAOLO VI, *La Chiesa ha bisogno di voi* (23.10.1976), 869. (Tutti i discorsi alla Pontificia Accademia delle Scienze sono in lingua francese. Per la traduzione in italiano utilizzeremo: M. SÁNCHEZ SORONDO, ed., *I Papi e la Scienza*, 161-194 – fra parentesi seguirà il riferimento al testo originale – il volume e l'anno del pronunciamento – tratto dagli *Insegnamenti di Paolo VI, 1963-1978*, Città del Vaticano 1963-1978).

[17] Cfr. PAOLO VI, *Statuto della Pontificia Accademia delle Scienze,* Art. 5 (01.04.1976), 348.

A. Bohr, G. Colombo, C. de Duve, G. Herzberg, H. G. Khorana, J. Le-
jeune, L.F. Leloir, G.B. Marini-Bettòlo, R.L. Mössbauer. M.W. Nirenberg, S. Ochoa, D.J.K. O'Connel, G.E. Palade, G. Porter, M. Ryle, R.
Segre, R.W. Sperry e A. Svent-Györgui[18]. La Pontificia Accademia delle
Scienze può annoverare tra i suoi membri vari premi Nobel, molti dei
quali entrati in questa istituzione prima di ricevere il prestigioso riconoscimento internazionale[19]. Altri illustri membri della Pontificia Accademia furono padre Agostino Gemelli (1878-1959), fondatore dell'Università Cattolica del Sacro Cuore e Presidente dell'Accademia dal 1936 al
1959 e Mons. Georges Lemaître (1894-1966), uno dei padri della cosmologia contemporanea, che ricoprì l'incarico di Presidente dal 1960 al
1966. Un ulteriore novità durante il pontificato di Paolo VI è stata la
scelta di un laico alla presidenza dell'Accademia nella persona del direttore emerito dell'Istituto di Biofisica di Rio de Janeiro ed ex-ambascia-
tore del Brasile presso l'U.N.E.S.C.O., Carlos Chagas.

La Pontificia Accademia delle Scienze, sebbene durante i quattro secoli della sua storia sia stata più volte rifondata e rinnovata per volontà
di diversi Pontefici e sebbene sia posta sotto la diretta protezione del
Papa, essa gode di una piena libertà nell'ambito della ricerca scientifica.

Gli scienziati membri della Accademia hanno la possibilità di impegnarsi nella ricerca della verità, a contatto ed in dialogo con la Chiesa, che
Paolo VI definì «esperta in umanità»[20] e portatrice della «suprema scienza
della vita»[21]. Nel consesso della comunità scientifica internazionale i

---

[18] Cfr. S. SORANDO MARCELO, *I Papi e la scienza*, 158.

[19] Fra questi vi furono Lord Ernest Rutherford (Chimica, 1908), Guglielmo Marconi
(Fisica, 1909), Alexis Carrel (Fisiologia, 1912), Max von Laue (Fisica, 1914), Max
Planck (Fisica, 1918), Niels Bohr (Fisica, 1922), Werner Heisenberg (Fisica, 1932),
Paul Dirac (Fisica, 1933), Erwin Schrödinger (Fisica, 1933), Alexander Fleming (Fi-
siologia, 1945), Chen Ning Yang (Fisica, 1957), Rudolf L. Mössabauer (Fisica, 1961),
Max F. Perutz (Chimica, 1962), John Eccles (Fisiologia, 1963), Charles H.Townes (Fi-
sica, 1964), Manfred Eigen e George Porter (Chimica, 1967), Har Gobind Khorana e
Marshall W. Nirenberg (Fisiologia, 1968). Fra gli Accademici che, in tempi più recenti,
ricevettero il premio Nobel possiamo ricordare: Christian de Duve (Fisiologia, 1974),
Werner Arber e Geroge E. Palade (Fisiologia, 1974), David Baltimore (Fisiologia,
1975), Aage Bohr (Fisica, 1975), Abdus Salam (Fisica, 1979), Paul Berg (Chimica,
1980), Kai Siegbahn (Fisica, 1981), Sune Bergström (Fisiologia, 1982), Carlo Rubbia
(Fisica, 1984), Rita Levi-Montalcini (Fisiologia, 1986), John C. Polanyi (Chimica,
1986), Jean-Marie Lehn (Chimica, 1987), Joseph E. Murray (Fisiologia, 1990), Gary
S. Becker (Economia, 1992), Paul J. Crutzen (Chimica, 1995), Claude Cohen-Tannou-
dji (Fisica, 1997) e Ahmed H. Zewail (Chimica, 1999).

[20] PAOLO VI, *Populorum progressio* (26.03.1967), n.13, in *EE* 7/942.

[21] PAOLO VI, *La guida luminosa* (13.10.1963), 162 (*Ins.* I [1963], 220).

la riflessione offerta da *Gaudium et spes* n. 36 sulla legittima autonomia delle realtà terrene contribuirono alla riapertura della cosiddetta 'questione galileiana'[34], portando poi, nel 1979, Giovanni Paolo II chiedere agli storici, ai teologi ed agli scienziati di riprendere e studiare approfonditamente il caso di Galileo[35].

Nel 1942, la Pontificia Accademia delle Scienze affidò a Pio Paschini l'incarico di stilare una biografia di Galileo Galilei, nell'ambito delle celebrazioni per il terzo centenario della morte dello scienziato. Questa biografia, però, fu pubblicata, postuma, soltanto nel 1964. Paschini aveva accettato questo incarico in seguito alle pressanti richieste di Mons. Angelo Mercati, prefetto dell'Archivio Vaticano, e di padre Agostino Gemelli, allora presidente dell'Accademia. Dopo tre anni d'intenso lavoro, egli consegnò la bozza finale nel gennaio 1945. Si verificarono, però, alcune 'resistenze': la commissione incaricata di approvare il testo per la stampa, non si limitò a rivedere gli aspetti scientifici della questione, ma entrò nel merito della ricostruzione storica, evidenziando come, tra le righe, trasparisse una certa 'acredine' nei confronti della Compagnia di Gesù per come aveva agito contro Galileo. Anche lo stesso padre Gemelli, che in qualità di Presidente dell'Accademia, aveva commissionato il lavoro, suggerì alla Segreteria di Stato che non fosse opportuno pubblicarlo. Il Sant'Uffizio, al quale era stato sottoposto per competenza il testo, insabbiò la questione senza mai fornire alcuna spiegazione all'autore, pur non avendo rilevato alcun errore a livello dottrinale o morale[36].

Giovanni Battista Montini, che in quel periodo ricopriva l'incarico di Sostituto della Segreteria di Stato, fu direttamente coinvolto nel travagliato processo della pubblicazione. Il 9 agosto 1945, in seguito ad una richiesta da parte dello stesso Paschini, Montini lo rassicurò sullo stato dell'*iter* procedurale:

> il suo studio, in ossequio al desiderio da Lei espresso, è stato riveduto sotto l'aspetto scientifico, da S.E. Giuseppe Armellini, accademico pontificio, il quale ha riscontrato ben minime mende. Ora non rimane per la sua opera

---

vitalità della vostra Accademia, il cui merito spetta a voi: per questo di gran cuore ci congratuliamo con voi e ve ne ringraziamo» (PAOLO VI, *Discorso* [03.10.1964], 164: [*Ins.* II [1964], 575]).

[34] Cfr. GIOVANNI PAOLO II, *Discorso* (10.11.1979), 1119-1120.

[35] Per una sintesi del lavoro svolto dalla Commissione vedi: M. SÁNCHEZ DE TOCA ALAMEDA, «Un doppio anniversario», 4-15.

[36] Cfr. C. SCALON, «Pio Paschini». Per un approfondimento storico del travagliato lavoro della pubblicazione vedi P. SIMONCELLI, *Storia di una censura*, Milano 1994.

altro che la revisione ecclesiastica, prescritta dal can. 1386§1, del Codice di Diritto canonico. Ma anche questa è già in atto, e voglio sperare anzi che sia a buon punto. Non si mancherà tuttavia di raccomandare quella migliore celerità, che a Lei giustamente sta a cuore, in modo che presto si possa dare inizio alla composizione tipografica[37].

Secondo Simoncelli, l'allora Sostituto Montini seguì l'intera vicenda appoggiando, per quanto possibile, le legittime pretese dell'autore[38]. Dopo la morte di Paschini, avvenuta nel 1962, il manoscritto venne pubblicato nel 1964, ampiamente rivisto dal gesuita belga Edmond Lamalle. Nel 1979, Mons. Pietro Bertolla, direttore della Biblioteca del Seminario di Udine alla quale era stato donato il testo scritto da Paschini, rilevò che, rispetto alla stesura originale, erano state apportate un centinaio di correzioni[39].

Padre Lamalle, a cui Paolo VI aveva espresso la propria riconoscenza per la cura della pubblicazione della biografia di Galileo, venne ricevuto in udienza dal Pontefice altre due volte (nel 1966 e nel 1967) per conoscere il suo parere in merito ad alcune pressanti richieste per la riapertura del processo che aveva condannato Galileo[40]. In entrambi gli incontri il Pontefice ricevette dal gesuita belga un parere negativo[41]. Per quanto riguarda quella riconoscenza che Paolo VI espresse nei confronti di padre Lamalle per la revisione dell'opera su Galileo scritta da Paschini, stante la mancanza di documentazione, non ci è dato sapere se il Santo Padre fosse a conoscenza o meno delle correzioni e delle aggiunte introdotte dal gesuita nel testo originale[42].

Prendendo in considerazione i discorsi che Paolo VI rivolse ai membri della Pontificia Accademia delle Scienze (e attraverso di loro a tutta quanta la comunità scientifica mondiale), possiamo notare come il Pontefice, a più riprese e con fermezza, abbia affermato che non c'è e nemmeno può esistere contrapposizione o inconciliabilità tra fede e scienza. La Chiesa è 'amica della scienza' di cui difende la libertà di ricerca. La fede e la ragione hanno campi propri di conoscenza, distinti,

---

[37] M. MACCARRONE, «Mons. Paschini e la Roma ecclesiastica», 49-93.

[38] Cfr. P. SIMONCELLI, *Storia di una* censura, 59-79.

[39] Cfr. P. BERTOLLA, «Le vicende del "Galileo" di Paschini», 173-184.

[40] Cfr. M. MACCARRONE, «Mons. Paschini e la Roma ecclesiastica», 49-93.

[41] Secondo la testimonianza di Maccarrone, Paolo VI «voleva infatti giungere presto alla Beatificazione del celebre scienziato Nicola Stenone, perché fosse occasione per affermare, nello spirito del concilio, l'autonomia della scienza in un approfondito esame storico che comprendesse anche la vicenda di Galileo» (M. MACCARRONE, «Mons. Paschini e la Roma ecclesiastica», 63).

[42] Cfr. P. SIMONCELLI, *Storia di una censura*, 138-139.

ma complementari[43]. La Chiesa, se da un lato attraverso la Pontificia Accademia delle Scienze ha preso profonda coscienza dei problemi che caratterizzano la riflessione in ambito scientifico (con i loro effetti sulla società, sull'ambiente e sulla vita dei singoli)[44], dall'altro, la Chiesa, ponendosi in dialogo col mondo scientifico, ha potuto offrire l'apporto della sua esperienza e riflessione su temi che riguardano il bene dell'uomo e lo sviluppo umano integrale di tutti i popoli. In sintesi – come espliciterà successivamente Giovanni Paolo II[45] – la Chiesa, attraverso la Pontificia Accademia delle Scienze, si è munita di «uno strumento essenziale»[46] per poter entrare fattivamente in dialogo col mondo scientifico contemporaneo:

> questa Istituzione rimane altamente significativa: essa può dare al nostro mondo un contributo notevole per la competenza e l'universalità della sua testimonianza, ed anche fornire alla riflessione dei credenti una solida base per un fruttuoso dialogo con il pensiero scientifico[47].

Nel suo penultimo discorso all'Accademia, il Pontefice, riprendendo un'espressione del suo predecessore Pio XI, esprimeva l'auspicio che la Pontificia Accademia delle Scienze potesse divenire «una sorgente sempre più ricca di questa benefica carità che è la verità»[48].

1.2 *La Specola Vaticana*

> Perché a tutti fosse chiaro che la Chiesa e i suoi Pastori non sono contrari alla vera e solida scienza, sia divina, sia umana, ma l'abbracciano e la promuovono con tutto l'impegno possibile[49].

---

[43] Cfr. M. SÁNCHEZ SORONDO, *I Papi e la Scienza*, 158.

[44] In ragione del fatto che non vi è «nulla di genuinamente umano che non trovi eco nel suo cuore» (GS 1).

[45] «L'esistenza di questa Pontificia Accademia delle Scienze, di cui nella più antica ascendenza fu socio Galileo e di cui oggi fanno parte eminenti scienziati, senza alcuna forma di discriminazione etnica o religiosa, è un segno visibile, elevato tra i popoli, dell'armonia profonda che può esistere tra le verità delle scienza e le verità della fede (...) La Chiesa di Roma insieme a tutte le Chiese sparse nel mondo, attribuisce una grande importanza alla funzione della Pontificia Accademia delle Scienze. Il titolo Pontificia attribuito all'Accademia significa, come voi sapete, mostra l'interesse e l'impegno della Chiesa, in forme diverso dall'antico mecenatismo, ma non meno profonde e efficaci» (GIOVANNI PAOLO II, *Discorso* [10.11.1979], 1119-1120).

[46] PAOLO VI, *La guida luminosa e sicura* (13.10.1963), 162 (*Ins.* I [1963], 219).

[47] PAOLO VI, *Le indagini sul cosmo* (18.04.1970), 177 (*Ins.* VIII [1970], 326-327).

[48] PIO XI, *Discorso* (27.12.1925), *OR* (28-29.12.1925), 2. Cfr. PAOLO VI, *La Chiesa ha bisogno di voi* (23.10.1976), 192 (*Ins.* XIV [1976], 870).

[49] LEONE XIII, *Ut Mysticam* (14.03.1891), 526 (*tr. nostra*).

Leone XIII era convinto che alla Chiesa, per ristabilire un dialogo sincero e proficuo con il mondo della scienza, non bastassero più soltanto i discorsi, gli incoraggiamenti o l'azione della Pontificia Accademia dei Nuovi Lincei. S'imponeva, quindi, come necessario un coinvolgimento diretto e qualificato nell'ambito ricerca scientifica[50].

Non possiamo qui non ricordare la Specola Vaticana, una tra le più antiche istituzioni del mondo per ricerca astronomica[51]. Diversi furono gli osservatori sorti per iniziativa dei diversi Pontefici[52]. La Chiesa, soprattutto attraverso l'operato dell'ordine dei Gesuiti, collaborò, a livello internazionale al progetto della realizzazione della Carta fotografica del cielo e del Catalogo stellare[53]. L'istituzione della Specola Vaticana rappresenta ufficialmente lo Stato Città del Vaticano in seno all'Unione Astronomica Internazionale[54].

Il 29 settembre 1935 venne inaugurata la nuova sede della Specola Vaticana a Castel Gandolfo. Lo spostamento dal Vaticano si era reso necessario a causa dell'aumento dell'illuminazione della città di Roma che rendeva quasi impossibile agli astronomi lo studio del cielo e delle stelle[55]. Quel giorno Pio XI ribadì i concetti espressi, quasi mezzo secolo prima, da Leone XIII[56], affermando che lo scopo della Specola Vaticana era «di assicurare alla Fede e alla Religione quella implicita, anzi esplicita, apologia che rifulge ed è più che mai persuasiva ogni volta che l'ossequio della Fede si mostra unito in fraterno amplesso al culto della Scienza»[57]. Col trasferimento della Specola Vaticana a Castel Gandolfo,

---

[50] Cfr. S. MAFFEO, «La Specola Vaticana strumento di dialogo», 233-234.

[51] Un interesse esplicito da parte della Chiesa per l'astronomia è attestato fin dal pontificato di Gregorio XIII. A lui si deve la riforma del calendario, sancita dalla Bolla *Inter gravissimas*, e la fondazione del primo Osservatorio Pontificio in Vaticano, nel 1579, situato in un edificio alto 73 metri ed appositamente costruito per questo scopo, chiamato Torre dei venti. Cfr. G. V. COYNE, «Specola Vaticana», 1323; G. PATRIARCA, «La Specola Vaticana», 31-36.

[52] Quello del Collegio Romano (1774-1878); quello del Campidoglio (1827-1870); quello sulla Torre dei Venti in Vaticano, la Specola Vaticana (1891), quello a Castel Gandolfo (1935) e infine quello a Tucson in Arizona (1981).

[53] Cfr. S. MAFFEO, «I Cento Anni della Specola Vaticana», 469-480.

[54] Per l'elenco degli stati membri vedasi: http://www.iau.org/administration/membership/national/ (accesso: 03.05.2014).

[55] Cfr. S. MAFFEO, «I Cento Anni della Specola Vaticana», 474-475.

[56] Cfr. LEONE XIII, *Ut Mysticam* (14.03.1891), 522-526. Il Pontefice diede conferma solenne alla fondazione di quella che ufficialmente si chiamerà d'ora innanzi *Specola Vaticana*.

[57] PIO XI, «Inaugurandosi in Castelgandolfo la Specola astronomica Vaticana (29.09.1935)», citato in S. MAFFEO, *La Specola Vaticana*, 313.

Pio XI stabilì che la responsabilità della gestione di questo osservatorio fosse affidata alla Compagnia di Gesù: al Preposito Generale spetta il compito di proporre al Santo Padre i candidati per l'ufficio di direttore della Specola ed anche di destinare per questa istituzione destinarvi un congruo numero di religiosi veramente periti nelle discipline scientifiche[58].

Grazie all'installazione, nel 1957, di un telescopio a grande campo di tipo *Schmidt* e, nel 1965, di un moderno centro di calcolo, la Specola Vaticana poté realizzare ricerche importanti, collaborando stabilmente con istituti e singoli studiosi sparsi in tutto il mondo[59]. Agli inizi degli anni settanta, gli astronomi della Specola dovettero ancora un'altra volta cercare una soluzione per il cosiddetto 'inquinamento luminoso', che nuovamente interferiva nello studio dei corpi celesti. Si cominciò, quindi, a cercare un luogo più idoneo per l'osservatorio vaticano, possibilmente in Italia.

A partire dal 1981 per la Specola si inaugura un nuovo periodo, coincidente con l'apertura di una succursale a Tucson, in Arizona, uno dei migliori siti del mondo per le osservazioni astronomiche. Grazie alle moderne apparecchiature installate e grazie alla collaborazione con altri istituti astronomici, esso sta diventando uno dei più importanti centri del mondo[60].

Papa Montini si è recato per la prima volta all'osservatorio di Castel Gandolfo la sera del 25 agosto 1963; il 7 settembre dello stesso anno il

---

[58] Cfr. J. STEIN, «Notizie sul trasferimento e sulla riorganizzazione della Specola Vaticana. Atti della Pontificia Accademia dei Nuovi Lincei, [Roma 1932]», citato in G. V. COYNE, «Specola Vaticana», 1326.

[59] Fra le ricerche compiute, nel dopoguerra, dalla Specola Vaticana a Castel Gandolfo possiamo ricordare: lo studio delle caratteristiche spettrali nella regione del vicino ultravioletto come criteri di luminosità e di metallicità in stelle simili al sole; lo studio della materia interstellare con misurazioni dell'assorbimento e della polarizzazione della luce delle stelle che attraversa tale materia; l'analisi della distribuzione delle stelle dei diversi tipi spettrali alle latitudini intermedie della Galassia; l'indagine sulle stelle con righe di emissione di idrogeno (righe Ha); le ricerche spettroscopiche su alcune stelle variabili e su ammassi stellari; lo studio delle nane rosse, dei moti propri, delle posizioni e della fotometria delle stelle in ammassi aperti; l'esame delle stelle al carbonio o giganti rosse; l'analisi sulla metallicità, o determinazione dell'abbondanza relativa degli elementi più pesanti nelle stelle più lontane della Galassia; lo studio delle atmosfere stellari tramite la misura della polarizzazione della luce proveniente dalle stelle; l'indagine sulle nubi oscure galattiche; lo studio delle stelle doppie magnetiche compatte. Per ulteriore approfondimento di queste ricerche si consiglia la pubblicazione: S. MAFFEO, *La Specola Vaticana*.

[60] Cfr. S. MAFFEO, «I Cento Anni della Specola Vaticana», 479-480.

Pontefice incontrò nuovamente la comunità dei gesuiti impegnata alla Specola Vaticana[61]. In questa occasione Papa Montini poté ammirare non soltanto gli strumenti e le apparecchiature di studio e di indagine, ma anche il lavoro compiuto, le ricerche in corso, le numerose pubblicazioni, venendo nel contempo informato delle collaborazioni instauratesi tra la Specola Vaticana ed altri importanti osservatori[62]. Durante questa visita, il Pontefice elogiò la preziosa attività di quanti prestavano il proprio servizio nel centro astronomico di Castel Gandolfo «mediante un nobile compito improntato a ben conosciuta severità di studio, che fa onore alla scienza e alla Sede Apostolica»[63].

Il coinvolgimento diretto[64] di Paolo VI nella vita e nelle decisioni prese dalla Specola Vaticana è documentato, ad esempio, in una lettera inviata da padre Daniel O'Connel, direttore della Specola Vaticana a padre Jean-Baptiste Janssens, Preposito Generale dei Gesuiti, l'11 agosto 1964:

Il 1° agosto il S. Padre mi ha mandato a chiamare e abbiamo parlato a lungo sulla Specola. Egli cominciò col domandarmi se non fosse arrivato il tempo di chiudere la Specola. La Compagnia fornisce uomini che potrebbero svolgere un buon lavoro altrove, e Sua Santità è molto grato alla Compagnia per questo. Se la Specola, in futuro, non potrà continuare a fare un buon lavoro in astronomia, un lavoro cioè veramente degno alla S. Sede e carico di valore apologetico, sarebbe meglio chiuderla piuttosto che vederla decadere a poco a poco. Sua Santità mi ha chiesto di esaminare con cura questa questione e di riferirgli il mio pensiero. La seconda domanda fu: supposto che la Specola

---

[61] Cfr. S. MAFFEO, *La Specola Vaticana*, 269. Paolo VI si recherà nuovamente alla Specola Vaticana il 15 settembre del 1964, il 7 agosto del 1965, quando venne inaugurato il Calcolatore IBM, e il 20 Luglio 1969, quando seguì in televisione lo sbarco dei primi astronauti sulla Luna.

[62] Cfr. PAOLO VI, *Visita alla Specola Vaticana* (07.09.1963), *Ins*. I (1963), 677.

[63] PAOLO VI, *Visita alla Specola Vaticana* (07.09.1963), *Ins*. I (1963), 677.

[64] Giovanni Battista Montini, quando lavorava ancora nella Segreteria di Stato aveva già avuto qualche contatto con la Specola Vaticana: l'1 febbraio del 1947 padre Stein, direttore della Specola annotava nel suo diario: «Comunica Mgr Montini: l'attrezzatura industriale e i depositi della Ditta Zeiss trasferiti in Russia in conto riparazione». Montini era reso partecipe da Pio XII nelle decisioni che riguardavano la Specola come è attestato da un altro appunto di padre Stein del 23 marzo 1948: «L'acquisto del piccolo prisma (...) approvato. Quanto al telescopio Schmidt, progetto Grubb, il S. Padre parlerà prima con Mons. Montini». Nel 22 Dicembre 1953, i padri O'Connell e Junkes venivano ricevuti in udienza da Montini. In una nota di padre O'Connell si legge: «Accolti molto cordialmente (Montini) ci disse quanto il S. Padre apprezzi il lavoro della Specola Vaticana e il suo valore apologetico». Cfr. S. MAFFEO, *La Specola Vaticana*, 265-267.

2. La contemplazione del creato porta al Creatore

«Solo lo stupore conosce»[72]. Questa espressione di Gregorio di Nissa, ben sintetizza quel dinamismo che apre l'uomo alla conoscenza della realtà che lo circonda. Come testimoniano alcuni grandi scienziati, all'origine del fenomeno della conoscenza scientifica vi sono lo stupore e la contemplazione della realtà[73]. Albert Einstein considerava la propria attività scientifica come 'pervasa dallo stupore e dalla meraviglia', gli atteggiamenti di chi sa «commuoversi contemplando i misteri dell'eternità e della stupenda struttura della realtà»[74]. Lo scienziato – scriveva Max Plank – quasi sospende la sua attività e il suo studio per «venerare silenziosamente l'inesplorabile»[75]: solo così egli potrà «esplorare l'esplorabile e cercare di comprendere soltanto un po' di questi misteri, giorno dopo giorno, senza mai demordere, senza mai perdere questa sacra curiosità»[76]. Egli era convinto che qualora qualcuno perdesse la propria capacità di meravigliarsi, sarebbe privo anche dell'arte del ragionare e del riflettere[77].

2.1 *Lo stupore come punto di partenza*

Anche Papa Montini, nei suoi interventi, riteneva che il punto di partenza della ricerca scientifica coincidesse col momento in cui l'uomo si ritrova 'sopraffatto dallo stupore', quasi 'schiacciato dall'immensità delle prospettive' che cominciano a palesarsi all'orizzonte[78]. La meraviglia e lo stupore sono i 'compagni di viaggio' dello scienziato e lo spingono a progredire nella sua ricerca, sia in ciò che è infinitamente grande (come le galassie lontane, le stelle e i pianeti), sia in ciò che è impossibile penetrare ad occhio nudo, ma a cui ci si può accostare attraverso i moderni strumenti dell'ottica elettronica (come il nucleo dell'atomo o ciò che Pascal definiva come l'infinitamente piccolo[79]). Il punto di partenza per l'avventura conoscitiva della scienza non è quindi qualcosa che riusciamo a scorgere con le sole nostre forze, ma è qualcosa che spontaneamente si offre a noi.

---

[72] GREGORIO DI NISSA, *La vita di Mosè*, in PG 44, col 377B; ID., *Homelia XII*, in *Cantica Canticorum*, in PG 44, col 1028D.

[73] Cfr. M. BERSANELLI – M. GARGANTINI, *Solo lo stupore conosce*, 3ss.

[74] A. EINSTEIN, *Come io vedo il mondo*, 70.

[75] M. PLANCK. *La conoscenza del mondo fisico*, 376.

[76] A. EINSTEIN, *Come io vedo il mondo*, 70.

[77] Cfr. M. BERSANELLI – M. GARGANTINI, *Solo lo stupore conosce*, 3.

[78] Cfr. PAOLO VI, *Le indagini sul cosmo* (18.04.1970), 179 (*Ins.* VIII [1970], 329).

[79] Cfr. PAOLO VI, *Discorso* (07.09.1968), *Ins.* VI (1968), 449.

Il Pontefice ha ripetutamente riproposto una verità che era già ben conosciuta dalla sapienza degli antichi ma che venne volontariamente messa in 'secondo piano', in un tempo in cui ricercavano principalmente interessi di carattere materiale. Tale verità ricorda che l'uomo dovrebbe percepire la realtà come *quid* che esiste, che si pone di fronte a lui, che lo precede, che è altro da lui, che lo sorprende[80]. Il Pontefice sentì il bisogno di richiamare questa realtà filosofica in modo particolare in un'epoca caratterizzata dal progresso dell'astrofisica e dai successi delle imprese spaziali[81]. Gli anni del pontificato di Paolo VI coincisero con un momento di straordinario sviluppo in campo scientifico e tecnologico. Dal primo volo del Soyuz nel 1956, alla conquista della Luna nel 1969 con le missioni Apollo, l'umanità assisteva ad un susseguirsi di eccezionali imprese spaziali, trasmesse e diffuse dalla radio e dalla televisione. Analizzando gli interventi pronunciati da Paolo VI nell'anno 1969 – l'anno dello sbarco sulla Luna – si rileva come il Pontefice fosse capace di leggere con lucidità la situazione attuale, non solo per felicitarsi per i traguardi conseguiti, ma anche per ricordar loro che lo studio scientifico dell'universo conduce «verso l'invisibile», che è il sorgente del visibile'[82].

Lo scienziato, quindi, nella comprensione dell'universo che lo circonda, non si colloca soltanto davanti una realtà pre-esistente, ma si pone in relazione con un mondo ordinato ed armonioso. Queste due caratteristiche del creato sono fondamentali per l'indagine dello scienziato in quanto che senso avrebbe faticare per «decifrare i segreti della natura»[83] se l'universo fosse 'evanescente e totalmente caotico', se la sua esistenza 'fosse appesa al debole filo dei nostri ragionamenti' ed il suo funzionamento non potesse in alcun modo essere percepito?[84] Paolo VI ci ricorda come il riferimento all'ordine e all'armonia del creato si trovi implicitamente in «quest'altra stupenda e ripetuta parola della Bibbia, sempre al primo capitolo della Genesi (vv.12, 18, 21, 25, 31): Dio vide che l'opera sua era buona; perciò era bella, era degna d'essere conosciuta, posseduta, lavorata, goduta»[85].

---

[80] Cfr. M. GARGANTINI, *I Papi & la Scienza*, 14.

[81] Cfr. PAOLO VI, *Le indagini sul cosmo* (18.04.1970), 178 (*Ins.* VIII [1970], 327); ID., *Beatitudine di una supervisione dell'universo* (01.08.1971), *Ins.* IX (1971), 661-662.

[82] Cfr. PAOLO VI, *Le indagini sul cosmo* (18.04.1970), 179 (*Ins.* VIII [1970], 329).

[83] PAOLO VI, *Discorso* (07.09.1968), *Ins.* VI (1968), 449.

[84] Cfr. M. GARGANTINI, *I Papi & la Scienza*, 15.

[85] PAOLO VI, *Dono immenso e perfetto* (16.07.1969), *Ins.* VII (1969), 496.

2.2 *Risalire al Creatore attraverso la creazione*

L'uomo dotato di intelletto non si accontenta di un rapporto meramente estetico con il macrocosmo e il microcosmo, ma vuole tentare di scavalcare il mistero mettendo in moto la sua ragione. Lo scienziato si impegna a varcare lo scoglio del ignoto per comprendere, per spiegare i fenomeni naturali, e, infine per trarne le teorie che lo aiutino ad una ordinata classificazione dei dati osservati e rilevati. Con il dono della sua intelligenza, l'uomo, «non si ferma all'apparenza esterna della realtà, si eleva al livello della sua causa trascendente, il vero Assoluto, che dà consistenza a tutta la creazione e anzitutto allo spirito umano, senza mai confondersi con essi»[86]. Per Paolo VI ogni studio approfondito della realtà è «come un contatto con un velo dietro il quale si avverte un'infinita palpitante Presenza»[87]. Nel discorso ai partecipanti alla settimana di studio su *I nuclei delle galassie*, citando l'opera di Charles de Moré-Pontgibaud, il Pontefice affermava:

l'intelligenza è necessariamente, così come un potere di assimilazione, un potere di ascesa. Essa coglie in tutte le realtà ciò per cui esse sono, cioè sono aperte verso l'illuminazione dell'atto. È così, a giusto titolo, si può dire che essa è il senso del divino, la facoltà assetata e capace di riconoscere le tracce di Dio[88].

Accostandosi alla natura con questa sensibilità e apertura, lo scienziato entusiasta dei propri risultati, ma, nel contempo, umile e consapevole dei propri limiti[89], ha la possibilità – come affermava Agostino nel suo *De Civitatae Dei* – «di risalire al principio trascendente, al Creatore, *causa subsistendi et ratio intelligendi et ordo vivendi*»[90].

Il Pontefice ricordava che, per cercare di rispondere a quegli interrogativi che interpellano l'uomo di ogni tempo (ossia: «da dove veniamo?»; «qual è stata l'origine del nostro mondo e del nostro universo?») è possibile avventurarsi per due vie. L'uomo, facendo propria una concezione di stampo monistico-panteista, può autoescludersi dalla dimensione trascendentale della realtà, rinunciando così a porsi in dialogo col Creatore e ponendo nell'universo stesso la causa prima di ogni cosa.

---

[86] PAOLO VI, *Le indagini sul cosmo* (18.04.1970), 180, *Ins.* VIII (1970), 330.

[87] PAOLO VI, *La fede desidera il confronto* (23.07.1969), *Ins.* VII (1969), 505.

[88] C. DE MORÉ-PONTGIBAUD, «*Du fini à l'infini. Introduction à l'étude de la connaissance de Dieu*, [Paris, 1957], 65» citato in PAOLO VI, *Le indagini sul cosmo* (18.04.1970), 180 (*Ins.* VIII [1970], 330).

[89] «Questa esplorazione dello spazio immenso, del cosmo rivela a noi l'umana piccolezza, ma nello stesso tempo la nostra grandezza» (PAOLO VI, *Ogni progresso conduca a Dio* [02.08.1964], *Ins.* II [1964], 1015).

[90] SANT' AGOSTINO, *De Civitate Dei*, 1. VIII, c.4; Cfr. PAOLO VI, *Le indagini sul cosmo* (18.04.1970), 179 (*Ins.* VIII [1970], 329).

Oppure l'uomo può riconoscere il mondo come creato, generato da una Parola che si pronuncia misteriosamente nell'essere delle cose ed in una intelligibilità decifrabile[91]. A quest'ultimo modo di rapportarsi col cosmo soggiace «una piccola, ma sempre grande lezione di catechismo»[92] – spiegava Paolo VI – «per imparare ad ammirare e a celebrare in noi il Dio parlante nel muto linguaggio della natura, della terra e del cielo»[93]: «*Nihil sine voce est*» ricorda san Paolo (1Cor 14,10b). Partendo da questa asserzione, anche il Pontefice affermava che era in grado di parlare a chi sapeva ascoltare e decifrare i segreti della natura[94].

> Osservate il panorama del cielo e del mondo; misurate, se potete, la vastità; fatevi un concetto della densità di reale, di vero, di nascosto che vi è contenuta; provate un brivido di meraviglia alla grandezza sconfinata, che abbiamo davanti; affermate la distinzione irriducibile fra Dio Creatore e il mondo creato, e insieme riconoscete, confessate, celebrate l'inscindibile necessità che unisce la creazione al suo Creatore[95].

Il Pontefice invitava l'umanità a non vivere con superficialità i progressi compiuti in ambito aerospaziale, ma a considerarli come «una sorgente di pensieri, di questioni, di spiritualità»[96]. L'ammirazione per quanto stava accadendo e per quanto si stava scoprendo avrebbe dovuto, secondo Paolo VI, aprirsi ad una riflessione capace d'aiutare l'uomo a scoprire la sua vera identità, 'svelandone quell'elemento divino' insito nella sua stessa natura, in ragione dell'azione creatrice di Dio e di quel destino ultimo cui ogni essere umano è chiamato[97]. «Ancor più che la faccia della Luna, la faccia dell'uomo s'illumina davanti a noi [...] V'è qualche cosa nell'uomo che supera l'uomo, v'è un riflesso che sa di mistero, che sa di divino»[98].

Papa Montini considerava il mondo come un libro, la cui lettura, fatta con perizia e rigore scientifico, avrebbe dispiegato dinanzi allo studioso

---

[91] Cfr. PAOLO VI, *Beatitudine di una supervisione* (01.08.1971), *Ins*. IX (1971), 661-662.

[92] PAOLO VI, *Dono immenso e perfetto* (16.07.1969), *Ins*. VII (1969), 495. Lo scoperta del mondo creato può servire da sprone per la vita spirituale dell'uomo, in quanto lo aiuta a cogliere la presenza di Dio nel mondo ed a considerare la realtà come una creazione di Dio.

[93] PAOLO VI, *Beatitudine di una supervisione* (01.08.1971) *Ins*. IX (1971), 662.

[94] Cfr. PAOLO VI, *La vita del cristiano* (20.04.1975), *Ins*. XIII (1975), 329.

[95] PAOLO VI, *Dono immenso e perfetto* (16.07.1969) *Ins*. VII (1969), 495-496.

[96] PAOLO VI, *La fede* (23.07.1969), *Ins*. VII (1969), 502. «L'astronomia è sempre stata una grande maestra di pensiero» (PAOLO VI, *Riflesso divino nell'uomo* [21.05.1969], *Ins*. VII [1969], 489).

[97] Cfr. PAOLO VI, *I vaticini millenari* (13.07.1969), *Ins*. VII (1969), 493-494.

[98] PAOLO VI, *Riflesso divino nell'uomo* (21.05.1969), *Ins*. VII (1969), 491.

l'orizzonte della preghiera e del senso religioso della vita[99]. Anche nel suo testamento spirituale il Pontefice, con cenni autobiografici, parlò della capacità di meravigliarsi di fronte al creato:

> Né meno degno d'esaltazione e di felice stupore è il quadro che circonda la vita dell'uomo: questo mondo immenso, misterioso, magnifico, questo universo dalle mille forze, dalle mille leggi, dalle mille bellezze, dalle mille profondità. È un panorama incantevole. Pare prodigalità senza misura. Assale, a questo sguardo quasi retrospettivo, il rammarico di non aver osservato quanto meritavano le meraviglie della natura, le ricchezze sorprendenti del macrocosmo e del microcosmo. Perché non ho studiato abbastanza, esplorato, ammirato la stanza nella quale la vita si svolge? Quale imperdonabile distrazione, quale riprovevole superficialità![100]

3. Una ricerca continua della Verità

Colui che intraprende la via della ricerca scientifica è mosso, oltre che dallo stupore e della meraviglia che suscita in lui il creato, anche dalla tensione verso ciò che è vero. Questo anelito, di carattere universale, è rintracciabile fin dai prodromi della scienza moderna, come attestano alcuni scritti dello stesso Galileo[101]. Questo desiderio di verità nasce dall'esigenza di ricercare una sempre maggiore corrispondenza tra le conoscenza raggiunta dall'uomo e la realtà delle cose[102]: esso è il principio

---

[99] Cfr. PAOLO VI, *Beatitudine di una supervisione* (01.08.1971), *Ins.* IX (1971), 662; «Voi tutti avete certamente seguito, con apprensione e poi con gioia, lo svolgimento di questa straordinaria impresa. E senza dubbio avrete a cuore di salutare calorosamente con noi i valorosi astronauti che sono sfuggiti ai pericoli di questo grande volo e di rendere omaggio a tutti coloro che con i loro studi, la loro opera, la loro autorità hanno ancora una volta manifestato agli occhi del mondo la potenza illimitata delle scienze e della tecnica moderna. Insieme a noi, voi innalzerete anche un inno di riconoscenza a Dio, creatore dell'universo e padre degli uomini, che anche per queste strade vuol essere cercato e trovato dall'uomo, e da lui adorato e amato» (PAOLO VI, *Le indagini sul cosmo* [18.04.1970], 181: [*Ins.* VIII [1970], 332]).

[100] P. MACCHI, ed., *Nell'intimità di Paolo VI*, 15-16.

[101] «Voglio pertanto inferire che, se bene indarno si tenderebbe l'investigazione della sustanza delle macchie solari, non resta però che alcun loro affezioni, come il luogo, il moto, la figura (...) non possino da noi essere apprese, ed esserci poi mezzi a poter meglio filosofare intorno ad altre condizioni delle sustanze; le quali poi finalmente sollevandoci all'ultimo scopo delle nostre fatiche, cioè all'amore del divino artefice, ci conservino la speranza di poter apprender in Lui, fonte di ogni luce e verità, ogn'altro vero» (G. GALILEI, «Terza lettera», 186-239).

[102] Parmènide di Elea per primo ha individuato tale struttura relazionale della verità, codificata poi nella formulazione medioevale «*adaequatio rei et intelectus*» di Isaac Israeli ben Solomon, filosofo e medico egiziano di cultura ebraica (855-955), tesa ad indicare che la verità consiste nella corrispondenza e nell'accordo, tra la realtà e la sua

fondamentale del metodo sperimentale. Tendere alla verità non soltanto anima il percorso di ricerca dello scienziato, ma gli 'conferisce quell'energia' necessaria per superare quelle difficoltà che inevitabilmente insorgono quando la ricerca diventa faticosa o l'entusiasmo iniziale va progressivamente scemando[103].

Il messaggio finale del Concilio Vaticano II, che Paolo VI volle rivolgere in modo particolare a coloro che erano incamminati sulla strada della ricerca scientifica, ribadiva che la causa e, nel contempo, l'obiettivo di questa ricerca doveva essere la tensione verso la verità:

> Un saluto specialissimo a voi, ricercatori della verità, a voi, uomini di pensiero e di scienza [...] Anche per voi, dunque noi abbiamo un messaggio, ed è questo: continuate a cercare, senza mai rinunciare, senza mai disperare della verità! Ricordate le parole di un vostro grande amico, Sant'Agostino: «Cerchiamo con il desiderio di trovare, e troviamo con il desiderio di cercare ancora». Felici sono coloro che, possedendo la verità, la continuano a cercare, per rinnovarla, per approfondirla, per donarla agli altri. Felici coloro che, non avendola trovata, marciano verso essa con cuore sincero: che essi cerchino la luce futura con i lumi d'oggi, fino alla pienezza della luce![104]

In Occidente, l'evoluzione della scienza, soprattutto negli ultimi secoli, ha purtroppo mostrato come nella ricerca questo anelito verso la verità possa anche progressivamente affievolirsi fino a scomparire totalmente, lasciando il posto ad altre 'meno nobili' motivazioni[105], come, ad esempio, il tornaconto economico. Consapevole di tali fraintendimenti e derive, Paolo VI, durante il suo pontificato, avvertì il bisogno di suggerire alcune linee di condotta ed alcuni principi capaci di sostenere ed indirizzare gli studiosi nell'autentica ricerca della verità.

Sin dal primo intervento alla Pontificia Accademia delle Scienze, come abbiamo già ricordato, Paolo VI invitò ripetutamente gli scienziati a ricercare con fiducia la verità e ad «obbedire soltanto alle leggi della

---

rappresentazione linguistica e concettuale (Cfr. A. ALTMANN – S. M. STERN, *Isaac Israeli*, 59). Per cercare di definire il concetto di verità, Tommaso d'Aquino si avvale di diverse definizioni, mutuate da S. Agostino, Avicenna, S. Anselmo e altri (cfr. I Sent., d. 19, q. 5, a. 1; De Ver., q. 1, a. 2), ritenendo, però, che dal punto di vista logico-gnoseologico la definizione migliore sia la formula attribuita ad Isaac Israeli ben Solomon: «*Isaac dicit, in libro De Definitionibus, quod veritas est adaequatio rei et intellectus*» (TOMMASO D'AQUINO, *Summa Theologiae*, I, q. 16 a. 2).

[103] Cfr. M. GARGANTINI, *I Papi & la Scienza*, 31.

[104] CONCILIO VATICANO II, *Messaggio agli uomini di scienza* (08.12.1965), in *EV* 1/487*; 490*.

[105] Cfr. M. GARGANTINI, *I Papi & la Scienza*, 31-32.

Studium [...] vuol dire «cercare con amore» la verità. Anche perché la Verità, genetica, congeniale e terminale, perseguita in questo sforzo intellettuale, era ed è non solamente quella scientifica e nemmeno, per sé, quella filosofica, con i suoi drammi e le sue scoperte; era lo Spirito, lo Spirito di Verità, lo Spirito che la fede ci dice essere il Maestro interiore, lo Spirito di Cristo, la vera luce che «illumina ogni uomo che viene a questo mondo» (Cfr. *Io.* 1, 9)[116].

Con l'Aquinate Paolo VI, condivideva anche il desiderio di raccogliere quella 'lezione di fiducia nella verità' propria del cattolicesimo; un desiderio che manifestò nel discorso tenuto a Fossanova il 14 settembre 1974, in occasione del settimo centenario della morte del Dottore Angelico: «Maestro Tommaso, quale lezione ci puoi dare? [...] La fiducia nella verità del pensiero religioso cattolico, quale da lui fu difeso, esposto, aperto alla capacità conoscitiva della mente umana»[117].

3.2 *Il travaglio del leggere una verità dentro la Verità*

Anche se – come ribadisce l'Aquinante – la verità esiste nell'universo e nelle cose perché la verità è in Dio che le ha create[118], per lo scienziato la ricerca del vero può risultare alquanto faticosa. Risultano, quindi, legittime allora le domande che lo stesso Paolo VI poneva agli uomini di scienza in un discorso del 1966:

La Chiesa domanda: che valore ha, esattamente, la ricerca scientifica? Fino a dove arriva? Esaurisce tutta la realtà, o piuttosto non ne è che un segmento, quello delle verità che possono essere colte con procedimenti scientifici? E queste stesse verità, giustamente così care agli uomini di scienza, sono almeno definitive? O non saranno detronizzate domani da qualche nuova scoperta?[119]

---

[116] PAOLO VI, *Sintesi vissuta* (FUCI) (28.06.1971), *Ins.* IX (1971), 586; Cfr. ID., *L'esatto pluralismo* (14.05.1969), *Ins.* VII (1969), 956.

[117] PAOLO VI, *Essere tutti appassionati della verità* (14.09.1974), *Ins.* XII (1974), 833-834; «Fiducia, perché l'opera sua si attesta nella storia del pensiero, sia filosofico, che teologico, come una sintesi di ciò che altri sommi maestri, prima di lui, hanno studiato e lasciato in eredità alla cultura universale: egli ha assimilato il tesoro di sapere più significativo del suo tempo (ch'è tempo incomparabile per ampiezza e per acutezza di studio speculativo); lo ha qualificato con il più rigoroso intellettualismo, quello aristotelico, che senza disconoscere altre supreme forme della conoscenza, come quella neoplatonica agostiniana, sembra metterlo in sintonia con la nostra rigorosa mentalità scientifica moderna; lo ha sottoposto senza pregiudizi alla discussione dialettica d'un'onesta e stringente razionalità; lo ha perciò aperto ad ogni possibile acquisizione progressiva, reclamata che sia dalla scoperta d'un'ulteriore verità» (*Ibid.*).

[118] Cfr. TOMMASO D'AQUINO, *In I Periherm.*, lect. 3, n. 28-29.

[119] PAOLO VI, *Discorso* (23.04.1966), 168 (*Ins.* IV [1966], 198).

Sollevando questi interrogativi il Pontefice non voleva mettere in dubbio il valore del metodo scientifico, ma piuttosto intendeva ricordare che quello che lo scienziato considera come verità di una realtà, essa rappresenta una parte, misurabile, di ciò che non sempre può essere ricondotto al parziale o al misurabile. Le conoscenze che l'uomo raggiunge attraverso la ricerca scientifica devono riconoscersi entro un Vero più ampio ed onnicomprensivo, che non può essere creato dall'uomo, ma che è frutto della Rivelazione divina.

Per questo motivo, la Chiesa vuole essere 'amica' e 'sostegno' nella loro vocazione di ricercatori; alleata delle loro fatiche; ammiratrice delle loro conquiste e, se necessario, consolatrice nei momenti di scoraggiamento o di fallimento[120]. La Chiesa può farsi portatrice di questa consolazione aiutando il ricercatore a considerare la verità scoperta nell'orizzonte dell'unica e sola Verità. Lo scienziato spende la propria vita a cercare di leggere e comprendere il 'grande libro della natura'; la Chiesa ha ricevuto e custodisce un 'altro Libro' che svela i pensieri di Dio sul mondo. Due libri, che però non sono in contraddizione. La Sacra Scrittura, infatti, può fornire la risposta a quei quesiti fondamentali che la scienza non può offrire, aiutando l'uomo ad accostarsi a Colui che è la Verità[121]. Paolo VI, inoltre, rinnovò l'invito rivolto agli scienziati dal Concilio Vaticano II ad avere fiducia nella fede, la 'grande amica dell'intelligenza'. Lasciandosi illuminare dalla sua luce, l'uomo può conseguire la verità, anzi giungere alla Verità tutta intera[122].

3.3 *Fede e scienza a servizio della Verità*

Nella scia del Concilio Vaticano II, Paolo VI ribadì che fra la vera scienza e la vera fede sussisteva un accordo profondo, in quanto entrambe erano a servizio dell'unica verità[123]. Egli intravide, tra la professione scientifica e la missione che svolge la Chiesa, una affinità spirituale dal momento che, pur operando su piani ed in ambiti diversi, entrambe erano orientate verso la verità:

verità dell'ordine naturale, la vostra; verità dell'ordine naturale e soprannaturale, la nostra; ricerca la vostra in un campo scientifico, dove l'esperienza

---

[120] Cfr. CONCILIO VATICANO II, *Messaggio agli uomini di scienza* (08.12.1965), in *EV* 1/489*.

[121] Cfr. PAOLO VI, *Discorso alla Pontificia Accademia delle Scienze* (23.04.1966), 170: (*Ins.* IV [1966], 201).

[122] Cfr. CONCILIO VATICANO II, *Messaggio agli uomini di scienza* (08.12.1965), in *EV* 1/493*.

[123] Cfr. PAOLO VI, *Discorso* (14.10.1966), *Ins.* IV (1966), 499.

sensibile e la ragione trovano il loro impiego e donde ricavano le loro cer-
tezze; ricerca la nostra per le vie della conoscenza storica, speculativa, teologica[124].

Tale affinità venne ulteriormente approfondita dal Pontefice in riferimento ad 'una triplice dimensione' propria di coloro che, sia in ambito
scientifico che in quello religioso, erano impegnati nella ricerca della verità. Ciascuno nel proprio campo d'azione, si era comunque chiamati ad
essere: 'discepoli' dell'unica verità; 'maestri' di verità così da poterla
comunicare agli altri e, infine, 'cultori' della verità stessa[125].

Il percorso di colui che ricerca la verità rimane impegnativo, ma Paolo
VI, riprendendo un passaggio di Sant'Agostino – ricordava che, pur nelle
difficoltà, l'autentico ricercatore non veniva mai abbandonato dall'unico
Maestro:

> Affinché [l'uomo] camminasse con maggior fiducia verso la verità, la Verità
> stessa, Dio Figlio di Dio, fattosi uomo, senza cessare di essere Dio, stabilì
> [...] e fondò la fede, perché il cammino dell'uomo verso Dio fosse aperto
> all'uomo attraverso l'Uomo Dio[126].

4. Purificare la scienza dalle ideologie

Qualora la scienza scegliesse di non tendere più verso la Verità, si ver-
rebbe a creare un 'vuoto' che aprirebbe il varco al proliferare delle ideologie. Tale rischio venne già avvertito da Pio XII, tanto che in occasione
di un incontro con professori e studenti universitari francesi ricordò che:

> i diritti della ragione e il progresso del sapere non hanno alcuna minaccia
> da temere da parte della fede. Il loro nemico non è certo Dio; lo sono invece
> tutti coloro che, in un modo o nell'altro, hanno rinnegato o messo da parte
> Dio per porre al suo posto un idolo. E chi oserebbe negare che il nostro
> tempo scivola pericolosamente sulla china che lo porta al culto di false di-
> vinità, il cui servizio è incompatibile con la libertà morale e la dignità dello
> scienziato?[127]

Anche i Padri conciliari intravidero nel progresso disordinato delle
scienze e della tecnica, un 'pericolo non indifferente' per l'uomo. «L'ec-
cessiva fiducia nel progresso della scienze naturali e della tecnica» (AA
7) poteva, infatti, promuovere lo sviluppo di un certo empirismo ed

---

[124] PAOLO VI, *Luce di fede e morale* (29.10.1966), *Ins*. IV (1966), 521.

[125] Cfr. PAOLO VI, *Luce di fede e morale* (29.10.1966), *Ins*. IV (1966), 522.

[126] AGOSTINO, *De civitate Dei*, XI, 2: PL 41, 318. Cfr. PAOLO VI, *Riconoscere ed esaltare* (12.06.1968), *Ins*. VI (1968), 819.

[127] PIO XII, *Discorso* (10.04.1950), AAS 42 (1950), 396.

agnosticismo, portando l'uomo a pensare di poter «bastare a se stesso» (GS 57) ed orientandolo «verso una specie di idolatria delle cose temporali» (AA7), finendo col diventarne schiavo.

Paolo VI cercò, col suo magistero, di aiutare il ricercatore a difendersi dalle minacce delle ideologie che oscurano e soffocano la scienza stessa. In un'udienza del mercoledì, il Pontefice, citò il giurista e filosofo italiano Sergio Cotta per ribadire il concetto che «lo spazio da cui la fede è scacciata non è occupato dalla ragione, ma dall'irrazionalità più sbrigliata e sicura di se»[128], da un mediocre e servile conformismo ideologico. La presunta opposizione fra scienza e fede, sostenuta da una certa mentalità materialista ed atea, avrebbe dovuto arrendersi alle esigenze della scienza stessa «la quale, quanto più si dilata e si afferma, tanto più deve riconoscere la crescita del mistero in cui è immerso il campo delle sue esplorazioni»[129].

4.1 *Ateismo*

Se in passato il fenomeno dell'ateismo era percepito e giudicato negativamente, in quanto privo di un elemento che si riteneva essere costitutivo della società (la fede) nel presente – rilevava Paolo VI – esso veniva considerato «come un progresso, come una liberazione da una mentalità mitica e primitiva»[130]. Si guardava con un certo favore a questa mentalità ateista, protesa verso una conoscenza meramente razionalistica e sperimentale, che si riteneva in grado di poter offrire una risposta definitiva ed esaustiva «alla ricerca affamata dello spirito umano»[131]. Non solo, ma la società credeva che fosse necessario ed indispensabile fissare questo limite di carattere immanentista al pensiero e all'esperienza dell'uomo moderno. Il Pontefice, pertanto, in diverse occasioni, ricordò ai credenti che la 'sola scienza empirica non poteva bastare'[132]; che non si poteva precludere al pensiero l'accesso alla sfera della metafisica e della mistica:

> Chi vuole non mortificare la ragione nei confini dei suoi trattati convenzionali deve ammettere la necessità e la gioia di trascenderli per cercare almeno, o per sperimentare, e godere se possibile, l'incontro con una Sapienza, con un Verbo[133].

---

[128] Paolo VI, *Rigenerazione del pensiero* (14.11.1973), *Ins.* XI (1973), 1090.
[129] Paolo VI, *Rigenerazione del pensiero* (14.11.1973), *Ins.* XI (1973), 1090.
[130] Paolo VI, *Cerchiamo di far nostro* (02.06.1976), *Ins.* XIV (1976), 440.
[131] Paolo VI, *La continua ardente ricerca di Dio* (20.11.1968), *Ins.* VI (1968), 1025.
[132] Cfr. Paolo VI, *Necessità della preghiera* (10.10.1973), *Ins.* XI (1973), 969.
[133] Paolo VI, *Cerchiamo di far nostro* (02.06.1976), *Ins.* XIV (1976), 440.

Lo scienziato che escludesse Dio, colui che è il termine della ricerca, colui verso il quale l'uomo è costitutivamente rivolto, finirebbe per menomare ed annichilire lo stesso essere umano. In tale frangente, secondo il Pontefice, sarebbe più appropriato parlare della «morte dell'uomo»[134], anziché propagandare una presunta 'morte di Dio'[135]. Questa 'morte dell'uomo' si realizza ogniqualvolta che un'ideologia cerca di restringere il campo del conoscibile soltanto a ciò che può essere oggetto di un'indagine scientifica. Paolo VI denunciò l'erroneità, a livello di metodo e di contenuto, di questa impostazione, «la quale vuole restringere la conoscenza umana soltanto nella sfera materialistica, atea perciò, e a finalità puramente temporali e edoniste»[136]. Un'ideologia di tal sorta impedisce il 'processo di ascensione dello spirito' ed 'anestetizza' quelle aspirazioni profonde insite nell'uomo, «limitandogli l'orizzonte alle cose esterne e sensibili, al livello pur degno, ma chiuso e insufficiente dei beni temporali, illudendolo così con precarie e insufficienti felicità»[137].

4.2 *Riduzionismo scientifico*

Un ulteriore rischio causato dalle ideologie sta nel voler cercare di ridurre la sfera della razionalità alla mera razionalità di carattere scientifico. Così facendo, secondo Paolo VI, non solo si ostacola l'autentico progresso della ricerca e della conoscenza scientifica, ma si propagandano e si assolutizzano le legittime prerogative della scienza come contraddittorie ed inconciliabili con i dogmi della fede.

Ma questo criterio [...] fa della così detta secolarizzazione un 'secolarismo', dell'attività laica un laicismo, della scienza critica e positiva una demitizzazione sistematica e un neo-positivismo con tendenze puramente fenomenologiche (cfr. lo strutturalismo), dello studio profano un'aggressiva desacralizzazione; cioè tende a ridurre l'area della cultura entro i confini delle possibilità utili e pratiche, a togliere da ogni campo del sapere e dell'azione dell'uomo il pensiero di Dio[138].

---

[134] PAOLO VI, *La continua ardente ricerca di Dio* (20.11.1968), *Ins.* VI (1968), 1026.

[135] Cfr. F. NIETZSCHE, «La gaia scienza, aforisma 125», in U. A. PADOVANI, ed., *Grande Antologia Filosofica*, XXV, 213-214.

[136] PAOLO VI, *Rigenerazione del pensiero* (14.11.1973), *Ins.* XI (1973), 1091; Cfr. ID., *Ogni progresso conduca a Dio* (02.08.1964), *Ins.* II (1964), 1016.

[137] PAOLO VI, *La continua ardente ricerca di Dio* (20.11.1968), *Ins.* VI (1968), 1026.

[138] PAOLO VI, *La continua ardente ricerca di Dio* (20.11.1968), *Ins.* VI (1968), 1025-1026.

Scrivendo al Presidente della Commisione *Iustitia e pax*, in occasione dell'ottantesimo anniversario della *Rerum Novarum*, Paolo VI spiegava che in un mondo dominato dal mutamento scientifico e tecnico vi era il rischio non soltanto che il mondo venisse trascinato verso un nuovo positivismo, ma che anche «l'uomo, dopo essersi applicato a sottomettere razionalmente la natura, [venisse a trovarsi] come imprigionato egli stesso nella morsa della sua razionalità»[139]. Tale riduzionismo scientifico avrebbe cercato di proporre una spiegazione dell'uomo e dei fatti umani, considerandoli non nella loro totalità, ma soltanto a partire da dati parziali ed empiricamente misurabili. Infatti, «è evidente che ogni disciplina scientifica non potrà afferrare, nella sua specificità, che un aspetto parziale, sia pur vero, dell'uomo; la totalità e il significato le sfuggono»[140]. Paolo VI ribadì con fermezza nell'enciclica *Popolorum progressio* che la Chiesa era in grado di aiutare la scienza, offrendole quanto di più prezioso essa possedeva, ossia «una visione globale dell'uomo e dell'umanità»[141].

4.3 *L'assolutizzazione della scienza e l'idolatria dello strumento*

La 'morte dell'uomo' può venire causata dall'assolutizzazione della scienza[142] ed anche dall'idolatria dello strumento[143]: esse inducono nell'uomo un senso di egoistica autosufficienza, che lo rende incapace di riconoscere e di valorizzare tutto quanto attiene alla sua dimensione spirituale.

Paolo VI manifestò la propria preoccupazione in tal senso durante una visita ad un importante stabilimento chimico-farmaceutico di Roma. Egli affermò che l'uomo, capace di compiere azioni mirabili, frutto del suo impegno nella ricerca e dell'applicazione del progresso in campo tecnico-scientifico, poteva correre il rischio di tramutare la legittima soddisfazione per le mete raggiunte in orgoglio, presumendo così di poter «bastare a se stesso e che la ragione può essere soddisfatta dai risultati da una mentalità che potremmo definire matematica»[144]. Lo scienziato ed il ricercatore – secondo Paolo VI – non avrebbero dovuto accontentarsi di mero ed effimero senso di autocompiacimento e di 'autoesaltazione'[145] per i risultati del loro lavoro.

---

[139] PAOLO VI, *Octogesima adveniens* (14.05.1971), n. 38, in *EE* 7/1486.
[140] PAOLO VI, *Octogesima adveniens* (14.05.1971), n. 40, in *EE* 7/1488.
[141] PAOLO VI, *Populorum progressio* (26.03.1967), n. 13, in *EE* 7/942.
[142] Cfr. PAOLO VI, *Cerchiamo di far nostro* (02.06.1976), *Ins.* XIV (1976), 440.
[143] Cfr. PAOLO VI, *Giorno grande e storico* (20.07.1969), *Ins.* VII (1969), 497.
[144] PAOLO VI, *Visita ad un importante stabilimento* (24.02.1966), *Ins.* IV (1966), 992.
[145] Cfr. PAOLO VI, *La pacifica gara* (29.04.1965), *Ins.* III (1965), 919.

«l'uomo può organizzare la terra senza Dio, [*ma*] senza Dio egli non può alla fine che organizzarla contro l'uomo. L'umanesimo esclusivo è un umanesimo inumano»[157].

Non v'è dunque umanesimo vero se non aperto verso il Trascendente, l'Assoluto, nel riconoscimento d'una vocazione, capace di dare senso e pieno compimento alla vita umana[158]. Se la scienza vuole 'ri-conquistare le sue ali', la sua azione deve orientarsi nell'ottica di 'quell'umanesimo plenario' di cui parlava Paolo VI. Soltanto così essa, scevra da ogni tipo di ideologia, potrà veramente porsi al servizio dell'uomo e dell'intera società.

5. Scienza in crisi?

L'ambiente culturale europeo, nella seconda metà del XIX secolo, era caratterizzato da una visione positivistica della scienza, nella convinzione che soltanto attraverso il metodo scientifico l'uomo poteva aspirare a raggiungere una conoscenza certa del mondo. Le conquiste tecnologiche legate al progresso scientifico, prospettavano un futuro di benessere e di prosperità per tutta l'umanità. Tuttavia, già nel 1935, il filosofo e matematico Edmund Husserl, nell'opera *La crisi delle scienze europee e la fenomenologia trascendentale: introduzione alla filosofia fenomenologica* si chiedeva: «Esiste veramente una crisi delle scienze, malgrado i loro continui successi?»[159]

Husserl, rispondendo affermativamente a questa domanda, vedeva la causa della crisi delle scienze europee, e, più in generale, di tutta quanta l'epoca moderna, nell'abbandono dell'obiettività da parte della stessa scienza, in favore di una razionalità di stampo tecnico-utilitaristica[160]. In questo contesto, l'autore criticò il concetto di 'ragione scientifica', vale a dire quella ragione incapace di cogliere l'originalità dell'esistenza umana nella sua individualità e libertà, riducendo l'uomo ad un 'semplice oggetto tra altri oggetti'[161]. Secondo Husserl

---

del quadro della nostra immediata esperienza» (G. B. MONTINI, «Omelia (15.08. 1961)», in *DiscScMi*, III, 4545-4552).

[157] Cfr. H. DE LUBAC, «Le drame de l'humanisme athée, [Paris 1945], 10», citato in PAOLO VI, *Populorum progressio* (26.03.1967), n. 42, in *EE* 7/971.

[158] Cfr. PAOLO VI, *Populorum progressio* (26.03.1967), n. 42, in *EE* 7/971.

[159] E. HUSSERL, *La crisi delle scienze*, 33.

[160] Cfr. A. MAROCCO, «Logos», 185-197 (on-line): http://www.seer.ufu.br/index. php /EducacaoFilosofia/article/viewFile/1974/1648 (accesso: 11.05.2014).

[161] «L'esclusività con cui, nella seconda metà del XIX secolo, la complessiva visione del mondo dell'uomo moderno accettò da un lato di venir determinata dalle

le scienze contemporanee, nel loro oggettivismo, avevano perso il loro 'significato per la vita'[162].

Come conseguenza di tale perdita, a causa di alcune 'funeste derive' causate dalla scienza si insinuò nella società il dubbio riguardo l'effettiva capacità della scienza stessa di rispondere adeguatamente ai bisogni dell'uomo ed anche circa il reale contributo che essa poteva offrire alla collettività.

5.1 *Il bisogno di una 'metamorfosi della scienza'*

Quasi 50 anni dopo la pubblicazione della tesi di Husserl, il premio Nobel per la chimica, Ilya Prigogine, nel 1982, in un saggio scritto in collaborazione con André Danzin, rilevava che la società, pur avvertendo un certo disagio in ragione della separazione della scienza dal 'significato per la vita', continuava però ad essere influenzata e, nel contempo a promuovere, una ricerca scientifica e tecnica qualificata e rigorosa. L'autore, nella sua analisi, trovava inspiegabile il fatto che mentre gli uomini di scienza avanzavano nell'ambito della ricerca, essi cercassero, nel contempo, di circoscrivere sempre più il loro impegno e la loro analisi entro settori tecnici limitati e specifici, escludendo ogni apporto di carattere filosofico o metafisico[163].

Per cercare di superare questa crisi della 'parcellizzazione' del sapere scientifico, Prigogine auspicava una 'metamorfosi della scienza', attraverso la quale potesse ritornare «alla capacità di passare, con un incrocio di conoscenze, da una specialità all'altra, e soprattutto, di compenetrare le conoscenze sulle leggi fisiche e biologiche con i valori culturali»[164].

Per meglio comprendere la condizione in cui si trovava la scienza, stigmatizzata da Husserl e da Prigogine, essa andrebbe esaminata in relazione al contesto, molto più ampio, della situazione in cui versava l'intera società moderna. Cercheremo di farlo, seppur brevemente, conside-

---

scienze positive e si lasciò dall'altro abbagliare dalla "prosperity" che ne derivava, significò un allontanamento da quei problemi che sono decisivi per un'umanità autentica. Le mere scienze di fatti creano meri uomini di fatto» (E. HUSSERL, *La crisi delle scienze europee*, 35).

[162] Cfr. E. HUSSERL, *La crisi delle scienze europee*, 34*ss*.

[163] «Invece di ammettere la globalità di tutta l'attività dell'uomo, di riconoscere come fondamentale il principio della inseparabilità della parte dal tutto, la maggior parte degli scienziati tendevano a circoscrivere i loro sforzi a settori tecnici limitati, col pretesto che soltanto in questa condizione di concentrazione potevano rispettare il principio della obiettività» (I. PRIGOGINE – A. DANZIN, «Quale scienza per domani?», 6).

[164] Cfr. I. PRIGOGINE – A. DANZIN, «Quale scienza per domani», 6.

rando le intuizioni ed il pensiero di Romano Guardini e di Jacques Maritain. Questi due filosofi, conosciuti e stimati dallo stesso Paolo VI, possono suggerirci alcune chiavi di lettura per meglio leggere ed interpretare l'epoca moderna.

5.2 *«La fine dell'epoca moderna»*

Abbiamo deciso di prendere in considerazione l'opera *La fine dell'epoca moderna* di Romano Guardini (1950), in quanto qui l'autore, presentava, sinteticamente ed organicamente, le principali caratteristiche del XX secolo. Secondo lui, il passaggio dal Medio Evo all'epoca moderna fu caratterizzato da un mutato atteggiamento culturale nei confronti del cristianesimo. Mentre nel Medio Evo quest'ultimo aveva ricoperto una posizione ed un ruolo preminente, contribuendo in modo fattivo allo sviluppo culturale e all'edificazione della società[165], fin dall'inizio, l'epoca moderna è stata connotata da uno 'spirito non cristiano', se non addirittura 'anticristiano'.

> La verità della Rivelazione cristiana viene messa in dubbio sempre più profondamente; la sua validità per la formazione e la condotta della vita viene posta in discussione in forma sempre più perentoria. In particolare la mentalità dell'uomo colto si contrappone alla Chiesa in modo sempre più deciso. Sempre più ovvia e naturale appare la nuova pretesa che i diversi campi dalla vita, politica, economia, ordine sociale, filosofia, educazione, ecc. debbano svilupparsi muovendo unicamente dalle proprie norme immanenti[166].

L'impegno della Chiesa nell'aiutare l'uomo ad accedere alle Verità rivelate ed a relazionarsi con Dio è stato faziosamente interpretato dalla modernità come un abuso, come una sorta di prevaricazione. Tale posizione trovò un così largo consenso all'interno della società che gli stessi credenti finirono per accoglierla, accettando come 'normale' la netta ed irriducibile separazione tra i due ambiti. Guardini, nella sua opera, evidenziava come la maggior parte dei cristiani avesse accolto quella logica secondo la quale «le cose della religione costituiscano un settore a sé ed altrettanto le cose del mondo; ogni settore deve adottare la forma che conviene alla sua natura, e deve lasciare che il singolo viva in un campo e nell'altro nella proporzione che preferisce»[167].

Tale atteggiamento, secondo il nostro autore, portava, da un lato, ad una esistenza 'profana, autonoma ed avulsa' da ogni influenza cristiana

---

[165] Cfr. R. GUARDINI, *La fine dell'epoca moderna*, 21-22.
[166] R. GUARDINI, *La fine dell'epoca moderna*, 93-94.
[167] R. GUARDINI, *La fine dell'epoca moderna*, 94.

diretta e, dall'altro, originava un cristianesimo che accettava l'autonomia erroneamente concepita tra le due realtà. Egli rilevava che «come si sviluppa una scienza puramente scientifica, una economia puramente economica, una politica puramente politica, così si sviluppa anche una religiosità puramente religiosa»[168]. Una religiosità del genere «perde sempre più i suoi rapporti diretti con la vita concreta, diviene sempre più povera di contenuto, si limita in modo sempre più esclusivo ad una dottrina e ad una prassi puramente religiose e non ha più, per molti, altro significato se non quello di dare una consacrazione religiosa ad alcuni momenti culminanti dell'esistenza: nascita, nozze, morte»[169]. Chiudendosi alla relazione col Trascendente, alcune attività tipicamente umane, quali, ad esempio, la scienza, la politica, l'economia, e l'arte, finirono col voler ricercare in se stesse il proprio fondamento ultimo[170].

5.3 «Distinguere per unire. I gradi del sapere» – «Umanesimo integrale»

Questa separazione fra le varie forme della conoscenza impediva all'uomo di giungere a quello che Jacques Maritain – molto vicino a Paolo VI[171] – definiva come 'l'autentico sapere'. Il filosofo francese, rileggendo e ripresentando, il pensiero dell'Aquinate, fornì gli strumenti epistemologici ed etici per misurarsi con i grandi problemi del Novecento, nel confronto con la modernità[172].

Nell'opera Distinguere per unire. I gradi del sapere (1932), ritenuta come uno dei saggi filosofici più importanti del XX secolo[173], l'autore proponeva il 'realismo critico'[174] come risposta ad un sapere 'lacero' a causa della separazione dalla metafisica e 'segnato indelebilmente' dallo sviluppo tecnico-scientifico. Il realismo integrale propugnato da Maritain avrebbe voluto tracciare un nuovo cammino, contrapponendosi

---

[168] Cfr. R. GUARDINI, La fine dell'epoca moderna, 94.

[169] R. GUARDINI, «La fine dell'epoca moderna», 94.

[170] Cfr. R. GUARDINI, La fine dell'epoca moderna, 34-39.

[171] Cfr. P. VIOTTO, Grandi amicizie, 147- 156.

[172] Cfr. G. GALEAZZI, «La formazione culturale e religiosa», 37-40.

[173] «Si può perciò facilmente osservare come questo testo sia di fatto unico nel panorama del pensiero contemporaneo, dal momento che è impossibile trovare nel Novecento un'opera filosofica che effettui una così ampia ricognizione critica sul sapere, capace di spaziare dalle scienze naturali alla contemplazione interiore, dalla fisica moderna alla filosofia della natura, dalla biologia all'ontologia, dall'epistemologia alla teologia, proiettandosi addirittura in quel sapere incomunicabile che soltanto l'estasi mistica può cogliere» (R. TIMOSSI, «Orientamento Bibliografico»).

[174] Cfr. J. MARITAIN, Distinguere per unire, 97-167.

ad una visione meramente materialistica e naturalistica dello stesso realismo[175].

Nell'opera *Umanesimo integrale* (1936), Maritain elaborò la concezione di un umanesimo 'autentico ed integrale', capace di includere tutte le dimensioni della persona, salvaguardando la fondamentale distinzione (ma non separazione!) tra l'ambito spirituale e quello temporale. Qui, nella visione di Maritain, si originava il concetto di una 'sana laicità', della legittima autonomia delle varie discipline del sapere, ma anche dell'importanza del 'sacro' e del 'santo', come componenti irrinunciabili anche per la società globalizzata del nostro tempo[176].

5.4 *Un richiamo all'unità ed alla sintesi del sapere*

In un'epoca caratterizzata da una rapida e crescente evoluzione delle conoscenze e da una sempre più frenetica corsa verso la specializzazione, il sapere risulta frammentato: i vari ambiti sono sì interconnessi tra loro, ma senza un vero e proprio 'punto di convergenza'. I Padri del Concilio Vaticano II, nella *Gaudium et spes*, sottolinearono come di fronte alla progressiva specializzazione e frammentazione delle branche del sapere, l'uomo si ritrovasse sempre più impreparato per operare una sintesi adeguata dei contenuti delle diverse discipline.

> In quale maniera armonizzare una così rapida e crescente dispersione delle scienze particolari con la necessità di farne la sintesi, e di mantenere nell'uomo le facoltà della contemplazione e dell'ammirazione, che conducano alla sapienza? Che cosa fare affinché gli uomini di tutto il mondo siano resi partecipi dei beni della cultura, proprio quando la cultura degli specialisti diviene sempre più profonda e complessa? Come infine si deve fare per riconoscere come legittima l'autonomia che la cultura rivendica a se stessa senza cadere in un umanesimo puramente terrestre, anzi avverso alla religione? (GS 56)

Rilevando le varie antinomie che caratterizzavano la società, i Padri conciliari auspicavano che la cultura umana potesse progredire in modo da favorire lo sviluppo integrale della persona umana (cfr. GS 56).

Anche Paolo VI manifestò la propria preoccupazione per la frammentazione del sapere sottolineando, nel contempo, la particolare e missione cui era chiamata della Chiesa. Commentando il sopraccitato passo della *Gaudium et spes* di fronte ai partecipanti alla Settimana di Studio della Pontificia Accademia delle Scienze del 1966, il Pontefice ricordò che la

---

[175] Cfr. V. POSSENTI, Premessa a J. MARITAIN, *Distinguere per unire*, I-XXIX.
[176] Cfr. P. PAROLIN, «Jacques Maritain», *OR* (07.03.2014), 4.

seconda parte di questo documento conciliare (cfr. GS 46*ss*), poteva essere considerata come una sorta di 'esame di coscienza', rivolto non soltanto ai fedeli cristiani ma anche a coloro che erano impegnati alla ricerca scientifica, soffermandosi poi sull'invito rivolto dal Concilio ad elaborare una sintesi dei diversi saperi[177].

Nel breve paragrafo attinente a questa necessità (cfr. GS 56§4) – stando al commento di Paolo VI – si prendeva in considerazione sia il punto di vista del ricercatore, sia quello della Chiesa. Da una parte, infatti, si prendeva atto dell'esigenza propria dello scienziato di voler far progredire il sapere umano; dall'altra si considerava anche la preoccupazione della Chiesa, nel voler aiutare l'uomo ad elaborare una sintesi tra le varie discipline[178]. Quest'ultima, infatti, «ha come missione quella di salvaguardare l'armonia e l'equilibrio della creature razionale, di aiutarla ad elevarsi fino a questa sapienza superiore, proveniente dalla rivelazione divina di cui essa è depositaria»[179].

A causa di una 'frenetica e sistematica' parcellizzazione del sapere e di una progressiva 'assolutizzazione' dei risultati raggiunti, lo scienziato avrebbe potuto cercare di precludere all'uomo l'accesso alla sfera del trascendente[180]. Consapevole di tale rischio, Paolo VI invitò gli uomini di scienza ad abbandonare questa sorta di 'feudalismo scientifico', nella ricerca di un 'punto di convergenza' tra le varie branche del sapere:

> Ora questa specializzazione esclusivista, questa specie di feudalismo scientifico, tanto caratteristico nella cultura del nostro tempo, per comune testimonianza, ha bisogno di trovare qualche punto di convergenza delle varie discipline, ha bisogno di ritornare al confronto, alla comparazione delle varie scienze, e alla fine, ha bisogno di sintesi, ha bisogno d'una certa superiore unità, che il semplice accostamento enciclopedico non dà, ha bisogno d'una «summa» logicamente organica e moralmente vitale[181].

---

[177] Cfr. PAOLO VI, *Discorso* (23.04.1966), 168 (*Ins*. IV [1966], 198).

[178] «In comunione con le migliori aspirazioni degli uomini e soffrendo di vederle insoddisfatte, essa desidera aiutarli a raggiungere la loro piena fioritura, e a questo fine offre loro ciò che possiede in proprio: una visione globale dell'uomo e dell'umanità» (PAOLO VI, *Populorum progressio* (26.03.1967), n. 13, in *EE* 7/942).

[179] PAOLO VI, *Discorso* (23.04.1966), 168 (*Ins*. IV [1966], 198).

[180] «È evidente che ogni disciplina 'scientifica' non potrà afferrare, nella sua specificità, che un aspetto parziale, sia pur vero, dell'uomo; la totalità e il significato le sfuggono (...) queste scienze sono un linguaggio sempre più complesso, ma che dilata, più che non riempia, il mistero del cuore dell'uomo e non dà la risposta completa e definitiva al desiderio che sale dalle profondità del suo essere» (PAOLO VI, *Octogesima adveniens* (14.05.1971), n. 40, in *EE* 7/1488).

[181] PAOLO VI, *Discorso* (24.10.1963), *Ins*. I (1963), 256-257.

gli fornisce i mezzi per agire, la cultura lo arricchisce, facendolo familiare con il passato, radicandolo nel presente, e lo sprona verso il futuro. In questi tre livelli, i vostri mezzi di azione sono a servizio della grande famiglia umana[190].

Questa organizzazione si prefiggeva come finalità di «contribuire al mantenimento della pace e della sicurezza, rafforzando, attraverso l'educazione, la scienza e la cultura , la collaborazione tra le nazioni»[191]. La Chiesa, come traspare dal messaggio rivolto da Paolo VI al Direttore Generale dell'U.N.E.S.C.O., non rimanendo indifferente all'impegno profuso da questa istituzione, ha voluto offrire la propria collaborazione e la propria riflessione, incoraggiandone, nel contempo, la missione in favore dell'umanità[192].

6.2 Campo della medicina

Paolo VI si rivolse anche a coloro che erano impegnati nel campo medico, invitandoli a porre sempre la loro attività a servizio della vita umana. Ciò che concorre al miglioramento ed alla salvaguardia della salute degli uomini, meritava veramente di essere apprezzato e sostenuto, soprattutto l'impegno nel cercare di curare e debellare le diverse malattie[193]. Coloro che 'si consacravano alla cura dell'umanità sofferente' offrivano un edificante esempio di solidarietà e di magnanimità, capace d'infondere speranza per il futuro dell'umanità[194].

Il Pontefice ricordava che il medico, in ragione della sua stessa professione, era chiamato ad una 'virtù superiore di amore e di servizio' nei confronti dei suoi pazienti. Fin dall'inizio del suo pontificato, incoraggiò i medici, soprattutto i credenti cattolici, a non ridurre la propria professione ad un'opera meramente filantropica, ma a vivere il proprio impegno in favore dei malati come un vero e proprio servizio di carità:

---

[190] PAOLO VI, *Educazione scienza e cultura* (01.11.1971), *Ins.* IX (1971), 969.

[191] «Scopi e funzioni: l'Organizzazione si propone di contribuire al mantenimento della pace e della sicurezza rafforzando, con l'educazione, le scienze e la cultura, la collaborazione tra le nazioni, allo scopo di garantire il rispetto universale della giustizia, della legge, dei diritti dell'uomo e delle libertà fondamentali, a profitto di tutti, senza distinzioni di razza, di sesso, di lingua o di religione, e che la Carta delle Nazioni Unite riconosce a tutti i popoli» (*Costituzione della Organizzazione delle Nazioni Unite per l'Educazione, le Scienze e la Cultura* (16.11.1945), Art.I§1 (on-line): http://unipd-centro dirittiumani.it/public/docs/costituzione_unesco.pdf (accesso: 08.05.2014).

[192] Cfr. PAOLO VI, *Educazione scienza e cultura* (01.11.1971), *Ins.* IX (1971), 968-972; Per una profonda trattazione del contributo della Chiesa vedi: F. FOLLO, *La Mission du Saint-Siège à l'UNESCO*, 39-96.

[193] Cfr. PAOLO VI, *Discorso* (07.09.1968), *Ins.* VI (1968), 450.

[194] Cfr. PAOLO VI, *Discorso* (25.09.1965), *Ins.* III (1965), 488.

Ora, se all'esercizio d'una tale professione si aggiunge un motivo altamente umanitario, com'è quello di lenire il dolore e dare, specialmente alle giovani generazioni, migliore salute, quale pregio nuovo acquista l'opera vostra [...] E se poi a codesti motivi filantropici un altro s'aggiunge, che all'amore umano unisce quello cristiano, che tutti gli onesti motivi naturali avvalora e santifica, non dovremo chiamare carità il vostro servizio, e non avrà esso della carità il sommo valore e l'incalcolabile premio?[195]

L'esercizio della professione medica, considerata «per dignità e per utilità, dopo, ma a fianco di quella sacerdotale»[196], veniva intesa da Paolo VI come una vera e propria cooperazione all'amorevole cura di Dio nei confronti dell'uomo:

[Come la Chiesa] cerca di circondare gli uomini mortali di una sollecitudine molto concreta, [facendosi] un'eco dell'amore paterno di Dio [...] possiate essere anche voi, i cooperatori attivi di tale opera d'amore[197].

Il Pontefice si rallegrava anche nel vedere come i progressi ed i risultati raggiunti nella ricerca scientifica venissero messi a disposizione per la cura degli ammalati. In diverse occasioni Paolo VI esplicitò alcuni ambiti in cui concretamente, nel campo della medicina, si declinava questo servizio della scienza in favore dell'uomo sofferente. Basti ricordare, ad esempio: l'analisi dei meccanismi e dei tessuti muscolari e nervosi; gli studi sulle ghiandole[198]; lo sviluppo della radiologia[199]; la lotta continua contro la 'tremenda piaga cancro'[200]; i progressi in campo odontoiatrico[201]. Tutta quanta questa attività era da intendersi 'a servizio dell'uomo' in quanto aveva come obiettivo la prevenzione, le diagnosi, la cura della malattia.

---

[195] PAOLO VI, *Discorso* (24.10.1963), *Ins.* I (1963), 259. In un discorso pronunciato nel 1965 Paolo VI introdusse il criterio della carità come fondamento dell'esercizio della professione medica: «Questo malato, che è il nostro prossimo in modo del tutto speciale, perché è nella malattia, soffre, ha bisogno di noi, ci chiede sostegno, aiuto e conforto, noi vogliamo assisterlo, sollevarlo dalle sue sofferenze, aiutarlo, guarirlo se possibile, non per motivi umanitari e di etica professionale, già così nobili e a cui noi vogliamo rendere davanti a voi, Signori, un omaggio particolarmente meritato; ma di più per una motivazione religiosa, l'amore di Dio che è radice e fonte dell'amore per il prossimo» (PAOLO VI, *Discorso* [25.09.1965], *Ins.* III [1965], 488).

[196] PAOLO VI, *Discorso* (22.03.1965), *Ins.* III (1965), 189.

[197] PAOLO VI, *Discorso* (07.09.1968), *Ins.* VI (1968), 450.

[198] Cfr. PAOLO VI, *Discorso* (07.09.1968), *Ins.* VI (1968), 449-451.

[199] Cfr. PAOLO VI, *Discorso* (25.09.1965), *Ins.* III (1965), 486-489.

[200] Paolo VI desiderò fortemente che la Pontificia Accademia delle Scienze affrontasse il tema della ricerca sul cancro. Cfr. PAOLO VI, *Discorso* (22.10.1977), 193-194 (*Ins.* XV [1977], 968-969).

[201] Cfr. PAOLO VI, *Discorso* (22.03.1965), *Ins.* III (1965), 187-189.

6.3 *I drammi dell'umanità – acqua, cibo e alimentazione*

La scienza poteva offrire un grande servizio all'umanità, impegnandosi nel tentativo di debellare 'la piaga' della malnutrizione e della mancanza d'acqua potabile che affiggeva ancora numerose popolazioni del pianeta[202]. Queste tematiche vennero trattate dalla Pontificia Accademia delle Scienze durante alcune Settimane di studio, soprattutto in seguito alla pubblicazione dell'enciclica *Popolorum progressio*, nella quale il Pontefice richiamava con forza il tema dello sviluppo integrale e solidale dell'umanità[203]. Tra gli argomenti affrontati dalla Pontificia Accademia delle Scienze possiamo annoverare: la materia organica e la fertilità del suolo[204]; l'impiego dei fertilizzanti per l'incremento dei raccolti in rapporto alla qualità e all'economia[205]; le membrane biologiche artificiali e la desalinizzazione dell'acqua[206]. Nei discorsi pronunciati da Paolo VI nelle sopraccitate Settimane di studio, riconoscendo il lavoro fino ad allora svolto dagli scienziati per cercare di contrastare il 'dramma della fame e della sete' nel mondo, lì spronò a continuare nel loro impegno:

> rendere la terra feconda, farle produrre pane per tutti i suoi abitanti, lottare contro la sterilità delle zone desertiche, moltiplicare ovunque i frutti delle colture agricole, ottenere dalla fatica dell'uomo risultati più facili e più abbondanti, rendere possibile la vittoria sulla fame[207].

---

[202] Cfr. PAOLO VI, *Giorno grande e storico* (20.07.1969), *Ins.* VII (1969), 498.

[203] Cfr. PAOLO VI, *Populorum progressio* (26.03.1967), n. 5, in *EE* 7/934.

[204] *La materia organica e la fertilità del suolo*: in un periodo in cui le conoscenze in materia erano ancora esigue ed approssimative, fu necessario chiarire la funzione della materia organica nel terreno, riconoscendola come il fattore fondamentale ed insostituibile per la fertilità del suolo. Cfr. PAOLO VI, *Le migliori conquiste* (27.04.1968), 172-176 : (*Ins.* VI [1968], 171-176).

[205] Durante questa Settimana di studio, si sottolineò la preminenza, nella produzione agricola, dei fattori qualitativi ed economici nei confronti di quelli meramente quantitativi. In questo contesto venne trattata anche la questione dei fertilizzanti: essi avrebbero potuto incrementare la qualità e la quantità della produzione, anche nei cosiddetti Paesi in via di sviluppo. Cfr. PAOLO VI, *Il progressivo dominio* (15.04.1972), 182-187: (*Ins.* X [1972], 381-388).

[206] Quest'incontro, vide la partecipazione di studiosi di tutto il mondo, esperti nel campo sia delle membrane biologiche che di quelle artificiali. Lo scopo della riunione era quello di stabilire un modello avanzato per le membrane artificiali basato sulla conoscenza dei meccanismi di trasporto dell'acqua attraverso le membrane biologiche. Le membrane artificiali potrebbero essere adatte alla produzione di grandi quantità di acqua desalinizzata e, in particolare, potrebbero far fronte alle necessità delle zone aride del Terzo Mondo. Cfr. PAOLO VI, *Indirizzare la ricerca* (19.04.1975), 188-189 (*Ins.* XIII [1975], 319-321).

[207] PAOLO VI, *Le migliori conquiste* (27.04.1968), 175 (*Ins.* VI [1968], 176). Cfr. ID., *Il progressivo dominio* (15.04.1972), 185-186 (*Ins.* X [1972], 385-388).

Nel discorso rivolto all'Organizzazione delle Nazioni Unite per l'Alimentazione e l'Agricoltura (F.A.O.), nel novembre del 1970, Paolo VI, riconoscendo e lodando i progressi scientifici e tecnici fino ad allora raggiunti, rivendicò, nel contempo, la necessità del rispetto dei diritti inviolabili della persona umana. Soprattutto dinanzi alle difficoltà ed ai problemi dei Paesi in via di sviluppo, infatti, poteva insinuarsi nella scienza la tentazione di 'diminuire d'autorità il numero dei convitati piuttosto che cercare vie per moltiplicare il pane distribuito'[208], vedendo nelle politiche di controllo delle nascite una 'facile soluzione' del problema.

Incontrando i membri della Pontificia Accademia delle Scienze, in occasione delle diverse Settimane di studio organizzate da questa istituzione, Paolo VI non solo ne riconobbe l'importanza degli argomenti trattati ed il valore dei contributi apportati, ma propose anche loro due principi fondamentali che avrebbero dovuto guidare ed illuminare il loro lavoro. Il primo era il *'principio della solidarietà'*: ciascuno, nel proprio ambito e secondo le proprie possibilità, avrebbe dovuto offrire il proprio contributo nella ricerca di una soluzione dei problemi legati alla malnutrizione e alla difficoltà d'accesso all'acqua potabile. Il Pontefice suggerì poi come secondo principio quello della *'fiducia'*: nel creato vi erano ancora risorse e potenzialità che 'attendevano' di essere scoperte e di venire poste in essere. La ricerca scientifica avrebbe dovuto orientarsi verso queste finalità.

Paolo VI sottolineò con forza che, qualora le condizioni della vita materiale migliorassero, anche «il contadino indiano, africano, sud-americano [avrebbe potuto] infine accedere più pienamente ai beni dello spirito ai quali egli aspira, a una cultura che non sia ricopiata su altre, ma che gli sia propria, che permetterà anche a lui di elevarsi al di sopra di se stesso e di divenire più uomo»[209].

6.4 *Mezzi di comunicazione*

Il decreto conciliare *Inter mirifica* è espressione dell'interessamento e della materna sollecitudine da parte della Chiesa nell'ambito degli strumenti della comunicazione sociale[210]. I Padri conciliari riconobbero, infatti, che tali mezzi, se posti a servizio dell'uomo e se rettamente usati, avrebbero potuto offrire alla famiglia umana grandi vantaggi, in quanto

---

[208] Cfr. PAOLO VI, *Per un'economia di servizio* (16.11.1970), *Ins.* VIII (1970), 1148-1149.

[209] PAOLO VI, *Il progressivo dominio* (15.04.1972), 186 (*Ins.* X [1972], 387-388).

[210] Cfr. CONCILIO VATICANO II, *Inter mirifica* (4.12.1963), in *EV* 1/245-283.

avrebbero potuto contribuire efficacemente a «sollevare e ad arricchire lo spirito» (cfr. IM 2).

Paolo VI riprese questa posizione conciliare nel messaggio alla seduta inaugurale della prima Conferenza internazionale sull'esplorazione e l'utilizzazione pacifica dello spazio extra-atmosferico affermando che con l'esplorazione e con la 'conquista' dello spazio l'umanità acquisiva, in un certo qual modo, una nuova dimensione. I satelliti artificiali potevano rappresentare utili strumenti per la trasmissione di conoscenze e d'informazioni, contribuendo, così, ad un nuovo progresso nell'educazione e nella reciproca conoscenze delle diverse culture. Paolo VI vide in questa 'nuova dimensione' il preludio all'abbattimento di quelle barriere che ancora ostacolavano le pacifiche relazioni tra i popoli, e come un segno della cooperazione tra le Nazioni del mondo, verso l'unità e la pace[211].

6.5 Motivo d'affinità tra la Chiesa e l'uomo di scienza

La Chiesa – sottolineava Paolo VI – non aveva la necessaria competenza per pronunciarsi sugli aspetti tecnico-scientifici della ricerca, ma era direttamente interessata alle sue conseguenze in ambito educativo, culturale, morale e sociale: la scienza avrebbe dovuto essere veramente a servizio dell'uomo e del bene comune[212]. In questo servizio da rendersi all'umanità, Paolo VI colse un ulteriore motivo d'affinità tra la Chiesa e l'uomo di scienza. Sebbene secondo approcci ed in ambiti distinti, l'azione della Chiesa e quella della scienza convergevano sullo stesso soggetto, l'uomo, e tendevano verso un medesimo scopo: contribuire al bene (spirituale e temporale) della persona[213].

Paolo VI propose come modello di colui che intese la propria professione medica come un servizio incondizionato verso l'uomo, la figura del medico e ricercatore napoletano Giuseppe Moscati:

> la fama del professor Moscati brilla per questa fioritura instancabile, nascosta, eroica, di carità, che lo ha fatto spendere tutto per gli altri, nel beneficare i poveri, nel curare i corpi, nell'elevare le anime, senza chiedere mai nulla per sé, fino all'ultimo respiro, tanto che la morte lo colse durante le visite dei prediletti malati[214].

---

[211] Cfr. PAOLO VI, Messaggio (06.08.1968), Ins. VI (1968), 330-332.
[212] Cfr. PAOLO VI, Messaggio (06.08.1968), Ins. VI (1968), 331.
[213] Cfr. PAOLO VI, Discorso (14.10.1966), Ins. IV (1966), 500.
[214] PAOLO VI, Un testimone esemplare (16.11.1975), Ins. XIII (1975), 1295.

7. Rischi nella scienza

Paolo VI, nel suo magistero, non assunse posizioni di carattere anti-scientifico o aprioristicamente contrarie alla tecnica, ma cercò di adottare un atteggiamento marcatamente realistico, ricordando che le scoperte scientifiche ed i progressi conseguiti nel campo della tecnica erano affidati ad un'umanità ferita dal peccato originale[215], incapace, cioè, di agire sempre coerentemente col bene e con quanto si sapeva essere giusto.

Nel primo discorso alla Pontificia Accademia delle Scienze fece una distinzione importante tra 'scienza fondamentale' e 'scienza applicata'. Quando si parlava di «scienza» il Pontefice intendeva alludere alla prima categoria; mentre quando utilizzava l'espressione «applicazione della scienza», voleva riferirsi alla tecnica ed alla tecnologia[216]. Di per sé la scienza e la sua applicazione pratica sono buone[217]. Qualora però si dimenticasse il vero fine dell'impegno scientifico, esse andrebbero a discapito dell'uomo e della stessa società. La scienza è chiamata a contribuire allo sviluppo integrale della persona, mentre la tecnica è posta a servizio dell'essere umano. La Chiesa era ben consapevole del valore, ma anche dei limiti e dei potenziali rischi insiti nella scienza e nella tecnica.

Paolo VI, nel messaggio Natalizio del 1968, sottolineò l'ambivalenza del progresso conseguito dalla scienza. Quest'ultima poteva dirsi veramente 'a servizio dell'uomo' soltanto quando i risultati conseguiti nel campo della ricerca venivano impiegati per cercare di debellare alcune 'piaghe' che ancora martoriavano la famiglia umana, quali, ad esempio, la fame, la sete, la miseria, l'ignoranza. Un progresso scientifico così inteso, avrebbe dato inizio ad 'un'epoca della speranza'. Il Pontefice, però, ricordò sovente anche gli eventuali rischi connessi con l'attività ed il progresso scientifico, quando questi venivano mal interpretati o strumentalizzati per interessi particolari.

---

[215] Cfr. PAOLO VI, *Il dogma del peccato originale* (11.07.1966), *Ins.* IV (1966), 361-367.

[216] Cfr. PAOLO VI, *La guida luminosa e sicura* (13.10.1963), 162-163 (*Ins.* I [1963], 220).

[217] «La scienza fondamentale è per sé buona, in quanto è una perfezione dell'intelligenza, una espressione della similitudine dell'uomo con Dio, un riflesso della scienza divina nello spirito umano. La scienza è buona anche sul suo versante pratico come tecnologia. Gabriel Marcel in *Les hommes contre l'humain* ha bene puntualizzato il valore razionale e quindi umano della tecnica: "Non ha senso considerare la tecnica in generale o una tecnica in particolare come affetta di per sé da un indice spirituale negativo. Sarebbe anzi più esatto dire che, a rigore, una tecnica presa in sé è buona, poiché incarna una certa potenza autentica della ragione o, ancora, perché introduce nel disordine apparente delle cose un principio di intelligibilità"» (E. DI ROVASENDA, «Introduzione», 11-12).

industriali, non erano in alcun modo in contrasto con la fede[239], anzi i due ambiti potevano illuminarsi ed aiutarsi reciprocamente. Un anno dopo la sua elezione al soglio di Pietro, Paolo VI, rivolgendosi al personale del Centro Automazione Analisi Linguistica dell'*Aloysianum* di Gallarate che stava curando l'analisi elettronica delle parole e l'indicizzazione della *Summa Theologiæ* di Tommaso d'Aquino e del testo biblico, audacemente affermò che: «il cervello meccanico viene in aiuto del cervello spirituale»[240].

Secondo il Pontefice, infatti, il ricorso agli strumenti meccanici non 'intaccava' in alcun modo la dignità del testo. Anzi, egli colse in questa attività tecnica lo sforzo da parte dell'uomo «di infondere in strumenti meccanici il riflesso di funzioni spirituali»[241]. Grazie alla tecnologia, la materia offre «allo spirito stesso un sublime ossequio»[242]. Il Pontefice avvertiva 'salire dall'*homo tecnologicus*' un gemito ed un anelito verso un 'grado superiore di spiritualità': l'uomo tecnologico, quindi, è lo stesso uomo spirituale[243].

Il Magistero della Chiesa sosteneva che era possibile un dialogo costruttivo tra fede e scienza. Paolo VI provò a domandarsi come la religione cattolica venisse percepita dalla mentalità moderna: cercando d'immedesimarsi nello studioso, egli evidenziò due possibili difficoltà che l'uomo moderno avrebbe potuto incontrare nel confronto con la fede:

> Come può, dice oggi lo studioso, entrare nello schema dogmatico e rituale della vita cattolica l'immenso patrimonio delle scoperte scientifiche, con l'impiego libero e totale della ragione, e con la concezione che ne risulta sul mondo e sull'umana esistenza? E come può, insiste lo studioso osservando i mutamenti continui, rapidi e macroscopici, che avvengono col volgere del tempo nel pensiero e nel costume dell'uomo moderno, rimanere intatta la religione tradizionale, racchiusa in una mentalità statica e d'altri tempi?[244]

Di fronte a queste difficoltà, di ordine essenziale e storico, Paolo VI affermava che la Chiesa non soltanto non temeva un sincero confronto con il pensiero scientifico, ma, anzi, lo auspicava fortemente. Essa lo desiderava per due ragioni: innanzitutto perché fede e scienza, grazia e natura, rivelazione e ragione erano come 'due canali di verità', che si

---

[239] Tra i vari interventi ricordiamo, a titolo esemplificativo: PAOLO VI, *La fede* (23.07.1969), *Ins.* VII (1969), 502-505.

[240] PAOLO VI, *Modernissime tecniche* (19.06.1964), *Ins.* II (1964), 399.

[241] PAOLO VI, *Modernissime tecniche* (19.06.1964), *Ins.* II. (1964), 399.

[242] PAOLO VI, *Modernissime tecniche* (19.06.1964), *Ins.* II. (1964), 400.

[243] Cfr. A. SPADARO, «Homo technologicus, homo spiritualis».

[244] PAOLO VI, *La fede* (23.07.1969), *Ins.* VII (1969), 504.

originavano dalla stessa fonte e convergevano verso la medesima foce[245]. Secondariamente perché un tale confronto sarebbe stato vantaggioso per entrambi gli ambiti: sia per la fede (cfr. GS 44), sia per la ricerca scientifica[246].

Vorremmo ora cercare d'illustrare cosa intendeva Paolo VI quando parlava di 'reciproco vantaggio'.

8.1 *Fede che illumina la scienza*

Una scienza non integrata in un contesto umano, che si sviluppasse cioè al di fuori di una retta concezione dell'uomo e del mondo, sarebbe muta e sterile. Le scienze umane hanno bisogno del fondamento di cognizioni metafisiche e religiose che soltanto la filosofia e la religione sono in grado di offrire[247].

Paolo VI era ben consapevole che l'uomo moderno era propenso a ritenere che la religione non avesse 'nulla da dire' all'uomo di scienza; che essa fosse estranea e che potesse addirittura limitare ed arrecare danno alla ricerca[248]. Opponendosi a questa visione erronea e distorta, Paolo VI ribadì che l'uomo moderno non poteva fare a meno della fede, in quanto essa era la luce capace di rischiarare il suo cammino ed il suo spirito. Rivolgendosi ai partecipanti al Simposio internazionale di endocrinologia sottolineò il bisogno interiore da parte dello scienziato di rivolgersi alla fede per ricevere quella luce necessaria per completare e perfezionare il proprio percorso di ricerca[249].

Durante un'udienza del mercoledì, il Pontefice utilizzò un'immagine, elementare ma molto efficace, per spiegare l'importanza ed il 'vantaggio' del lume della fede nel campo della ricerca scientifica. Egli ne paragonò l'effetto ad una luce accesa in una stanza buia: essa non mutava nulla di quanto si trovava in quella sala, ma 'semplicemente' illuminava, così da poter discernere la forma, la posizione, i colori, lo scopo, l'ordine dei singoli oggetti. Grazie a questa luce l'uomo poteva guardare, distinguere, ammirare, e soprattutto far buon uso di quanto messo a sua disposizione[250]. Paolo VI concluse la catechesi spiegando l'immagine da lui usata: «Così noi pensiamo possa avvenire nello spirito dell'uomo moderno, se la luce della fede riappare dentro di lui»[251].

---

[245] Cfr. PAOLO VI, *Discorso* (31.10.1969), *Ins*. VII (1969), 718.

[246] Cfr. PAOLO VI, *La fede* (23.07.1969), *Ins*. VII (1969), 504.

[247] PAOLO VI, *Fedeltà e dedizione* (08.12.1971), *Ins*. IX (1971), 1080.

[248] Cfr. PAOLO VI, *Discorso* (31.10.1969), *Ins*. VII (1969), 718.

[249] Cfr. PAOLO VI, *Discorso* (16.12.1963), *Ins*. I (1963) 407.

[250] Cfr. PAOLO VI, *Rigenerazione del pensiero* (14.11.1973), *Ins*. XI (1973), 1089.

[251] PAOLO VI, *Rigenerazione del pensiero* (14.11.1973), *Ins*. XI (1973), 1089-1090.

Riferendosi ad alcuni passaggi contenuti nei documenti conciliari (cfr. GS 56-57) Paolo VI sottolineò un ulteriore 'vantaggio' proveniente da un'autentica relazione tra i due ambiti. La scienza aveva bisogno d'instaurare e di mantenere un dialogo costruttivo con la sfera spirituale «per non perdersi nei labirinti dell'astrusità o nella vacuità dell'accademismo, avulso da un contesto umano»[252]. Soltanto grazie a tale confronto la scienza avrebbe potuto «perfezionare con giusto ordine della persona umana nella sua integrità» (GS 56).

Il Pontefice interpretava ogni richiesta avanzata da coloro che erano impegnati nella ricerca scientifica d'incontrare il Papa e di ascoltare la parola del Successore di Pietro, come un segno che la loro attività non poteva esaurirsi in un impegno puramente scientifico ed immanente. Egli lo interpretò invece come un segno eloquente del fatto che costoro volessero «mantenere stretti contatti con la sfera religiosa per risolversi in un servizio più elevato, più fecondo, più generoso a favore del prossimo»[253].

In diverse occasioni il Pontefice ribadì che in alcun modo la Chiesa avrebbe voluto interferire o ostacolare lo sviluppo scientifico. Essa, con materna sollecitudine, invitava lo scienziato ad apprezzarne il Magistero, considerandolo «come una garanzia per l'uomo, affinché i meravigliosi progressi di cui esso è artefice non tornino a suo detrimento, ma abbiano a risolversi a suo vero bene»[254].

8.2 *La scienza come propedeutica, purificatrice e luce per la fede*

La Chiesa è consapevole che la scienza «ha una grande funzione non solo in ordine all'evoluzione perfettiva dell'uomo, ma anche per una scoperta sempre maggiore di Dio, delle sue opere, del suo mistero»[255]. Nel discorso tenuto durante l'udienza concessa alla Società Italiana di Patologia, Paolo VI definì lo sforzo scientifico come 'propedeutico' alla sfera spirituale. Lo scienziato impegnandosi per cercare di meglio comprendere la realtà, preparava, consciamente o inconsciamente, la strada all'incontro con quel 'mistero che tutto illumina e chiarisce', il mistero di Dio che ha creato l'uomo e che ha 'posto in lui l'orma' e l'anelito della gloria infinita[256]. Tale atteggiamento positivo nei confronti della scienza derivava da una concezione e da una lettura illuminata dalla fede della realtà creata:

---

[252] PAOLO VI, *Discorso* (08.04.1967), *Ins.* V (1967), 733.
[253] PAOLO VI, *Discorso* (31.10.1969), *Ins.* VII (1969), 717.
[254] PAOLO VI, *Discorso* (31.10.1969), *Ins.* VII (1969), 719.
[255] PAOLO VI, *Discorso* (31.10.1969), *Ins.* VII (1969), 718.
[256] Cfr. PAOLO VI, *Discorso* (31.10.1969), *Ins.* VII (1969), 719.

dove è ricerca, dove è scoperta, dove è conquista, dove è incremento di sapere e di azione, ivi è, da un lato, sviluppo delle facoltà umane, dall'altro è penetrazione dell'opera di Dio e impiego delle risorse ch'essa nasconde; ivi perciò è avvicinamento dei due termini in gioco: l'uomo e Dio [...] il progresso scientifico, lungi dal vanificare la religione, ne prepara a più alte e più profonde espressioni[257].

Oltre ad essere propedeutica alla sfera spirituale, l'attività scientifica aveva anche il compito di 'purificare' la fede. L'uomo moderno, segnato profondamente dai risultati raggiunti dalla scienza e dalla tecnica, faticava a cogliere il bisogno e la necessità della presenza di Dio nella propria vita. Il Pontefice interpretò questa difficoltà come un segno che la Chiesa avrebbe dovuto impegnarsi a «purificare il concetto banale e falso che spesso noi ci facciamo della Divinità»[258], tentando «dare al nome di Dio la ricchezza infinita delle sua abissale trascendenza e la dolcezza ineffabile, piene di riverenza e di amore, della sua onnipresenza, della sua immanenza»[259]. Solo purificando l'immagine di Dio, l'uomo avrebbe potuto cogliere la necessità della presenza del Creatore nella propria vita.

Vivendo in un mondo caratterizzato da continue trasformazioni e cambiamenti, l'uomo avrebbe potuto domandarsi se tale dinamismo fosse presente anche nell'ambito della fede. «La religione non sarebbe anch'essa soggetta a qualche importante cambiamento? [...] la nostra religione non è anche'essa in via di mutazione?»[260]. Paolo VI, in una catechesi del mercoledì, cogliendo la complessità del tema, egli distinse due aspetti della religione: quello 'oggettivo' – ossia la sua verità, il suo contenuto, i quali non cambiavano col mutare dei tempi e dei costumi (cfr Gv 7,16) – e quello 'soggettivo', cioè «quello proprio dell'uomo, quello mentale, psicologico, filosofico»[261].

La religione, vissuta dall'uomo in un mondo in continua metamorfosi, non poteva evitare *l'urto* ed il confronto con la modernità e con tutto ciò che essa comportava[262]. Le scienze teologiche non potevano prescindere dalle conoscenze acquisite dalle scienze naturali e da quelle

---

[257] PAOLO VI, *Discorso* (24.10.1963), *Ins.* I (1963), 258.

[258] PAOLO VI, *Riconoscere ed esaltare* (12.06.1968), *Ins.* VI (1968), 820.

[259] PAOLO VI, *Riconoscere ed esaltare* (12.06.1968), *Ins.* VI (1968), 820.

[260] PAOLO VI, *La fede principio di vita eterna* (28.05.1969), *Ins.* VII (1969), 961.

[261] PAOLO VI, *La fede principio di vita eterna* (28.05.1969), *Ins.* VII (1969), 961.

[262] «E noi tutti sappiamo a quali mutazioni, a quali arbitri, a quali storture, a quali dubbi, a quali negazioni, insomma a quali metamorfosi l'idea religiosa è stata ed è, in questi ultimi tempi, sottoposta» (PAOLO VI, *La fede* [28.05.1969], *Ins.* VII (1969), 961).

umane riguardo al mondo, alla vita, all'uomo[263]. La Chiesa era chiamata a 'trasformare' il 'contrasto' con la modernità in dialogo autentico e costruttivo. Per poter fare questo, era necessario aggiornamento dell'aspetto soggettivo della religione, in particolar modo del linguaggio. Qualora venisse a mancare questo rinnovamento dell'aspetto soggettivo, la religione rischierebbe di non essere più in grado di trasmettere ciò che è essenziale (l'aspetto oggettivo)[264]. A tal riguardo il Pontefice auspicò «una nuova fioritura di studi e di ricerche religiose, cioè di letteratura religiosa, filosofica, letteraria, apologetica, catechistica, artistica»[265]. Nel corso della storia, ad esempio, la 'rivoluzione' provocata dal sistema copernicano stimolò la Chiesa ad una riflessione di carattere epistemologico in campo biblico; un impegno in campo esegetico che diede i suoi frutti e che trovò una consacrazione ed un nuovo impulso nella Costituzione conciliare *Dei Verbum*[266].

Riguardo alle formule dogmatiche codificate dai Concili Ecumenici per esprimere il mistero della S.S. Trinità e dell'Incarnazione e le formulazioni con cui il Tridentino ha proposto il Mistero Eucaristico, il Pontefice richiamò ad un atteggiamento di religioso ossequio[267]. Dall'enciclica *Mysterium Fidei* traspare la grande determinazione con la quale il Pontefice volle salvaguardare le formule dogmatiche custodite dalla Tradizione della Chiesa nel corso dei secoli, soprattutto in risposta a coloro che non le reputavano 'più adatte' all'uomo moderno. Affermò infatti:

> poiché quelle formule, come le altre di cui la chiesa si serve per enunciare i dogmi di fede, esprimono concetti che non sono legati a una certa forma di cultura, non a una determinata fase di progresso scientifico, non all'una o all'altra scuola teologica, ma presentano ciò che l'umana mente percepisce della realtà nell'universale e necessaria esperienza [...] Perciò tali formule sono intelligibili per gli uomini di tutti i tempi e di tutti i luoghi[268].

Il Pontefice escluse la possibilità di un cambiamento del senso rispetto a quello in cui furono usate, così che «progredendo l'intelligenza della fede rimanga intatta la verità di fede»[269]. Tre mesi dopo la promulgazione della sopraccitata enciclica, l'Assise conciliare richiamò l'attenzione

---

[263] Cfr. PAOLO VI, *Fedeltà e dedizione* (08.12.1971), *Ins.* IX (1971), 1080.

[264] Cfr. PAOLO VI, *Rigenerazione del pensiero* (14.11.1973), *Ins.* XI (1973), 1091.

[265] PAOLO VI, *La fede principio di vita eterna* (28.05.1969), *Ins.* VII (1969), 962.

[266] Cfr. GIOVANNI PAOLO II, *Discorso* (31.10.1992), 323-330: (*Insegnamenti di Giovanni Paolo II*, XV,2 [1992], 456-465).

[267] Cfr. PAOLO VI, *Mysterium Fide* (03.09.1965), n. 24, in *EE* 7/868.

[268] PAOLO VI, *Mysterium Fidei* (03.09.1965), in *EE* 7/868.

[269] PAOLO VI, *Mysterium Fidei* (03.09.1965), in *EE* 7/869.

sulla distinzione tra il deposito immutabile della fede (le verità di fede) e la loro espressione:

> Gli studi recenti e le nuove scoperte delle scienze, come pure quelle della storia e della filosofia, suscitano nuovi problemi che comportano conseguenze anche per la vita pratica ed esigono nuove indagini anche da parte dei teologi. Questi sono inoltre invitati, nel rispetto dei metodi e delle esigenze proprie della scienza teologica, a ricercare modi sempre più adatti di comunicare la dottrina cristiana agli uomini della loro epoca: altro è, infatti, il deposito o le verità della fede, altro è il modo con cui vengono espresse, a condizione tuttavia di salvaguardarne il significato e il senso profondo[270].

L'insegnamento della Chiesa, conservando sempre lo stesso senso e lo stesso contenuto, dev'essere trasmesso agli uomini in una maniera viva e corrispondente alle esigenze del loro tempo[271]. La Congregazione per la Dottrina della Fede, durante il pontificato di Paolo VI, nella Dichiarazione *Mysterium Ecclesiae,* si servì di tale distinzione e la precisò ulteriormente, in risposta alle erronee teorie propagandate da un certo relativismo dogmatico[272].

Durante il suo Pontificato, Paolo VI ebbe anche l'occasione di dimostrare come l'indagine scientifica, dal canto suo, potesse anche 'illuminare' le verità di fede. La mattina del 26 giugno 1968, due giorni prima

---

[270] CONCILIO VATICANO II, *Gaudium et spes* (07.12.1965), n. 62, in *EV* 1/1527.

[271] Cfr. GIOVANNI XXIII, *Allocuzione* (11.10.1962), in *EV* 1/55*.

[272] «In merito a tale condizionamento storico, si deve anzitutto osservare che il senso contenuto nelle enunciazioni di fede dipende, in parte, dalla peculiarità espressiva di una lingua usata in una data epoca ed in determinate circostanze. Inoltre, avviene talora che qualche verità dogmatica in un primo tempo sia espressa in modo incompleto, anche se falso mai, e che in seguito, considerata in un più ampio contesto di fede o anche di conoscenze umane, riceva più completa e perfetta espressione (...) Si deve dire che le *formule* dogmatiche del Magistero della Chiesa fin dall'inizio furono adatte a comunicare la verità rivelata, e che restano per sempre adatte a comunicarla a chi le comprende rettamente. Ma questo non vuol dire che ciascuna di esse lo sia stata o lo resterà in pari misura. Per tale motivo, i teologi si sforzano di delimitare con esattezza qual è l'intenzionalità d'insegnamento che è propria di quelle diverse formule, e con questo loro lavoro offrono una qualificata collaborazione al Magistero vivo della Chiesa, al quale rimangono subordinati. Per lo stesso motivo può, inoltre, accadere che antiche formule dogmatiche, o altre ad esse connesse, rimangano vive e feconde nell'uso abituale della Chiesa, ma con opportune aggiunte espositive ed esplicative, che ne mantengano e chiariscano il senso congenito. D'altra parte, è anche avvenuto che, nel medesimo uso abituale della Chiesa, ad alcune di quelle formule sono subentrate espressioni nuove che, proposte o approvate dal sacro Magistero, ne indicano l'identico significato in modo più chiaro e completo» (CONGREGAZIONE PER LA DOTTRINA DELLA FEDE, *Mysterium Ecclesiae* (24.06.1973), n. 5, in *EV* 4/2577-2578). Cfr. S.A., «L'interpretazione dei dogmi», 144-173.

della solenne chiusura dell'Anno della Fede indetto dallo stesso Paolo
VI in occasione del XIX centenario del martirio dei principi degli Apo-
stoli Pietro e Paolo, il Pontefice annunciò il ritrovamento delle ossa di
San Pietro[273].

> Nuove indagini pazientissime e accuratissime furono in seguito eseguite con
> risultato che noi, confortati dal giudizio di valenti e prudenti persone compe-
> tenti, crediamo positivo: anche le reliquie di San Pietro sono state identificate
> in modo che possiamo ritenere convincente, e ne diamo lode a chi vi ha impie-
> gato studio e lunga e grande fatica [...] Non saranno esaurite con ciò le ricerche,
> le verifiche, le discussioni e le polemiche. Ma da parte Nostra Ci sembra do-
> veroso, allo stato presente delle conclusioni archeologiche e scientifiche, di
> dare a voi a alla Chiesa questo annuncio felice, obbligati come siamo ad ono-
> rare le sacre reliquie, suffragate da una seria prova della loro autenticità[274].

Lo studio e l'indagine scientifica che portarono al ritrovamento ed all'i-
dentificazione delle ossa dell'apostolo Pietro[275], non hanno soltanto una
enorme portata storica, ossia la conferma della bi-millenaria ed ininterrotta
tradizione storica della venuta di Pietro a Roma, della sua permanenza

---

[273] Era stato Pio XII, nel 1939, a chiedere che si scavasse al di sotto della basilica
vaticana. Nel 1950 il Pontefice annunciò il rinvenimento della tomba. Questo ritrovamento appariva corrispondente a quanto annotava il sacerdote romano Gaio, durante il
pontificato di Papa Zefirino, rivolgendosi a Proclo, seguace dell'eresia montanista: «Se
vorrai venire in Vaticano e sulla via Ostiense, potrai vedere i trofei di coloro, che hanno
fondato questa Chiesa» (cfr. EUSEBIO, *Historia Ecclesiastica*, II, 25, 6-7). Al termine
di questi scavi suddetti, se si era certi del ritrovamento della *tomba* di San Pietro, non
si era, però, altrettanto sicuri di aver ritrovato anche le *ossa* del Principe degli Apostoli.
Gli scavi portarono alla luce sia la primitiva tomba interrata sia quella costantiniana
ricavata nello spessore del muro 'G' con il graffito nel quale si legge *Petros enì*. Il
merito del rinvenimento e dell'identificazione delle ossa dell'Apostolo va principalmente attribuito all'archeologa Margherita Guarducci. Per un ulteriore approfondimento dell'argomento, vedasi i libri: M. GUARDUCCI, *La Tomba di San Pietro*; ID., *La
tomba di San Pietro: una vicenda straordinaria*.

[274] PAOLO VI, *L'autenticità delle reliquie* (26.06.1968), *Ins*. VI (1968), 281-282.

[275] Le ossa, dopo essere state analizzate, risultarono appartenenti ad un solo uomo,
di corporatura robusta, morto in età avanzata. Erano incrostate di terra e mostravano di
essere state avvolte in un panno prezioso, di lana purpurea ed intessuto d'oro. Tra di
esse ritroviamo frammenti di tutte le ossa del corpo, ad eccezione di quelle dei piedi.
Un particolare significativo, che non può non richiamare alla mente il fatto che l'Apostolo fu crocifisso con la testa verso il basso e questo può aver provocato il distacco dei
piedi dal resto del corpo, a causa della prolungata esposizione sul luogo del supplizio.
Le reliquie vennero poi ricollocate all'intero del muro originario dov'erano state scoperte, ad eccezione di nove frammenti richiesti dallo stesso Paolo VI e conservati nella
sua cappella privata. Cfr. M. GUARDUCCI, *La Tomba di San Pietro*; ID., *La tomba di
San Pietro: una vicenda straordinaria*.

come Vescovo, del suo martirio e della sua sepoltura nella necropoli ai piedi del Colle Vaticano. Sul piano teologico essi comprovano il fondamento apostolico della Chiesa di Roma e quel Primato sul Collegio apostolico conferito da Cristo stesso a Pietro; un Primato che si trasmette ininterrottamente, in forza della successione sulla Cattedra del Principe degli Apostoli, ai Vescovi di Roma. (cfr. Gv 21 e Mt 16,19).

8.3 *Luoghi e modelli di dialogo*

L'Università, per Paolo VI rappresentava uno degli organi vitali e caratterizzanti della moderna società[276]. Egli considerava gli Atenei Cattolici come espressione di quel proficuo e necessario incontro tra fede e ricerca scientifica[277]. Il Pontefice nutrì un particolare interesse nei confronti dell'istituzione universitaria praticamente durante tutta quanta la sua vita, fin dai tempi in cui fu chiamato a ricoprire il ruolo di Assistente Ecclesiastico della F.U.C.I.[278]. Il giovane Montini, cercando di rendere l'Università un autentico 'luogo di unità del sapere', decise d'integrare l'allora sistema universitario, introducendovi la dimensione religioso-morale, non come un percorso parallelo ed estraneo, ma in accordo ed in consonanza con la formazione intellettuale, alla ricerca 'dell'unità spirituale della persona'[279]. Secondo l'allora assistente della F.U.C.I., il ricercatore e lo studente che si inoltravano in uno studio sempre più specializzato, avrebbero potuto trarre un reale beneficio dall'esperienza religiosa, in quanto essa:

tiene aperto e disteso il cielo della realtà totale, dell'ordine complesso e gerarchico delle varie discipline, dei principii filosofici assoluti e universali, della possibile collaborazione delle varie fonti di studio [...] e indirizza l'enciclopedia dello scibile umano a quell'armonia, a quell'intrinseca simpatia delle sue parti, a quella maestosa bellezza d'insieme, che i maestri medioevali designavano con una parola scolastica di superbo valore, la *Summa*, e che dava all'"Università degli Studi" nome non vano, pretesa non folle di far convergere il sapere, quanto più vasto e ramificato e profondo esso fosse, verso una superiore, celestiale unità[280].

---

[276] Cfr. T. BONAVENTURA, «Montini», 77-86.

[277] Cfr. PAOLO VI, *La fede* (23.07.1969), *Ins.* VII (1969), 503-504.

[278] «Gli Assistenti devono ben seguire la formazione del pensiero dei propri amici e allievi, perché è uno dei principii fondamentali del nostro programma tendere all'unità spirituale del giovane: non scompartimenti separati nell'anima, cultura da una parte, e fede dall'altra; scuola da un lato, Chiesa dall'altro. La dottrina, come la vita, è unica» (G. B. MONTINI, «Idee = Forze», 343). Vedi anche: ID., «La spiritualità della FUCI», 1.

[279] Cfr. G. B. MONTINI, «Parole chiare», 3-4.

[280] G. B. MONTINI, «Parole chiare», 3-4.

Durante il periodo dell'episcopato milanese, l'Arcivescovo Montini non soltanto ribadì l'alta considerazione che la Chiesa nutriva l'attività svolta dall'Università, ma sottolineò anche il «felice connubio»²⁸¹ esistente tra fede e scienza. Durante il suo primo incontro con la realtà dell'Università Cattolica, Montini, fermandosi sulla soglia delle aule dell'Ateneo, come per sottolineare la libertà e l'autonomia della ricerca scientifica, utilizzò l'immagine dello scambio delle lampade per illustrare quella relazione e quel dialogo fattivo e proficuo che si poteva instaurare tra colui che portava il lume della fede e la luce della ricerca scientifica. Un incontro di due lampade, di due luci: l'una bisognosa dell'altra per illuminare, insieme, il cammino dell'umanità:

> E l'incontro dove avviene? Avviene sulle soglie delle vostre aule; io non entrerò nelle vostre aule; là voi siete maestri e voi siete discenti, cioè le ragioni specifiche del vostro studio, la cosiddetta libertà di pensiero, la cosiddetta autonomia della scienza, vi sarà rispettata, anzi vi sarà imposta come onestà di pensiero e come dovere fondamentale di chi studia e di chi va cercando con la ragione umana la verità. La mia verità si ferma alle soglie: e che cosa avviene? Direi un rito, su queste soglie: ci scambiamo la lampada; io do a voi la lampada della mia fede, della mia dottrina che vi rischiarerà al di fuori della cerchia dei vostri studi tutti quei perimetri chiusi e tenebrosi che non avreste saputo da voi esplorare [...] E voi mi date la vostra lampada che mi sarà cara, che mi sarà preziosa anche per il mio magistero e per il mio studio e il mio insegnamento e cioè mi insegnerà la scienza della parola, mi insegnerà ad approfondire quegli arcani accenti venuti da Dio e a tradurli in elementi e in alfabeto umano²⁸².

Nel corso del suo pontificato Paolo VI incontrò, in varie occasioni, i rappresentanti sia delle Università Cattoliche²⁸³ sia di quelle statali²⁸⁴. In queste circostanze il Pontefice ricordò che l'Università rappresentava il

---

²⁸¹ G. B. MONTINI, «Omelia in occasione della prima visita dell'Arcivescovo di Milano alla sede dell'Università Cattolica del Sacro Cuore, per il cinquantesimo di professione religiosa di p. Agostino Gemelli (18.01.1955)», in G. E. MANZONI – C. GHIDELLI, ed., *Messaggi e discorsi*, 42.

²⁸² G. B. MONTINI, «Omelia» (18.01.1955), 42-43.

²⁸³ Tra i numerosi discorsi pronunciati dal Pontefice, vedasi, ad esempio: PAOLO VI, *Discorso* (31.10.1963), *Ins.* I (1963), 272; ID., *Discorso* (12.03.1964), *Ins.* II (1964), 178; ID., *Discorso* (13.05.1972), *Ins.* X (1972), 493-499; ID., *Il valore* (29.10.1966), *Ins.* IV (1966), 529; ID., *Il contributo degli studi patristici* (04.05.1970), *Ins.* VIII (1970), 437; ID., *Le Università Cattoliche* (06.05.1971), *Ins.* IX (1971), 384.

²⁸⁴ A titolo esemplificativo possiamo annoverare: PAOLO VI, *Discorso* (14.03.1964), *Ins.* II (1964), 1096; ID., *Discorso* (12.03.1966) *Ins.* IV (1966), 102-106.

luogo privilegiato della ricerca comune della verità[285] ed il luogo dove era possibile elaborare una sintesi armonica tra fede e ragione[286]. Soprattutto negli Atenei Cattolici egli scorse il desiderio di voler concretizzare l'invito formulato dalla *Gaudium et spes* di costruire un dialogo tra Chiesa e mondo, attraverso il quale le due realtà potessero arricchirsi vicendevolmente. Entrambi gli ambiti – la fede e scienza – avevano contributi da offrire e, nel contempo, anche 'qualcosa da imparare', l'una dall'altra[287].

Il Pontefice propose, come esempi da seguire, due personaggi, che seppero offrire 'una testimonianza concreta'[288] non soltanto di una semplice convivenza tra fede e scienza, ma di una proficua armonia tra i due ambiti.

Innanzitutto la figura di Nicolò Copernico. Nella lettera inviata al Cardinale Stefan Wyszyński, in occasione del V centenario della nascita dell'astronomo polacco, il Pontefice ricordò che lo scienziato che per primo elaborò la teoria eliocentrica, riteneva possibile l'accordo fra fede e scienza, auspicando che tra le due realtà s'instaurasse un dialogo sempre più costruttivo e fecondo[289].

L'altro modello presentato dal Pontefice fu il medico Giuseppe Moscati. Questi, pur vivendo ed operando in un contesto culturale fortemente caratterizzato da un'irriducibile opposizione fra fede e scienza, seppe trovare il giusto equilibrio tra i due ambiti di conoscenza.

> L'equilibrio tra scienza e fede fu per Moscati una conquista, certo, nell'ambiente in cui specialmente uno studente di medicina doveva allora modellare la propria preparazione; ma fu anche e soprattutto una certezza, posseduta intimamente, che guidava le sue ricerche e illuminava le sue cure[290].

Rivolgendosi in modo particolare ai medici ed agli scienziati presenti in occasione della beatificazione del medico napoletano, Paolo VI sottolineò che la relazione tra fede e scienza non avrebbe dovuto essere impostata secondo le categorie dell'opposizione o della separazione, ma

---

[285] Cfr. PAOLO VI, *Le Università Cattoliche* (06.05.1971), *Ins.* IX (1971), 384.

[286] Cfr. PAOLO VI, *Discorso* (14.03.1964), *Ins.* II (1964), 1096; ID., *Le Università Cattoliche* (27.11.1972), *Ins.* X (1972), 1206-1207.

[287] Cfr. PAOLO VI, *Discorso* (26.04.1969), *Ins.* VII (1969), 236.

[288] «L'uomo contemporaneo ascolta più volentieri i testimoni che i maestri (...) o se ascolta i maestri lo fa perché sono dei testimoni» (PAOLO VI, *Evangelii Nuntiandi* [08.12.1975], n. 41, *Ins.* XII [1975], 1459). Ritroviamo la medesima espressione in un precedente discorso pontificio, come rileva in nota la stessa Esortazione apostolica. Cfr. ID. *Presenza viva* (02.10.1974), *Ins.* XI (1974), 895-896.

[289] Cfr. PAOLO VI, *Caeli enarrant gloriam Dei* (23.01.1973), *Ins.* XI (1973), pp 61-63.

[290] PAOLO VI, *Un testimone esemplare* (16.11.1975), *Ins.* XIII (1975), 1293.

essa era una 'relazione di distinzione e di autonomia'. Tale autonomia – pur garantendo una chiara delimitazione dei campi d'indagine, di competenza e di metodo necessari per conseguire un corretto esercizio della scienza – non avrebbe in alcun modo dovuto escludere o ostacolare la complementarietà tra i due ordini di conoscenza, ricercando, invece, l'integrazione e la convergenza tra questi due ambiti distinti.

Il problema si pone ancora oggi, talora in modo acuto e drammatico; lo sanno bene gli illustri clinici e studiosi che sono venuti oggi alla glorificazione del loro collega, e che salutiamo con rispetto profondo. Ma è anche vero che oggi l'opposizione si fa più acuta, per la crisi filosofica della scienza e per l'avvertenza che i due ordini di conoscenza sono distinti e non opposti. Anzi si delinea una concezione dei due ordini della conoscenza – scienza e fede – che non solo li distingue, ma li rende complementari e convergenti nella ricerca trascendente della verità. Questa complementarietà e questa convergenza sono documentate specialmente dall'esperienza vissuta: di scienziati credenti e di credenti scienziati; allora e oggi[291].

8.4 Humanae vitæ: *vero dialogo costruttivo tra fede e scienza*

La regolazione delle nascite rappresenta, anche ai nostri tempi, una tematica attuale e 'spinosa', oggetto di forte polemica e di dissenso – anche all'interno della Chiesa – durante gli anni Cinquanta e Sessanta del secolo scorso. Paolo VI decise di affrontare anche questo 'non facile' argomento, nella speranza di poter aiutare l'uomo a meglio comprendere se stesso:

Ma vi è un punto in cui le due competenze, la Nostra e la vostra, potrebbero venire a contatto e insieme dialogare. Vogliamo dire la questione della regolazione della natalità[292].

Il 25 luglio 1968 il Pontefice pubblicò l'enciclica *Humanae vitæ*[293] ripresentando la posizione ufficiale del Magistero della Chiesa sul controllo delle nascite, dichiarando illecito l'uso dei mezzi anticoncezionali non naturali (cfr. HV 14). L'Enciclica, immediatamente oggetto di numerose critiche e di forti opposizioni[294], era frutto di una lunga e travagliata elaborazione, durante la quale vennero interpellati esperti di diverse discipline, tra i quali anche scienziati e medici.

---

[291] PAOLO VI, *Un testimone esemplare* (16.11.1975), *Ins.* XIII (1975), 1294.

[292] PAOLO VI, *Luce di fede e morale della Chiesa* (29.10.1966), *Ins.* IV (1966), 524.

[293] PAOLO VI, *Humanae vitae* (25.07.1969), in *EE* 7/1135-1200. Come è noto essa fu pubblicata su *L'Osservatore Romano* del 29 e del 30 luglio 1968.

[294] Cfr. V. VARAIA, *Dossier sull'Humanae vitae*, Torino 1969. Lo stesso Paolo VI ne era ben cosciente: «Sappiamo che vi sono anche molti che non hanno apprezzato il Nostro insegnamento, anzi non pochi lo osteggiano (...) La Nostra parola non è facile,

Tracciare le tappe principali della storia dell'*Humanae vitæ* ci potrà aiutare a meglio coglierne il contenuto ed a suggerirne una retta interpretazione[295]. Nel giugno 1964 Paolo VI riservò a sé lo studio della materia e l'eventuale pronunciamento, non volendo che questo diventasse tema del dibattito conciliare (cfr. GS 51 nota 14). Il Concilio si limitò ad incoraggiare gli uomini di scienza ad unire i propri sforzi per raggiungere un'unità del sapere e una certezza consolidata circa le condizioni che possano favorire una «onesta regolazione della procreazione umana» (GS 52).

La sfida della pianificazione demografica e dell'eventuale apertura verso l'utilizzo dei contraccettivi da parte degli sposi cristiani aveva già portato Giovanni XXIII a istituire, nel marzo 1963, la Commissione pontificia per lo studio dei problemi della popolazione e della famiglia. Questo comitato, originariamente composto da sei membri (tre ecclesiastici e tre laici) venne successivamente ampliata all'inizio del Pontificato di Paolo VI, aumentando il numero dei membri fino a 13. Un primo rapporto finale presentato nel 1964 da questa Commissione raccomandava la continenza periodica, rimandando ad altra occasione un pronunciamento ed un'esplicita presa di posizione nei confronti dei mezzi anticoncezionali. Si fece notare al Pontefice, inoltre, che in questo rapporto non erano stati presi in considerazione i risultati ottenuti in tale ambito dalla ricerca scientifica. Nell'ottobre del 1964 se ne discusse anche nell'Assemblea conciliare[296]. Il Pontefice decise, quindi, d'aumentare nuovamente il numero dei membri della Commissione pontificia per lo studio dei problemi della popolazione e della famiglia, nominando anche medici, sociologi, demografi, teologi ed alcune coppie di sposi. Progressivamente all'interno di questo comitato si delinearono due corrente contrapposte: una, minoritaria, contraria all'evoluzione della dottrina sulla regolazione delle nascite ed un'altra, maggioritaria, invece a favore.

---

non è conforme ad un uso che oggi si va purtroppo diffondendo, come comodo e apparentemente favorevole all'amore e all'equilibrio familiare» (PAOLO VI, *La Norma da Noi riaffermata* (04.08.1968), *Ins.* VI (1968), 1098).

[295] Cfr. E. HAMEL, «Genesi dell'Enciclica 'Humanae vitæ'», 453-467; M. ROUCHE, «La préparation de l'Encyclique 'Humanae vitæ'», 361-369; J. GROOTAERS, «Quelques données», 385-398.

[296] «Seguiamo il progredire della scienza. Vi scongiuro, Padri evitiamo un nuovo processo a Galileo. Uno basta alla storia»: il 29 ottobre il cardinale Suenes, arcivescovo di Malines, si fece interprete dell'esigenza di un rinnovamento della morale coniugale che affrontasse, secondo una nuova prospettiva, anche il delicato tema della regolazione delle nascite. Cfr. E. HAMEL, «Genesi dell'Enciclica 'Humanae vitæ'», 453-467.

Durante questo intenso periodo di consultazione, il Pontefice, in diverse occasioni, trattò pubblicamente il tema, ribadendo l'utilità e la necessità di confrontarsi con altre conoscenze per 'illuminare' lo stesso insegnamento della Chiesa[297]. Nell'Allocuzione al Sacro Collegio, del 23 giugno 1964, Paolo VI, parlando del controllo delle nascite, affermava:

> È problema estremamente complesso e delicato. La Chiesa ne riconosce i molteplici aspetti, vale a dire le molteplici competenze, fra le quali quella dei coniugi, quella della loro libertà, della loro coscienza, del loro amore, del loro dovere. Ma la Chiesa deve affermare anche la sua, quella cioè della legge di Dio, da lei interpretata, insegnata, favorita e difesa; e la Chiesa dovrà proclamare tale legge di Dio alla luce delle verità scientifiche, sociali, psicologiche, che in questi ultimi tempi hanno avuto nuovi amplissimi studi e documentazioni[298].

L'anno successivo il Pontefice, ricevendo i membri della Commissione per lo studio dei problemi della popolazione, della famiglia e della natalità[299], che organizzava a Roma la sua quarta sessione, li esortò a studiare attentamente come gli sposi avrebbero dovuto compiere «nell'esercizio del loro mutuo amore, questo servizio della vita al quale li chiama la loro vocazione»[300], ricordando loro il duplice piano su cui si collocava la loro ricerca:

> Da una parte una migliore conoscenza delle leggi fisiologiche, dei dati psicologici e medici, dei movimenti demografici e degli sconvolgimenti sociali; d'altra parte e soprattutto, il piano della luce superiore che proietta su tali fatti i dati della fede e dell'insegnamento tradizionale della Chiesa[301].

Nel giugno 1966, come risposta della Commissione, furono consegnate al Pontefice due relazioni: una prima ammetteva come lecita la regolazione delle nascite mediante il ricorso a mezzi, umani e onesti, ordinati alla promozione della fecondità in tutta la vita matrimoniale nel suo

---

[297] Cfr. PAOLO VI, *Allocuzione* (23.06.1964), *Ins.* II (1964), 420; ID., *Allocuzione* (27.03.1965), *Ins.* III (1965), 201-203; ID., *La luce del Concilio Ecumenico* (12.02.1966), *Ins.* IV (1966), 78-86; ID., *Luce di fede* (29.10.1966), *Ins.* IV (1966), 521-525.

[298] PAOLO VI, *Allocuzione* (23.06.1964), *Ins.* II (1964), 412-423.

[299] Nell'*Humanae vitae* Paolo VI ricordò nuovamente in che cosa consistesse esattamente il compito della Commissione: «Avere per scopo di raccogliere pareri sulle nuove questioni riguardanti la vita coniugale, e in particolare la regolazione delle natalità, e di fornire gli elementi di informazione opportuni, perché il magistero potesse dare una risposta adeguata all'attesa non soltanto dei fedeli, ma dell'opinione pubblica mondiale» (HV 5).

[300] PAOLO VI, *Allocuzione* (27.03.1965), *Ins.* III (1965), 202.

[301] PAOLO VI, *Allocuzione* (27.03.1965), *Ins.* III (1965), 202.

insieme e alla realizzazione degli autentici valori della comunità coniugale feconda; l'altra chiedeva al Papa di confermare la dottrina tradizionale, condannando con fermezza qualsiasi forma di contraccezione non naturale. Alcuni mesi dopo, rivolgendosi ai partecipanti al 52mo Congresso internazionale della Società italiana di ostetricia e di ginecologia, il Pontefice rivelò che, non ancora pienamente soddisfatto delle conclusioni elaborate dalla Commissione[302], avrebbe richiesto che la questione venisse ulteriormente studiata ed approfondita[303].

> Con ciò la nuova parola, che si attende dalla Chiesa, sul problema della regolazione delle nascite, non è ancora pronunciata, per il fatto che noi stessi, avendola promessa e a noi riservata, abbiamo voluto prendere in attento esame le istanze dottrinali e pastorali, che su tale problema sono sorte in questi ultimi anni, studiandole al confronto dei dati della scienza e dell'esperienza, che da ogni campo ci sono presentati, dal vostro campo medico specialmente e da quello demografico, per dare al problema la sua vera e buona soluzione, che non può non essere quella integralmente umana, quella cioè morale e cristiana[304].

Trascorsi altri due anni di studio e di riflessione[305], Paolo VI, promulgando l'*Humanae vitæ*, riaffermò la dottrina tradizionale, proposta con costante fermezza dal Magistero della Chiesa (cfr. HV 6).

---

[302] Il Pontefice ricordò il carattere consultativo della Commissione: «Ci sentivamo propensi ad accogliere, fin dove Ci sembrava di poterlo fare, le conclusioni, per quanto di carattere consultivo, della Commissione istituita da Papa Giovanni di venerata memoria, e da Noi stessi ampliata, ma insieme doverosamente prudenti» (PAOLO VI, *La premessa* (31.07.1968), *Ins.* VI (1968), 870).

[303] «(Queste conclusioni) a noi sembra, non possono essere considerate definitive, per il fatto ch'esse presentano gravi implicazioni con altre non poche e non lievi questioni, sia d'ordine dottrinale, che pastorale e sociale, le quali non possono essere isolate e accantonate, ma esigono una logica considerazione nel contesto di quella posta allo studio. Questo fatto indica, ancora una volta, la enorme complessità e la tremenda gravità del tema relativo alla regolazione delle nascite, e impone alla nostra responsabilità un supplemento di studio, al quale con grande riverenza per chi vi ha già dato tanta attenzione e fatica, ma con altrettanto senso degli obblighi del nostro apostolico ufficio, stiamo risolutamente attendendo. È questo il motivo che ha ritardato il nostro responso e che lo dovrà differire ancora per qualche tempo» (PAOLO VI, *Luce di fede* [29.10.1966], *Ins.* IV [1966], 525).

[304] PAOLO VI, *Luce di fede* (29.10.1966), *Ins.* IV (1966), 524.

[305] «Nella sua allocuzione del 31 luglio, il Papa ci ha pure rivelato che, prima di prendere la decisione definitiva, si era lungamente consultato con persone di alto valore morale, scientifico e pastorale: ciò lascia supporre che, durante i due anni che seguirono alla consegna del rapporto della Commissione e che precedettero la pubblicazione dell'enciclica, ci sia stato un ulteriore ricorso a esperti, sia a qualche membro della

In prima facie, considerando le diverse reazioni negative suscitate dalla pubblicazione dell'Enciclica[306], sembrerebbe che il tanto auspicato dialogo col mondo della scienza e della ricerca non si fosse realizzato[307]. Paolo VI scelse di far propria la posizione espressa dalla minoranza della Commissione, riaffermando la dottrina classica e dichiarando illecito l'uso degli anticoncezionali, anziché adottare quella della maggioranza, che, invece, ammetteva come lecita la regolazione delle nascite attraverso il ricorso a mezzi artificiali. Un'attenta lettura del documento dimostra come, invece, vi sia stato un 'mutuo arricchimento' tra l'ambito scientifico e la fede.

Da un lato il Pontefice beneficiò, durante la fase della consultazione, delle prospettive e dei risultati conseguiti dalla scienza. Nell'Enciclica si autorizzava l'utilizzo di farmaci che non procuravano in modo diretto la sterilità, ma che, ad esempio, regolavano i ritmi naturali dell'organismo, facilitando così l'individuazione dei periodi di maggiore fertilità (cfr. HV 24). Non era inoltre ritenuto illecito l'uso di quei mezzi terapeutici, necessari per curare malattie dell'organismo, anche se avrebbero potuto, come conseguenza, rendere inabili alla procreazione, purché tale impedimento non fosse, per qualsiasi motivo, direttamente ricercato (cfr. HV 15). Paolo VI, infine, esortò gli uomini di scienza, in modo particolare quelli che erano credenti cattolici, ad applicarsi a «chiarire più a fondo le diverse condizioni che favoriscono una onesta regolazione della procreazione umana» (HV 24).

D'altro canto, però, per aspirare a raggiungere una soluzione esaustiva al problema della regolazione delle nascite, ogni ragionamento umano o scientifico necessitava di essere integrato, arricchito, e sorretto dalla luce della fede, la quale non rappresentava un 'rifiuto a voler capire', ma piuttosto, l'accesso ad un'intelligenza superiore[308]. Paolo VI dichiarò che la dottrina morale sul matrimonio, benché fondata sulla legge naturale, avrebbe dovuto essere «illuminata ed arricchita dalla Rivelazione divina» (HV 4), «ispirata alla fede ed alla retta ragione» (HV 27). La Rivelazione e la fede, infatti, desideravano soltanto aiutare l'uomo, in particolar modo lo scienziato, ad affrontare il problema della natalità alla luce di una 'visione integrale della persona umana' (cfr. HV 7). L'Enciclica

---

Commissione stessa, sia ad altri. Il loro lavoro è stato circondato da un rigoroso riserbo» (E. HAMEL, «Genesi dell'Enciclica 'Humanae vitæ'», 460).

[306] Cfr. V. VARAIA, *Dossier sull'Humanae vitae*.

[307] Cfr. PAOLO VI, *Luce di fede* (29.10.1966), *Ins.* IV (1966), 524.

[308] Cfr. E. HAMEL, «Di fronte all'Enciclica 'Humanae vitæ'», 112-113.

ribadiva l'inderogabile necessità di trattare la questione, nel contesto di 'un'antropologia integrale'[309].

L'*Humanae vitæ* rappresentava una sorta di 'apologia della dignità umana'[310]. Paolo VI, in virtù del mandato affidatogli da Cristo stesso di pascere il gregge, (cfr. HV 6) chiese all'uomo di «non abdicare la propria responsabilità per rimettersi ai mezzi tecnici» (HV 18 e 21), desiderando 'salvare l'essere umano da se stesso'[311], ricordandogli la propria dignità. Invitando gli sposi alla continenza, alla padronanza di se (cfr. HV 21), ed al rispetto reciproco, senza il quale non esistere un vero amore (cfr. HV 9), Papa Montini si fece interprete dell'autenticità dell'amore umano e sacro degli sposi. Riproponendo il tema della sacralità dell'esistenza umana, il Pontefice rimandò a Colui che è l'Autore della vita, il quale non ha totalmente affidato alle nostre mani il mistero dell'origine e del fine della vita, invitando l'uomo ad acquisire una 'concezione religiosa della trasmissione della vita'[312].

L'Enciclica era «ferma, ma non chiusa»[313], e non intendeva rappresentare un ostacolo o una limitazione né per la riflessione teologica, né per la ricerca scientifica, né per la discussione sulla dottrina proposta. Paolo VI si impegnò nel cercare di offrire una risposta chiara, così da dipanare eventuali ambiguità nella mente del fedele circa la posizione del Magistero della Chiesa su questa questione, senza però avere la pretesa di esporre minuziosamente e dettagliatamente le argomentazioni a sostegno della posizione da lui accolta e presentata[314]. *L'Humanae vitæ* – secondo il cardinale gesuita Jean Daniélou – «ci ha fatto sentire il carattere sacro dell'amore umano», esprimendo una «rivolta contro la tecnocrazia»[315].

---

[309] Due giorni dopo la pubblicazione dell'Enciclica, nell'udienza generale Paolo VI disse che il contenuto essenziale dell'enciclica «non è soltanto la dichiarazione di una legge morale negativa, cioè l'esclusione d'ogni azione che si proponga di rendere impossibile la procreazione (cfr. HV 14) ma è soprattutto la presentazione positiva della moralità coniugale in ordine alla sua missione di amore e di fecondità 'nella visione integrale dell'uomo e della sua vocazione, non solo naturale e terrena, ma anche sopranaturale ed eterna (cfr. HV 7)» (PAOLO VI, *La premessa* [31.07.1968], *Ins.* VI [1968], 869).

[310] Cfr. E. HAMEL, «Di fronte all'Enciclica 'Humanae vitæ'», 115.

[311] Cfr. BENEDETTO XVI, *Discorso alla Curia Romana* (22.12.2008), 54.

[312] Cfr. E. HAMEL, «Di fronte all'Enciclica 'Humanae vitæ'», 115-116; L. CICCONE, «Interpretazione e approfondimento», 143-144.

[313] Jean Guitton definì l'Enciclica «*ferme mais non fermée*» in quanto «se parla della via stretta» mostra che è «la via aperta verso l'avvenire» (J. GUITTON, «Rilettura dell'Enciclica 'Humanae vitæ'», *OR* [06.09.1968], 4).

[314] Cfr. E. HAMEL, «Di fronte all'Enciclica 'Humanae vitæ'», 112.

[315] Cfr. G. M. VIAN, «A Quarant'anni dall'Humanae vitae», 2.

9. L'identikit dello scienziato credente

Più di chiunque altro, la Chiesa si rallegra di ogni vera conquista dello spirito umano, in qualunque campo essa avvenga. La Chiesa riconosce e apprezza grandemente l'importanza delle scoperte scientifiche [...] Perché essa vi vede non soltanto il magnifico impiego dell'intelligenza: essa vi scopre anche l'esercizio di alte virtù morali, che conferiscono allo scienziato l'aspetto e il merito di un asceta, talvolta di un eroe, al quale l'umanità deve rendere un grande tributo di lode e di riconoscenza[316].

L'ammirazione di Paolo VI per lo scienziato traspariva in molti suoi interventi, ma in modo particolare nell'Allocuzione appena citata. Nessuno aveva mai lodato così l'opera di uno scienziato, sino ad attribuirgli il titolo di 'asceta' e di 'eroe'[317]. Attraverso il suo magistero, – come spiega Enrico di Rovasenda, nominato dallo stesso Montini direttore della Cancelleria della Pontificia Accademia delle Scienze –, il Pontefice è voluto divenire 'accompagnatore ed educatore dello scienziato'[318] nel cammino che porta dalla scienza alla sapienza[319], dalla conoscenza del creato alla contemplazione di Dio[320]. Facendosi interprete dei sentimenti della Chiesa, il Pontefice valutò con profonda stima la persona dello scienziato e l'attività da questi compiuta[321]. Egli non si sentì soltanto fiero delle 'conquiste' e dei progressi compiuti dagli uomini di scienza[322], ma volle anche

---

[316] PAOLO VI, *Discorso* (23.04.1966), 169 (*Ins.* IV [1966], 199).

[317] Cfr. E. DI ROVASENDA, «Paolo VI e la ricerca scientifica», 38.

[318] Cfr. E. DI ROVASENDA, «Paolo VI Educatore dello scienziato», 259.

[319] Non va dimenticato l'invito del Concilio Vaticano II rivolto alle persone impegnate nella scienza a "perfezionare l'intelligenza umana mediante la sapienza": «L'epoca nostra, più ancora che i secoli passati, ha bisogno di questa sapienza, perché diventino più umane tutte le sue scoperte. È in pericolo, infatti, il futuro del mondo, a meno che non vengano suscitati uomini più saggi» (GS 15). Commentando questo passaggio del Concilio, Paolo VI aggiunse: «Questa saggezza non si oppone alla cultura dello spirito: esse si condizionano e si integrano reciprocamente (...) Così il saggio accompagna lo scienziato; la natura, dapprima ostile, ma poi migliorata e trasformata dal lavoro, diviene un'alleata e un'amica» (PAOLO VI, *Il progressivo dominio* [15.04.1972], 183 [*Ins.* X [1972], 383]).

[320] «Aiutateci a sollevare i nostri cuori e le nostre menti oltre gli orizzonti limitati delle fatiche quotidiane, per scoprire il vasto dominio delle stelle e delle galassie, e per trovare la magnificenza e la potenza del Creatore. *Deum Creatorem, venite adoremus*!» (PAOLO VI, *La scienza* [12.07.1978], *Ins.* XVI [1978], 551).

[321] Cfr. PAOLO VI, *Discorso* (02.04.1966), *Ins.* IV (1966), 153; ID., *Discorso* (22.03.1965), *Ins.* III (1965), 187-189.

[322] «Noi siamo fieri di voi, Signori, felici dei vostri studi e dei vostri contributi al benessere dell'umanità» (PAOLO VI, *Le migliori conquiste* [27.04.1968], 176: [*Ins.* VI [1968], 176]).

esprimere la propria partecipazione ed un rispetto riconoscente di fronte alla loro sensibilità umana, in modo particolare per coloro che erano capaci d'accostarsi e di farsi carico della sofferenza altrui[323].

Questo atteggiamento di Paolo VI nei confronti dell'uomo di scienza permise d'instaurare un dialogo rispettoso e franco col mondo scientifico.

9.1 *Chi è lo scienziato?*

Lo scienziato, agli occhi di Papa Montini, era innanzitutto uno stretto collaboratore di Dio: attraverso il suo impegno e la sua instancabile attività, infatti, egli corrispondeva ad una delle vocazione più nobili che il Creatore avesse affidato all'umanità: quella di «decifrare i segreti della natura»[324]. Se Agostino rivolge il suo invito «*Intellectum valde ama*» (Ep. 120, 15: PL, 33, 459) ad ogni uomo, lo scienziato è colui che deve meglio rispondere a tale invito, impegnandosi a leggere con acutezza d'ingegno il libro della natura[325]. Il Concilio, nella Costituzione sulla Chiesa nel mondo moderno, interpretò la vocazione del ricercatore come colui che «si sforza con perseveranza e umiltà, di scandagliare i segreti delle cose» (GS 36). Questo insegnamento sulla vocazione dello scienziato verrà nuovamente proposto dal Pontefice ai partecipanti della *Settimana di studio su materia organica e fertilità del suolo*, pochi anni dopo la chiusura dell'Assemblea conciliare[326].

Pur possedendo una così nobile vocazione, durante la ricerca, probabilmente, non sarebbero mancati momenti di sfiducia e di sconforto. Questa era una vocazione segnata da una 'faticosa corsa verso l'ignoto', una corsa sovente dolorosa e anche infruttuosa[327]. Quando però, attraverso gli strumenti a lui propri, giungeva a meglio conoscere se stesso ed il creato, lo scienziato poteva assaporare quella «*joie de connaître*»[328] che l'avrebbe stimolato a proseguire ulteriormente nella sua ricerca.

---

[323] Cfr. PAOLO VI, *Discorso* (02.04.1966), *Ins.* IV (1966), 156.

[324] PAOLO VI, *Discorso* 07.09.1968), *Ins.* VI (1968), 449; Cfr. ID., *Discorso* (23.04.1966), 167-171: (*Ins.* IV [1966], 196-202); ID., *Le migliori conquiste* (27.04.1968), 173: (*Ins.* VI [1968], 172).

[325] Cfr. PAOLO VI, *Il progressivo dominio* (15.04.1972), 183 (*Ins.* X [1972], 382-383).

[326] Cfr. PAOLO VI, *Le migliori conquiste* (27.04.1968), 172-176 (*Ins.* VI [1968], 171-176).

[327] Cfr. PAOLO VI, *Discorso* (22.03.1965), *Ins.* III (1965), 188.

[328] Paolo VI citò un'opera assai nota ai nei tempi della sua giovinezza *La joie de connaître* (1929), del geologo Pierre-Marie Termier. Ricorrendo a questa opera il Pontefice poteva far riferimento a quella 'felicità intellettuale' che lo scienziato sperimentava nel momento della scoperta. «Gioia dell'intelligenza ricompensata del suo lavoro;

La fatica e la costanza nell'esercizio contribuiva a rendere lo scienziato «più pienamente uomo»[329], in quanto egli sviluppava ciò che nell'uomo vi era di più nobile e di 'più somigliante a Dio', ossia il pensiero. In consonanza con la teoria di Pascal[330], Montini riconosceva l'atto del pensare come la più alta dignità dell'uomo:

il pensiero, la capacità di 'divenire tutte le cose' – il *fieri omnia* della filosofia classica – questo privilegio unico e incomparabile dell'intelligenza umana, questo potere posseduto dall'essere pensante di conquistare la realtà, di assimilarla, di farne una verità che diviene un suo bene proprio, pur essendo in potenza, per la sua universalità, il bene di tutti[331].

Per essere sempre 'più pienamente uomo' lo scienziato avrebbe dovuto prendere le distanze da tutto ciò che, in diversi modi, negava la dimensione trascendentale della realtà[332], cercando, invece, alla stregua del filosofo, di preservare la capacità di contemplare con ammirazione la realtà[333].

Una scoperta chiama un'altra scoperta, che a sua volta ne chiama un'altra ancora; ma lo spirito non è mai completamente soddisfatto. Si tratta forse di un cammino infinito verso un obiettivo irraggiungibile? Ma sarebbe l'abdicazione dell'intelligenza! La natura, progressivamente rivelata, rivela un mistero più grande di lei. E così lo scienziato viene invitato a divenire filosofo. Sia all'origine che alla fine degli enigmi che egli incontra sulla sua strada e che contribuisce a risolvere, egli è portato a riconoscere, o almeno a presentire, la presenza di una Sapienza di un altro ordine, illimitata, trascendente gli spazi e i tempi[334].

Paolo VI ricordò, inoltre, che lo scienziato avrebbe dovuto, con la sua attività, precedere e accompagnare il tecnico; che il saggio avrebbe dovuto accompagnare lo scienziato e che il saggio avrebbe dovuto avvertire la

---

gioia estetica, in presenza di un bel risultato» (PAOLO VI, *Il progressivo dominio* [15.04.1972], 183 [*Ins*. X [1972], 383]).

[329] PAOLO VI, *Le migliori conquiste* (27.04.1968), 173 (*Ins*. VI [1968], 173).

[330] «Tutta la nostra dignità consiste dunque nel pensiero. È con questo che dobbiamo nobilitarci e non già con lo spazio e con il tempo che non potremmo riempire. Studiamoci dunque di pensar bene: questo è il principio della morale» (Cfr. B. PASCAL, *Pensieri e altri scritti*, 139).

[331] PAOLO VI, *Le migliori conquiste* (27.04.1968), 173 (*Ins*. VI [1968], 173).

[332] Paolo VI riteneva che fosse rimasto solo il credente «a difendere la sua capacità (dell'uomo) di giungere al vero al di là delle frontiere delle scienze sperimentali o matematiche, e ad attribuire a questo genere di conoscenza un valore assai alto, che conduce alla sfera della metafisica dove queste scienze trovano la loro sorgente e da dove traggano, spesso inconsciamente, la loro forza razionale» (PAOLO VI, *Una grande missione* [01.06.1972] *Ins*. X [1972], 585).

[333] Cfr. PAOLO VI, *Discorso* (23.04.1966), 168 (*Ins*. IV [1966], 198).

[334] PAOLO VI, *Il progressivo dominio* (15.04.1972), 184 (*Ins*. X [1972], 384).

'presenza d'una Saggezza superiore', della quale l'intelligenza umana è come una scintilla: «è questa unione tra profonda riflessione, interrogazione su se stesso, sulla umanità e sull'universo che, unendo in simbiosi lo scienziato e il filosofo, fa il saggio»[335].

Nella visione montiniana, l'uomo di scienza era anche 'l'uomo di tutti i tempi'[336], in quanto mentre accoglieva e custodiva ciò che altri, precedentemente, avevano consegnato all'umanità in ambito scientifico, egli svolgeva la sua indagine nel presente, orientando lo sguardo verso il futuro, preparando così il cammino a coloro che erediteranno i risultati della sua ricerca. Oltre ad inserirsi nell'alveo della tradizione scientifica, egli diveniva anche, nel contempo, una sorta di 'acceleratore della storia' in quanto stimolava il progresso dell'intera umanità[337]. Paolo VI espresse questa sua visione della figura dello scienziato in occasione della Sessione plenaria della Settimana di studio promossa dalla Pontificia Accademia delle Scienze nel 1968:

> Egli raccoglie, assimila, approfondisce e perfeziona ciò che vi è di valido nell'immensa eredità di studio e di riflessione di coloro che lo hanno preceduto; egli utilizza questo patrimonio di sapere umano già acquisito come base di partenza, da cui slanciarsi verso nuove conquiste, a vantaggio della sua generazione e di quelle che seguiranno[338].

Lo scienziato, pur avendo una solida eredità alle spalle e un futuro carico di speranze che lo attendeva la *sola scienza*, non sarebbe mai stato in grado di cogliere pienamente il valore della sua umanità:

> Quanto più l'uomo cerca, studia, pensa, scopre e costruisce la sua gigantesca torre della cultura moderna, tanto meno si sente sicuro della validità della ragione, della verità oggettiva, dell'utilità esistenziale del sapere, della sua propria immortalità; il dubbio lo insidia, lo annebbia, lo scuote, lo avvilisce; egli si rifugia nell'evidenza delle sue meravigliose conquiste, egli si alimenta della sincerità delle sue esperienze; gli si fida del credito delle grandi e sonanti parole di moda; ma in realtà il timore gli dà le vertigini sul valore di ogni cosa[339].

Le antropologie e le scienze moderne pretendevano di poter offrire una definizione completa ed esaustiva della natura umana[340]. La Chiesa invece, avrebbe voluto 'illuminare' l'uomo del XX secolo con la luce della

---

[335] PAOLO VI, *Il progressivo dominio* (15.04.1972), 184 (*Ins.* X [1972], 384). Cfr. E. DI ROVASENDA, «Introduzione», 9.

[336] Cfr. E. DI ROVASENDA, «Paolo VI e la ricerca scientifica», 38.

[337] Cfr. E. DI ROVASENDA, «Introduzione», 9.

[338] PAOLO VI, *Le migliori conquiste* (27.04.1968), 173 (*Ins.* VI [1968], 173).

[339] PAOLO VI, *Nella risurrezione del Signore* (29.03.1970), *Ins.* VIII (1970), 245-246.

[340] Cfr. PAOLO VI, *Il rapporto dell'uomo con Dio* (28.07.1971), *Ins.* IX (1971), 655.

fede in Cristo Salvatore[341]. L'insegnamento della Chiesa avrebbe voluto tracciare una nuova strada antropologica:

La valutazione che la Chiesa fa dell'uomo [...] è di incommensurabile grandezza. Nessuna antropologia eguaglia quella della Chiesa sulla persona umana, anche singolarmente considerata, circa la sua originalità, la sua dignità, la intangibilità e la ricchezza dei suoi diritti fondamentali, la sua sacralità, la sua educabilità, la sua aspirazione ad uno sviluppo completo, la sua immortalità [...][342].

Questa nuova antropologia, avrebbe voluto mostrare all'uomo moderno (secondo il nostro parere, in modo particolare allo scienziato) la necessità della fede in Cristo, luce del mondo; in colui che era capace d'infondere nel cuore dell'uomo la verità su Dio e sullo stesso essere umano[343]. Lo scienziato avrebbe potuto perseguire uno sviluppo autentico ed integrale dell'uomo, soltanto aprendosi verso l'Assoluto, abbracciando la fede in Cristo, in colui «che rivela pienamente l'uomo a se stesso e gli permette di arrivare alla sua pienezza»[344].

9.2 Una vocazione che si fa missione

Ma non possiamo dimenticare l'ottimismo – dovremmo dire: l'amore – con cui la Chiesa del Concilio guarda al mondo, in cui ella stessa si trova, e che la circonda, la soverchia, la opprime con i suoi giganteschi e travolgenti fenomeni [...] Vede, come sempre, la miseria e la grandezza; ma oggi, di più, un'altra cosa: la Chiesa vede la sua vocazione, vede la sua missione, vede il bisogno della sua presenza: gli uomini hanno bisogno della sua verità, della sua carità, del suo servizio, della sua preghiera[345].

Tutta quanta l'attività umana aveva bisogno della presenza della Chiesa. Quest'ultima poteva rendersi presente nell'ambiente scientifico, attraverso la persona dello scienziato credente. Questi era chiamato a

---

[341] Cfr. PAOLO VI, *Le perenni energie del Vangelo* (23.06.1970), *Ins*. VIII (1970), 668. Durante la Messa natalizia per il Corpo Diplomatico, Paolo VI coniò un'espressione sintetica per definire l'atteggiamento dell'uomo, che, nelle tenebre che l'avvolgono cerca una luce insistituibile per il suo cammino. Tale luce che il Pontefice vuole aiutare a scoprire, si trova solo nel Cristo: «Questa celebrazione notturna riveste un valore simbolico. È simbolo dell'uomo che cammina nella notte e che cerca (...) Cerca una luce, cerca la sua direzione; cerca l'incontro con un Uomo che gli è necessario, un Uomo che assolutamente deve cercare» (PAOLO VI, *Ai rappresentanti dei popoli* (25.12.1969), *Ins*. VII (1969), 813).

[342] PAOLO VI, *Il vero umanesimo* (04.09.1968), *Ins*. VI (1968), 886.

[343] Cfr. PAOLO VI, *Elevato commento* (03.07.1968), *Ins*. VI (1968), 848.

[344] PAOLO VI, *Senza orgoglio* (02.12.1970), *Ins*. VIII (1970), 1331.

[345] PAOLO VI, *Suscitare in ogni uomo* (30.03.1966), *Ins*. IV (1966), 737-738.

partecipare della vocazione e della missione propria della Chiesa: essere strumento di verità e di carità per tutta quanta l'umanità. La presenza di uno scienziato credente in mezzo ad altri ricercatori avrebbe dovuto essere segno e garanzia di quel 'primato della coscienza morale' che, anche in ambito scientifico, andava ricercato. Lo scienziato cristiano, infatti, avrebbe dovuto interrogarsi seriamente circa il futuro terreno dell'umanità, cercando di rispondere con responsabilità a questa 'sfida'[346]. La responsabilità che derivava dalla coscienza morale poteva assicurare un progresso tecnico in armonia con la vocazione e soprattutto con il bene integrale della persona umana[347].

La presenza di uno scienziato credente costituiva anche un esempio tangibile dell'effettiva possibilità ed utilità d'instaurare un reale dialogo tra scienza e fede[348]. Si sarebbe dovuto guardare alla fede non come ad un fattore limitante per la ricerca, ma come ad un 'lume indispensabile', capace di guidare ed orientare lo stesso sapere scientifico[349]. Lo scienziato, 'consacrato al servizio dei fratelli', avrebbe potuto aiutare l'uomo a conservare o a ritrovare in sé un armonioso equilibrio tra la sfera spirituale e quella corporale[350].

Lo scienziato che si professava cristiano, infine, era chiamato a coltivare la speranza e la fiducia, che «la natura nasconde delle possibilità segrete, che spetta all'intelligenza [dello scienziato] scoprire e mettere in atto»[351]. Questo 'ottimismo epistemologico'[352], ossia la speranza di poter

---

[346] Cfr. PAOLO VI, *Indirizzare la ricerca* (19.04.1975), 189 (*Ins.* XIII [1975], 320).

[347] Cfr. PAOLO VI, *Discorso* (22.10.1977), 193 (*Ins.* XV [1977], 968).

[348] Il medico Giuseppe Moscati fu uno fra i tanti scienziati, che, nel corso della storia, testimoniarono, nell'esercizio della loro professione, la possibilità di un autentico e proficuo incontro tra scienza e fede. Cfr. PAOLO VI, *Un testimone esemplare* (16.11.1975), *Ins.* XIII (1975), 1293.

[349] In linea di principio, tra scienza e fede non esistono contrasti in linea di principio, anche se, purtroppo, nella realtà contingente possono verificarsi, soprattuto quando sorgono coloro che Nicolò Copernico, nella letterea dedicatoria a Papa Paolo III del *De revolutionibus orbium coelestium*, definì come gli «sconvolgitori di discorsi». Questo giudizio di Copernico sembra, in qualche modo, essere presente nella lettera che Paolo VI indirizzò al Cardinale Wyszyński in occasione del V Centenario della nascita di Nicolò Copernico. Cfr. PAOLO VI, *Caeli enarrant gloriam Dei* (23.01.1973), *Ins.* XI (1973), 61-63; E. DI ROVASENDA, «Paolo VI e la ricerca scientifica», 36.

[350] Cfr. PAOLO VI, *Discorso* (08.10.1966), *Ins.* IV (1966), 475.

[351] PAOLO VI, *Indirizzare la ricerca* (19.04.1975), 189: (*Ins.* XIII [1975], 320).

[352] Lo scienziato e matematico Monsignor Georges Lemaître, autore della teoria dell'origine dell'universo da un atomo primitivo e della sua continua espansione (*Big Bang*), Presidente della Pontificia Accademia delle Scienze durante i primi anni del Pontificato di Paolo VI, sosteneva che: «Entrambi – lo scienziato credente e non-credente – si sforzano di decifrare il palinsesto di molteplici stratificazioni della natura

trovare la verità impressa dal Creatore nel creato[353], conferiva al ricerca-tore credente una 'particolare energia'; un'energia che poteva essere co-municata ai colleghi e che permetteva di svolgere generosamente la pro-pria professione a servizio delle generazioni future.

10. Conclusione

Questa scoperta nuova del mondo creato è assai importante per la nostra vita spirituale. Vedere Dio nel mondo, e il mondo in Dio: che cosa v'è di più estasiante? Non è questo il lume amico e stimolante che deve sorreggere la veglia scientifica dello studioso? Non è così che fugge il terrore del vuoto, che il tempo smisurato e lo spazio sconfinato producano intorno al microco-smo, che siamo noi?[354]

Le sopraccitate parole di Paolo VI, pronunciate qualche giorno prima dello sbarco dell'uomo sulla Luna ben sintetizzano, a nostro avviso, l'atteggiamento del Pontefice di fronte alle 'conquiste' e i successi in campo scientifico-tecnologico, che caratterizzarono gli anni del suo pontificato. Da un lato esse esprimono il suo profondo interessamento per il progresso scientifico e tecnologico e, dall'altro, si pongono come richiamo per lo scienziato, che, con onestà, non avrebbe potuto fare a meno di riconoscere, almeno implicitamente, l'esistenza di una 'Sag-gezza trascendentale', capace d'illuminare ulteriormente lo stesso campo scientifico.

Il contributo magisteriale offerto da Papa Montini nella ricerca di un 'dialogo efficace e fruttuoso' tra la fede e il contesto scientifico del suo tempo non fu certo irrilevante. Così si espresse al riguardo l'allora Diret-tore della Cancelleria della Pontificia Accademia delle Scienze, padre Enrico di Rovasenda:

---

dove le tracce delle diverse tappe della lunga evoluzione del mondo si sono sovrapposte e confuse. Il credente ha forse il vantaggio di sapere che l'enigma ha una soluzione, che la scrittura soggiacente è, alla fine dei conti, opera di un essere intelligente, dunque che il problema posto della natura è stato posto per essere risolto e che la sua difficoltà è indubbiamente proporzionale alla capacità presente o futura dell'umanità. Questo forse non gli darà nuove risorse nella sua indagine, ma contribuirà a mantenerlo in un sano ottimismo, senza il quale uno sforzo costante non può mantenersi a lungo» (O. GODART – M. HELLER, «Les relations», 11). Cfr. E. DI ROVASENDA, «Paolo VI e la ricerca scien-tifica», 42.

[353] Paolo VI, come abbiamo visto precedentemente, educava lo scienziato a cercare la verità nella realtà con la certezza che «essa è intelligibile, che essa è magnifica, che essa è divina (...) che il pensiero è uno strumento adatto alla conquista della verità» (PAOLO VI, La guida luminosa e sicura [13.10.1963], 162-163 [Ins. I [1963], 220-221]).

[354] Paolo VI, Dono immenso e perfetto (16.07.1969), Ins. VII (1969), 496.

I discorsi pronunziati da Paolo VI sono dotati di una ricchezza di dottrina che illumina, con la sapienza della Chiesa, varie tematiche del sapere scientifico. Papa Montini, tuttavia, a differenza di Papa Pacelli, che approfondiva nei suoi discorsi i contenuti della ricerca, non si addentra nella complessità delle questioni scientifiche, ma si pronunzia soltanto, come esperto in umanità e maestro della fede, sugli aspetti umani e religiosi delle scoperte e applicazioni scientifiche[355].

Soggiacente all'insegnamento di Paolo VI, sebbene non sia possibile rinvenire la stessa organizzazione sistematica, è possibile ritrovare dei parallelismi e dei 'punti d'incontro' col pensiero di Ian Barbour. Esplicitando queste 'affinità', abbiamo ritenuto legittimo concludere che il Pontefice, in modo analogo alla posizione elaborata da Barbour, dimostrò l'infondatezza e l'irragionevolezza della tipologia del conflitto e di quella dell'indipendenza, sottolineando la necessità di orientarsi verso un dialogo fruttuoso – orientandosi, cioè, per utilizzare la classificazione elaborata dallo studioso statunitense, verso la 'tipologia dell'integrazione' – attraverso il quale sia l'ambito della scienza sia quello della fede avrebbero potuto trarne beneficio, 'illuminandosi' vicendevolmente.

In diverse occasioni il Pontefice richiamò e sviluppò l'insegnamento conciliare secondo cui la progressiva conoscenza del mondo naturale, attraverso gli studi scientifici e gli sviluppi della tecnica, non è in conflitto con la fede. Egli volle in modo particolare aiutare l'uomo di scienza a difendersi dalla 'minaccia delle ideologie' – tra le quali, il riduzionismo scientifico, l'assolutizzazione della scienza, e l'idolatria dello strumento – ideologie che non solo oscurano la vera scienza, ma creano un clima di conflitto con l'ambito della fede. Il dialogo tra fede e scienza, così come lo concepì il Successore di Pietro, potrebbe rappresentare un'efficace risposta al problema dell'odierna frammentazione della cultura e del sapere, dal momento che entrambe (fede e scienza) sono a servizio dell'unica Verità[356]. Esse possono e devono integrarsi vicendevolmente. Paolo VI considerava, infatti, la fede come una 'luce per la scienza' e vedeva nella scienza un sapere propedeutico, capace esso stesso di 'purificare ed illuminare' la stessa fede. Un dialogo così inteso, avrebbe portato la coscienza umana verso l'unitarietà del sapere, verso una vera ed autentica cultura umana – o se vogliamo in termini *maritiani-montiniani* – verso quello sviluppo umano integrale richiamato ed auspicato dallo stesso Pontefice nella *Popolorum progressio* (43).

---

[355] E. DI ROVASENDA, «Introduzione», 8.
[356] Cfr. PAOLO VI, *Discorso* (14.10.1966), *Ins*. IV (1966), 499.

Nel contributo di Paolo VI riscontriamo, infine, due altri elementi significativi, che accomunano ulteriormente il pensiero del Pontefice alla tipologia dell'integrazione elaborata da Barbour. Innanzitutto è presente il riferimento alla *teologia naturale*. Il Pontefice ribadì, a più riprese, che la capacità di meravigliarsi di fronte al creato costituisce non solo il punto di partenza dell'avventura conoscitiva, ma anche l'apertura verso il riconoscimento dell'azione creatrice di Dio. La scoperta delle caratteristiche intime della natura, e la progressiva conoscenza delle sue leggi, parlano di Dio all'uomo.

In secondo luogo, nel suo insegnamento è possibile rinvenire anche il richiamo alla *teologia della natura*, quanto egli ammetteva che i risultati della ricerca scientifica contemporanea sollecitavano la teologia cristiana ad elaborare nuove sintesi. Di questo tratteremo più ampiamente nel quarto capitolo, enucleando il contributo specifico apportato dal Pontefice nella trattazione di questioni teologiche che hanno una 'certa attinenza' anche con l'ambito scientifico.

CAPITOLO IV

Il contributo di Paolo VI nel '*ri-dire*' la teologia del peccato originale alla luce della scienza

1. Il peccato originale, una dottrina sempre attuale?

La concezione evoluzionistica dell'origine del mondo e dell'uomo sembra imporsi sempre più. Un ritorno indietro a questo proposito è impensabile. Paragonata con questa concezione, la presentazione classica del domma del peccato originale fa la figura di una favola infantile che il mondo moderno non può più considerare seriamente. Alcuni si domandano perciò se non si dovrebbe ripensare radicalmente la teologia del peccato originale, e rinnovare l'interpretazione di questo schema storico (il racconto paradisiaco) la cui presentazione usuale contiene tante difficoltà. [...] Noi crediamo fermamente che sarà possibile un giorno elaborare una solida teologia del peccato originale, precisando il senso dell'immagine familiare ma diventata tanto imbarazzante del Paradiso terrestre, in modo s'intende da eliminare l'opposizione con la mentalità moderna, inevitabilmente evoluzionista[1].

Il secolo scorso è stato caratterizzato da notevoli progressi nel campo della paleontologia, dell'anatomia, della fisiologia e della biochimica[2]. I risultati conseguiti hanno 'gettato nuova luce' sull'origine della terra e dell'uomo. Si avvertì, pertanto, la necessità di ricercare e di coniare un linguaggio nuovo per parlare della creazione dell'uomo e per *ri-dire* la teologia del peccato originale «con concetti e parole più comprensibili alle menti formate alla odierna cultura filosofica e scientifica»[3], nella

---

[1] A. VANNESTE, «Le décret de Trente sur le péché originel», *Nouvelle Revue Théologique* 87 (1965), 688-726, citato in M. FLICK, «Peccato originale ed evoluzionismo. Un problema teologico», 440-441.

[2] Cfr. P. HAFFNER, *Creazione e creatività scientifica*, 252-253.

[3] PAOLO VI, *Il dogma del peccato originale* (11.07.1966), *Ins*. IV (1968), 364.

consapevolezza che la formulazione classica del dogma era divenuta ormai difficilmente comprensibile per il mondo moderno.

Paolo VI durante il suo pontificato percepì il bisogno di riprendere e di rendere concreta l'allegoria dello 'scambio delle lampade'[4], utilizzata nel 1955 dall'allora Arcivescovo di Milano durante la sua prima visita all'Università Cattolica del Sacro Cuore per descrivere quel dialogo fattivo che si poteva instaurare tra colui che portava la luce della fede e colui che portava la luce della ricerca scientifica. Un incontro di due lampade, di due luci; l'una bisognosa dell'altra per poter illuminare, insieme, il cammino dell'umanità.

In quest'ultimo capitolo del nostro studio, partendo da questa allegoria, vogliamo analizzare come il contributo specifico apportato dal magistero di Paolo VI riguardo alla dottrina del peccato originale si 'sia lasciato illuminare' dal contributo della scienza.

Partendo dalla formulazione classica, contenuta nei Decreti del Concilio di Trento, vogliamo ripercorrere alcune tappe dell'*iter* di codificazione del linguaggio usato per parlare dell'evoluzione e del peccato originale, terminando col considerare due pronunciamenti ufficiali di Paolo VI.

2. La dottrina classica sul peccato originale – Concilio di Trento

Nella V sessione del Concilio di Trento (dal 24 maggio al 17 giugno 1546) si affrontò la tematica del peccato originale. Il decreto *De Peccato originale* (DS 1510-1516), tenendo conto dei risultati conseguiti dalla riflessione teologica dei secoli precedenti[5], rappresenta il fondamento della dottrina classica della Chiesa sul peccato originale, ripresa e ribadita nel corso dei secoli.

Il decreto, datato 17 di giugno 1546, si apre con un proemio[6], in cui si possono intuire le ragioni che spinsero i Padri conciliari a trattare

---

[4] Cfr. G. B. MONTINI, «Omelia», 42-43.

[5] Il magistero, prima del Tridentino, si pronunciò due volte in merito al peccato originale. Nel Concilio di Cartagine nell'anno 418 fu condannata la dottrina pelagiana (Cfr. DS 223), mentre nel Sinodo di Orange dell'anno 529, si risolse la controversia semipelagiana (Cfr. DS 371-372).

[6] «Perché la nostra fede cattolica, senza la quale "è impossibile essere graditi a Dio" (Eb 11, 6), rimossi gli errori, resti integra e pura, e perché il popolo cristiano non "sia portato qua e là da qualsiasi vento di dottrina" (Ef 4, 14. 20), dal momento che l'antico serpente (cfr. Ap 12, 9; 20, 2), perpetuo nemico del genere umano, tra i moltissimi mali da cui è sconvolta la Chiesa di Dio in questi nostri tempi, ha suscitato nuovi e vecchi dissidi circa il peccato originale e i suoi rimedi, il sacrosanto, ecumenico Tridentino, generale Concilio, legittimamente riunito nello Spirito santo, sotto la presidenza degli

la materia: come reazione, da un lato, all'erronea interpretazione della concupiscenza sostenuta dai protestanti, e, dall'altro, alla negazione del peccato originale e delle sue conseguenze sull'uomo[7]. Seguono poi sei canoni che espongono la dottrina del peccato originale. In questo studio vogliamo riportare i canoni per intero, analizzandone i contenuti[8].

2.1 *Esame dei canoni*

Nel primo canone è possibile distinguere due parti: una prima (redatta *ex novo*) ed una seconda, che riprende il primo canone del Secondo Sinodo di Orange[9]:

> Se qualcuno non ammette che il primo uomo Adamo, avendo trasgredito nel paradiso il comando di Dio, ha perso all'istante la santità e la giustizia, nelle quali era stato stabilito e che, per questo peccato di prevaricazione, è incorso nell'ira e nell'indignazione di Dio, e perciò nella morte, che Dio gli aveva minacciato in precedenza, e, con la morte nella schiavitù di colui «che» poi «della morte ha il potere, cioè il diavolo (Eb 2, 14); e che tutto l'Adamo per quel peccato di prevaricazione fu mutato in peggio sia nell'anima che nel corpo: sia anatema» (DS 1511).

Il canone parla di un *primo uomo Adamo*: si deve rilevare che il decreto, servendosi delle teologiche categorie conosciute e condivise in quell'epoca, presuppone che Adamo sia una persona unica e storica, da cui si è originato l'intero genere umano. Essendo il monogenismo allora comunemente accettato, l'Assise conciliare non ne fece oggetto di una trattazione teologica specifica.

---

stessi tre legati della Sede Apostolica, volendo richiamare gli erranti e confermare gli incerti, seguendo le testimonianze delle sacre Scritture, dei santi padri, dei concili più venerandi ed il giudizio e il consenso della chiesa stessa, stabilisce, professa e dichiara quanto segue sul peccato originale» (DS 1510).

[7] Cfr. F. G. BRAMBILLA, *Antropologia teologica*, 518.

[8] Nell'analisi del decreto '*De peccato originale*' del Concilio di Trento, ci serviremo soprattutto di tre opere: Z. ALSZEGHY – M. FLICK, *Il peccato originale*; F. G. BRAMBILLA, *Antropologia teologica*; L. F. LADARIA, *Antropologia teologica*.

[9] Cosi si pronunciò il Sinodo di Orange: «Se qualcuno dice che l'uomo per il deterioramento della prevaricazione di Adamo non "è stato mutato in peggio" completamente, cioè secondo il corpo e l'anima, ma crede che, rimanendo illesa la libertà dell'anima, soltanto il corpo (sia) soggetto alla corruzione, si contrappone, ingannato dall'errore di Pelagio, alla Scrittura che dice: "L'anima che avrà peccato, morirà essa stessa" (Ez 18,20); e: "Non sapete che a chi vi offrite per obbedirgli come schiavi, siete schiavi di colui a cui obbedite?" (Rm 6,16); e: "Da chi qualcuno è vinto, a lui viene assegnato anche come schiavo" (2 Pt 2, 19)» (DS 371).

Il canone, elencando le conseguenze del primo peccato di Adamo – la perdita della 'santità e giustizia' – non si pronuncia sulla situazione dell'uomo prima della caduta. Trento si limita a confermare l'insegnamento del Sinodo di Orange, il quale affermava che Adamo intero – corpo e anima – è stato leso dal peccato[10]. Nonostante il canone parli esplicitamente soltanto di Adamo, si deve però intendere che gli effetti del peccato originale abbiano 'intaccato' tutta l'umanità generata da Adamo, come, di fatto, afferma il canone seguente.

Il secondo canone riporta quasi integralmente il testo del Sinodo di Orange[11]:

> «Se qualcuno afferma che la prevaricazione di Adamo nocque a lui solo, e non anche alla sua discendenza», che perse soltanto per sé, e non anche per noi, la santità e la giustizia ricevute da Dio; o che egli, corrotto dal peccato di disobbedienza, trasmise a tutto il genere umano «solo la morte» e le pene «del corpo, e non anche il peccato, che è la morte dell'anima» sia anatema. «Contraddice infatti all'apostolo, che afferma: "A causa di un solo uomo il peccato è entrato nel mondo e con il peccato la morte, così anche la morte ha raggiunto tutti gli uomini, perché in lui tutti hanno peccato" (Rm 5,12)» (DS 1512).

Qui il Tridentino, seguendo l'esempio del Secondo Sinodo di Orange, elencando gli effetti del peccato di Adamo trasmessi a tutto il genere umano, si serve come fondamento biblico dell'insegnamento dell'Apostolo Paolo contenuto in Rm 5,12.

Il terzo canone è quello che maggiormente interessa per il nostro studio. Esso, diviso in due parti, afferma che la mediazione di Cristo è necessaria sia per la remissione del peccato originale, sia per la salvezza, e che i meriti di Cristo Salvatore, attraverso il sacramento del Battesimo, vengono applicati sia ai bambini che agli adulti.

---

[10] L. F. Ladaria nota che il testo finale del decreto omette un inciso presente negli schemi preparatori: «*nulla parte animae illaesa durante*». Questo inciso, fu ispirato dal primo canone del Sinodo di Orange: «*sed animane libertate illaesa durante*» che a sua volta volle rispondere a chi affermava che la libertà dell'uomo fosse rimasta intatta dopo il peccato di Adamo. I Padri omettono questo inciso per salvaguardare la relativa integrità della 'natura' umana dopo il peccato. Cfr. L. F. LADARIA, *Antropologia teologica*, 272.

[11] Cosi si pronunciò il Sinodo di Orange: «Se qualcuno afferma che la prevaricazione di Adamo ha nociuto solo a lui, non anche alla sua discendenza, o attesta che certamente solo la morte del corpo, che è la pena del peccato, non invece anche il peccato, che è la morte dell'anima, sia passato a tutto il genere umano, attribuisce a Dio un'ingiustizia, contraddicendo l'apostolo che dice: "Attraverso un solo uomo il peccato entrò nel mondo, e mediante il peccato la morte, e così 'la morte' si estese a tutti gli uomini; in lui tutti hanno peccato" (cfr. Rm 5,12)» (DS 372).

Se qualcuno afferma che questo peccato di Adamo, che è uno solo per la sua origine e, trasmesso mediante la generazione, e non per imitazione, a tutti, inerisce a ciascuno come proprio, può essere tolto con le forze della natura umana, o con altro rimedio, al di fuori dei meriti dell'unico mediatore, il Signore nostro Gesù Cristo (cfr. DS 1347), che ci ha riconciliati con Dio nel suo sangue (cfr. Rm 5,9s), «diventato per noi giustizia, santificazione e redenzione» (1 Cor 1,30); o nega che lo stesso merito di Gesù Cristo sia applicato tanto agli adulti che ai bambini mediante il sacramento del Battesimo amministrato secondo la forma e l'uso della chiesa: sia anatema. Perché «non vi è altro nome dato agli uomini sotto il cielo nel quale è stabilito che possiamo essere salvati» (At 4,12). Da qui deriva l'espressione: «Ecco l'agnello di Dio, colui che toglie il peccato del mondo» (Gv 1,29) e l'altra: «Tutti voi che siete stati battezzati in Cristo vi siete rivestiti di Cristo» (Gal 3, 27) (DS 1513).

Il canone sintetizza ed espone le tre 'caratteristiche' fondamentali della dottrina del peccato originale originato. Quest'ultimo, infatti, è «uno solo per la sua origine» (riferendosi, così, in modo esplicito al peccato commesso da Adamo) e «inerisce a ciascuno come proprio». Attraverso questa affermazione, quindi, il decreto non ammette che vi sia 'una molteplicità di peccati'[12], che come tali siano 'originanti' e che vengano attribuiti all'uomo come peccati diversi[13].

Questo canone afferma, infine, che il peccato originale si trasmette «mediante la generazione, e non per imitazione». Attraverso questa espressione, mutuando termini di matrice agostiniana[14] ed antipelagiana[15], si vuole non tanto determinare la 'modalità esatta' attraverso la quale viene trasmesso il peccato originale, quanto piuttosto ribadire il fatto che ogni uomo nasce segnato dal peccato e bisognoso di redenzione[16]. Il decreto vuole confutare la posizione di chi sosteneva che il peccato originale fosse una conseguenza della libera decisione dell'uomo, o che fosse una mera 'imitazione' dei peccati altrui.

Il canone si conclude – come abbiamo già rilevato – affermando che il peccato originale «inerisce a ciascuno come proprio»: questo in risposta

---

[12] Alszeghy e Flick contemplano però la possibilità che il decreto vuole alludere all'idea di una pluralità di peccati trasmessi da Adamo, riconoscendo in Adamo l'origine sia dei diversi peccati materiali e anche delle cattive inclinazioni concrete. Cfr. Z. ALSZEGHY – M. FLICK, *Il peccato originale*, 147.

[13] Cfr. L. F. LADARIA, *Antropologia teologica*, 273.

[14] I termini *'generatio'* e *'propagatio'* sono stati usati da Agostino, senza una particolare distinzione. Cfr. L. F. LADARIA, *Antropologia teologica*, 274.

[15] Pelagio affermava che l'uomo non nasce peccatore ma contratta il peccato originale solo attraverso l'imitazione del cattivo esempio di Adamo. Cfr. B. MONDIN, «Pelagio», 464.

[16] Cfr. L. F. LADARIA, *Antropologia teologica*, 274.

a coloro che pensavano l'umanità subisse le conseguenze del peccato di Adamo come una colpa ad essa 'estranea'. Il canone, nell'affermare che il peccato è proprio a ciascuno, non indica, però, il 'come' di questa presenza propria in ogni essere umano[17]. Si conclude affermando che il peccato originale originato non può essere rimosso se non con la grazia di Gesù, attraverso il Battesimo.

Il canone successivo espone il fondamento e la giustificazione della prassi del Battesimo dei bambini:

«Se qualcuno nega che i bambini appena nati debbano essere battezzati», anche se figli di genitori battezzati, «oppure sostiene che vengono battezzati per la remissione dei peccati, ma che non ereditano da Adamo niente del peccato originale che sia necessario purificare col lavacro della rigenerazione» per conseguire la vita eterna, «per cui nei loro confronti la forma del Battesimo per la remissione dei peccati non deve essere ritenuta vera, ma falsa: sia anatema. Infatti quello che dice l'apostolo: "A causa di un solo uomo il peccato è entrato nel mondo e col peccato la morte, così anche la morte ha raggiunto tutti gli uomini, perché in lui tutti hanno peccato" (Rm 5,12), deve essere inteso nel senso in cui la chiesa cattolica universale l'ha sempre interpretato. Per questa norma di fede» secondo la tradizione apostolica «anche i bambini, che non hanno ancora potuto commettere da sé alcun peccato, vengono veramente battezzati per la remissione dei peccati, affinché in essi sia purificato con la rigenerazione quello che contrassero con la generazione» (cfr. DS 223). «Se, infatti, uno non nasce da acqua e da Spirito, non può entrare nel regno di Dio» (Gv 3,5) (DS 1514).

Questo canone confuta due errori: il primo era quello di ritenere che i figli di genitori battezzati non avessero bisogno del Battesimo; mentre il secondo consisteva nel pensare che il Battesimo fosse necessario soltanto per la remissione dei peccati e non per il peccato originale. Viene qui ripreso l'insegnamento codificato dal Concilio di Cartagine che affermava:

A motivo di questa regola della fede anche i bambini, che non abbiano potuto ancora commettere peccato alcuno in se stessi, tuttavia vengono veramente battezzati per la remissione dei peccati, acciocché mediante la rigenerazione venga in essi purificato quanto esse attraverso la generazione hanno contratto (DS 223).

Come fondamento scritturistico, il Tridentino qui utilizza (seguendo l'esempio del Sinodo di Cartagine) il passaggio di Rm 5,12 aggiungendo il versetto di Gv 3,15. Rispetto al canone 2 del Sinodo di Cartagine,

---

[17] Cfr. L. F. LADARIA, *Antropologia teologica*, 274.

Trento propone due nuove affermazioni: la necessità del Battesimo anche per i figli di genitori battezzati, e l'accenno alla 'tradizione apostolica', in relazione al Battesimo dei bambini. Possiamo qui trovare una
conferma implicita dell'esistenza del peccato originale e della condizione peccaminosa in cui nasce ogni uomo (previa alla sua volontà personale). Riguardo alla modalità di trasmissione del peccato originale attraverso la generazione, non si dice nulla di nuovo rispetto a quanto dichiarato nel terzo canone.

Questi primi quattro canoni «avevano la funzione di descrivere gene-
ticamente ciò di cui il Concilio volle definire come la non-permanenza
nei giustificati»[18]. Dal momento che essi, unitariamente considerati, non
'attaccano' la dottrina dei riformatori, si può pensare che il Concilio di
Trento abbia voluto cogliere l'occasione per cercare di offrire una visione il quanto più completa possibile della situazione peccaminosa
dell'uomo, non limitandosi a definire soltanto quegli aspetti su cui non
vi era accordo con i protestanti[19].

Il quinto canone rappresenta, in un certo qual modo, la 'novità' di questo decreto, giacché i contenuti dottrinali qui esposti si riferiscono direttamente ad alcune posizione sostenute da Lutero e dai riformatori, con-
futandole:

> Se qualcuno nega che per la grazia del Signore nostro Gesù Cristo, conferita
> nel Battesimo, sia tolta la macchia del peccato originale, o se sostiene che
> tutto quello che è vero e proprio peccato non viene tolto, ma solo cancellato
> o non imputato: sia anatema. […] Questo santo sinodo professa e ritiene tut-
> tavia che nei battezzati rimane la concupiscenza o passione; ma essendo que-
> sta lasciata per la prova, non può nuocere a quelli che non vi acconsentono e
> che le si oppongono virilmente con la grazia di Gesù Cristo. Anzi, «non ri-
> ceve corona se non chi ha lottato secondo le regole» (2Tm 2,5). Il santo si-
> nodo dichiara che la chiesa cattolica non ha mai inteso questa concupiscenza,
> che talora l'apostolo chiama «peccato» (cfr. Rm 6,12-15, 7,7.14-20), fosse
> definita peccato, in quanto è veramente e propriamente tale nei battezzati,
> ma perché ha origine dal peccato e ad esso inclina. Se qualcuno crede il con-
> trario: sia anatema (DS 1515).

Il canone afferma che attraverso la grazia ricevuta nel Battesimo, viene
perdonato 'il *reatus*' del peccato originale. Il sacramento, quindi, 'eli-
mina totalmente' il peccato originale, il quale non viene, come invece
credevano i riformatori, semplicemente cancellato o non imputato.
Trento afferma che la giustificazione nell'uomo è reale e non meramente

---

[18] Z. ALSZEGHY – M. FLICK, *Il peccato originale*, 155.
[19] Cfr. L. F. LADARIA, *Antropologia teologica*, 276.

imputata: liberati dalla colpa trasmessa da Adamo, Dio non 'disprezza niente' nei suoi figli rigenerati attraverso la grazia del Battesimo, e nulla impedisce che essi possano entrare in paradiso. Alcuni testi paolini – tra i quali, ad esempio, Rm 6,4; 8,1.17; Ef 4,22-24; Col 3,9s – fungono da fondamento a queste asserzioni.

La seconda parte del canone afferma la permanenza della concupiscenza nelle persone battezzate. Riguardo alla nozione di concupiscenza non vi è accordo tra cattolici e riformatori. Contrariamente a quanto pensava Lutero, Trento, nel decreto, ne parla come di un'inclinazione al male ed al peccato – di un libero arbitrio 'indebolito' nelle sue forze – evitando così di identificarla al peccato originale o di considerarla come vero e proprio peccato[20]. Questa inclinazione 'naturale' – che nasce dal peccato e porta al peccato – può essere vinta attraverso la grazia ricevuta da Cristo[21]. La relazione tra peccato originale originato e concupiscenza in chi riceve il Battesimo, rimaneva ancora una questione aperta.

L'ultimo canone del decreto prende in considerazione la figura della Vergine Maria:

> Questo santo sinodo dichiara tuttavia, che non è sua intenzione comprendere in questo decreto, dove si tratta del peccato originale, la beata e immacolata vergine Maria, madre di Dio, ma che si devono osservare su questo punto le costituzioni di papa Sisto IV, di felice memoria, sotto minaccia delle sanzioni in esser previste e che il Concilio rinnova (DS 1516).

Questo canone vuole semplicemente dichiarare la 'non-applicabilità' di quanto contemplato ed esposto nel decreto sul tema del peccato originale, alla persona della vergine Maria, madre di Dio, riferendosi esplicitamente alla Costituzione *Cum praeexcelsa* di Sisto IV (cfr. DS 1400; 1425).

2.2 *Interpretazione del decreto*

Per cercare di ben comprendere il documento, bisogna porsi due domande. Innanzitutto, *'che cosa hanno voluto definire rigorosamente i Padri conciliari?'* e, poi, *'quale assenso di fede è tenuto a dare il cristiano alle diverse affermazioni che compongono il decreto?'*. Per cercare di rispondere a questi due interrogativi bisogna procedere rispettivamente ad

---

[20] Per Lutero, la concupiscenza equivale alla ribellione con Dio, all'opposizione alla sua volontà. In quanto tale, essa è considerata come un peccato, dal momento che va ad interessare, in modo negativo, e ad intaccare la nostra relazione con il Creatore. Cfr. G. BRAMBILLA, *Antropologia teologica*, 521-522.

[21] Cfr. A. M. DUBARLE, *Il peccato* originale, 64-66.

un'analisi storico critica e ad un'analisi di carattere ermeneutico di questo decreto[22].

2.2.1 Analisi storico-critica

L'analisi storico-critica ci aiuta a ricostruire ciò che i Padri hanno voluto dire. Come abbiamo accennato all'inizio, il proemio accenna sinteticamente al contesto in cui si svolse l'Assise. L'intento dei pronunciamenti conciliari era quello di contestare e di confutare alcuni errori che circolavano in materia[23]. A tale scopo, i Padri pensarono di dover presentare i punti principali della dottrina tradizionale cattolica sul peccato originale, senza alcuna pretesa di voler offrire una trattazione organica ed esaustiva.

Condividiamo pienamente la valutazione di G. Colombo, il quale afferma che il decreto sul peccato originale avrebbe 'chiuso' un unico problema, quello cioè di definire 'l'esistenza' del peccato originale originante di Adamo e quello originato nei suoi discendenti. Tutte le altre problematiche – tra le quali, ad esempio: la natura del peccato originale, lo stato originario dell'umanità, e le condizioni attuali dell'uomo leso dal peccato originale – rimangano aperte[24].

2.2.2 Analisi ermeneutica del decreto

Per cercare di definire 'l'esistenza del peccato originale', i canoni del decreto elaborano alcune affermazioni specifiche. Queste – secondo Flick e Alszeghy – non hanno lo stesso 'peso di tensione alla verità', ma vanno organizzate sulla base della loro attinenza al problema che il Concilio, con la promulgazione del decreto cercava di risolvere[25]. I due teologi

---

[22] Per cercare rispondere ad entrambi i quesiti, facciamo riferimento allo studio di F. G. BRAMBILLA, *Antropologia teologica*, 518-530.

[23] Va ricordato che le due nozioni errate – l'interpretazione 'peccaminosa' della concupiscenza portata avanti dai protestanti, e la non-esistenza del peccato originale e delle sue conseguenze sulla condizione dell'uomo (a cui abbiamo fatto riferimento sopra) facevano parte di una lista di 13 errori distribuita ai Padri conciliari e ai teologi della commissione tridentina. Anche se la lista fu resa pubblica il 9 giugno – più di una settimana dopo l'inizio della sessione – essa doveva essere già nota a chi aveva il compito di redigere il testo. La lista che portava il titolo '*Haereses super peccato originali, lectae in generali congregatione die mercurii 9 iunii 1546*' era divisa in tre categorie: (i) gli errori sulla concupiscenza post-battesimale; (ii) gli errori circa il battesimo dei bambini; (iii) gli errori presenti in campo cattolico. Cfr. F. G. BRAMBILLA, *Antropologia teologica*, 519-523.

[24] Cfr. G. COLOMBO, *Antropologia teologica. Dispense scolastiche*, come citati in F. G. BRAMBILLA, *Antropologia teologica*, 524-525.

[25] Cfr. Z. ALSZEGHY – M. FLICK, *Il peccato originale*, 165.

gesuiti elaborarono, quindi, una 'gerarchia di livelli', distinguendo tra dichiarazioni cristologiche ed ecclesiologiche, affermazioni antropologiche, e asserzioni eziologiche, così da poter determinare dove il decreto contenesse la dottrina definitiva e irriformabile:

> L'asse principale del discorso conciliare va verso l'affermazione cristologica ed ecclesiale, secondo cui l'uomo, il quale ha assolutamente bisogno della grazia di Cristo elargitagli nel sacramento della Chiesa, per questa grazia cristica e sacramentale è veramente liberato dal peccato. Soltanto in seconda linea, in obliquo è presa di mira la dottrina antropologica sul peccato, morte dell'anima, per cui la grazia è necessaria, e da cui la grazia ci libera, che è uno per la sua origine, è trasmesso per generazione e inerisce a ciascuno come suo proprio. In terza linea vengono le asserzioni, che abbiamo chiamato eziologiche, le quali caratterizzano questo peccato per il racconto della sua origine[26].

Secondo questa catalogazione, le affermazioni del decreto inerenti all'azione salvifica di Cristo – la quale è trasmessa attraverso l'azione ecclesiale del sacramento del Battesimo – sono immediatamente collegate all'obiettivo che il Concilio si era prefisso: ad esse deve essere riconosciuta validità dogmatica irriformabile, anche nel nostro tempo[27].

Le 'caratteristiche' antropologiche del peccato, esposte nel terzo canone – uno per origine, trasmesso per generazione, e che inerisce a ciascuno come suo proprio – sono espresse attraverso il linguaggio teologico tipico dell'epoca. Sebbene si stesse elaborando e trasmettendo una dottrina di valore irriformabile – l'esistenza del peccato originale – il decreto poté esimersi dall'esprimerla secondo le categorie di quel particolare tempo storico. Per questa ragione è ancora discutibile, per esempio «fino a qual punto il Concilio abbia voluto affermare che la generazione è veramente necessaria per trasmettere il peccato, o invece abbia inteso solamente escludere che il peccato si trasmetta solo per imitazione»[28].

Le affermazioni eziologiche sul 'peccato originale originante', utilizzano un linguaggio mutuato dal testo genesiaco, presupponendo, tacitamente, un'interpretazione storica della caduta dell'uomo:

> Il concilio concepisce ed esprime questa catastrofe nel quadro del dramma dell'Eden, né poteva immaginarla diversamente. Però, se il responsabile della catastrofe primordiale è stato capostipite dell'umanità o no, anzi se è

---

[26] Z. ALSZEGHY – M. FLICK, *Il peccato originale*, 165.

[27] I due autori non escludono però il fatto che col passare del tempo, si possano trovare forme linguistiche più adatte per esprimere le affermazioni dogmatiche irriformabili. Cfr. Z. ALSZEGHY – M. FLICK, *Il peccato originale*, 166.

[28] Z. ALSZEGHY – M. FLICK, *Il peccato originale*, 165.

stata una sola persona, o un gruppo umano, ci sembra non deciso dal Concilio, supposto che si tratti sempre di una catastrofe capace di spiegare, perché tutti gli uomini entrano nell'esistenza in uno stato difforme dall'idea del creatore[29].

La problematica dell'ominazione non venne affrontata né dal Concilio di Trento, né dal Sinodo di Orange e nemmeno dall'Assise di Cartagine, in quanto, a quel tempo, il problema non si poneva. Questa problematica, inoltre, era poco attinente all'intenzione didattica di Trento, esulando dall'obiettivo principale che ci si era prefissi. Per questi motivi, sarebbe 'ermeneuticamente sbagliato' cercare di 'estrarre conclusioni' dal decreto sul peccato originale, in relazione a controversie moderne (tra le quali, l'evoluzionismo ed il poligenismo), dal momento che tali questioni non vennero mai esplicitamente affrontate nel dibattito tridentino.

2.3 *Un punto fisso di riferimento al magistero successivo*

Dopo il decreto tridentino *De Peccato originali*, non troviamo altri interventi del magistero della Chiesa, che trattino esplicitamente e dettagliatamente di questa materia. I documenti magisteriali più recenti (XIX e XX secolo) affrontando il tema, riprendono ancora la dottrina del Tridentino, esortando a rimanervi fedeli.

Nel riproporre l'insegnamento Tridentino, il magistero della Chiesa, ha dovuto tenere in considerazione – come sarà esposto in seguito – dei risultati e dei contributi provenienti dagli sviluppi in ambito esegetico, storico-dogmatico, filosofico-morale e, soprattutto, in campo scientifico.

3. **Verso nuove concezioni scientifiche sull'origine dell'umanità**

La sintesi classica tridentina sul peccato originale, posta come fondamento e punto di riferimento dei pronunciamenti magisteriali successivi, garantì una sostanziale «uniformità di dottrina»[30]. Nel contempo, però, non possono essere dimenticati i diversi 'fermenti innovatori', provenienti da realtà sia *intra*-ecclesiali, che *extra*-ecclesiali, che auspicavano una rinnovata interpretazione della dottrina tridentina. Schematicamente, tali 'stimoli' sono comunemente raggruppati attorno a quattro poli: le discussioni esegetiche, le discussioni storico-dogmatiche, le discussioni filosofico-morali, e le discussioni scientifico-sperimentali[31]. Pur essendo

---

[29] Z. ALSZEGHY – M. FLICK, *Il peccato originale*, 167.

[30] G. GOZZELINO, *Il mistero dell'uomo in* Cristo, 382.

[31] Per un approfondimento di questi quattro ambiti rimandiamo a: H. RONDET, *Il peccato originale*, 247-359; E. CASTELLUCCI, «Il peccato originale», 196-201.

ambiti diversi, essi convergevano tutti sul fatto di mettere in discussione «una certa rappresentazione della dottrina cattolica delle origini, esigendo come urgente e necessaria una nuova ermeneutica della stessa»[32].

In relazione al nostro oggetto principale di studio, ci soffermeremo principalmente sulle questioni sollevate dalle teorie e dalle indagini scientifico-naturali, in particolare dall'evoluzionismo e dal poligenismo. Ciò ci permetterà in primo luogo di comprendere meglio il contesto culturale scientifico in cui il magistero della Chiesa era chiamato a pronunciarsi. In secondo luogo, ci permetterà di valutare se le legittime posizioni della scienza hanno in qualche modo avuto dei 'riflessi' sulla dottrina del peccato originale.

Le scoperte e le acquisizioni inconfutabili degli ultimi due secoli nell'ambito dell'archeologia, della paleontologia e dell'etnologia, hanno determinato il passaggio da una prospettiva 'fissista e statica' del mondo, ad una dinamica:

> La nozione del divenire della natura comincia ad emergere verso la fine del Seicento, quando il reperimento di resti animali marini nella terraferma e persino su alte montagne crea il dubbio che la superficie del nostro pianeta non sia stata sempre così stabile come appare[33].

Nel corso del XVII secolo, il medico e naturalista svedese Carlo Linnèo (1707-1778), riteneva che tutte le specie esistenti provenissero da un'unica coppia creata direttamente da Dio[34]. Un suo contemporaneo, il naturalista francese Georges-Louis Leclerc (1707-1788), aprì nuove prospettive, cercando di dimostrare come le specie animali e vegetali fossero derivate da un ristretto gruppo di specie primitive. Il trasformismo propriamente detto apparve con l'indagine di Jean-Baptiste de Lamarck (1744-1829). Egli tentò, per la prima volta, di fornire una risposta scientifica al problema della molteplicità delle specie e dei loro caratteri finalistici. Dichiarò che non esisteva una chiara frontiera fra una specie e altra, e che le specie viventi non fossero fisse, ma capaci di adattarsi all'ambiente circostante[35]. Qualche anno dopo la scomparsa di Lamarck, il naturalista e

---

[32] F. SCANZANI, *Solidarietà in Cristo*, 47.

[33] P. OMODEO, «Origini del creazionismo», 137.

[34] Per questo *excursus* storico ci serviamo del testo di H. RONDET, *Il peccato originale*, 301-303. Questi riprende il celebre volume di P. ROUSSEAU, *Histoire de la Science*, Paris 1942. Cfr. C. CIROTTO, «La questione evoluzionista», 69-76.

[35] Lamarck nel 1809 pubblicò la sua nota opera dal titolo *Philosophie zoologique*. Egli giunge alla conclusione che gli organismi viventi, fossero il risultato di un processo graduale di modificazione basato sull'adattamento e sull'ereditarietà dei caratteri acquisiti, avvenuto sotto la pressione delle condizioni ambientali. Cfr. J. B. LAMARCK,

geologo britannico Charles Robert Darwin (1809-1882) nel suo celebre libro *Sull'origine delle specie* (1859), appoggiandosi alla paleontologia del suo tempo, affermava che le specie derivano le une dalle altre attraverso una 'selezione naturale', in cui i più forti e meglio adattati sopravvivono a quelli più deboli. Questa posizione di Darwin suscitò profonde resistenze sia in alcuni ambienti scientifici[36], sia nel mondo religioso, cominciando degli ambienti anglicani, cui lo studioso apparteneva:

> È quasi impossibile per una persona del Ventesimo secolo concepire il furore che il Darwinismo abbia provocato nei gruppi religiosi tra il 1860 e 1900. Per decenni il tema dell'evoluzione fu dibattuto da eminenti teologici e scienziati, però fu più un dibattito conflittuale, che illuminante[37].

Nel secolo scorso, la fisica nucleare chiarì le dinamiche dei componenti elementari della materia, mentre la teoria della relatività e la meccanica quantistica hanno consentito il superamento della meccanica newtoniana, offrendo così modelli completamente nuovi per interpretare il mondo. La cosmologia e l'astrofisica, in seguito, hanno esteso l'applicazione di queste acquisizioni all'origine e allo sviluppo del cosmo nel suo insieme[38]. Tutta quanta la realtà, oggi, viene considerata come un 'grandioso processo di scambi energetici':

> Appare sempre più evidente che il mondo non è costituito da un insieme di 'cose', ma da un sistema di fenomeni interagenti. Esso appare dunque come un processo in cui materia ed energia si trasformano continuamente, in cui la vita pulsa in tutte le sue manifestazioni e in cui l'uomo, con la sua intelligenza creatrice, realizza nuovi orizzonti o possibilità per la sua esistenza[39].

Queste 'sollecitazioni' provenienti dal campo scientifico, nel corso degli ultimi secoli, portarono ad una visione rinnovata del mondo e del tempo. A ragione, si è parlato di una vera e propria rivoluzione copernicana nel tempo, anziché nello spazio[40].

Philosophie zoologique ou exposition des considérations relatives à l'histoire naturelle des animaux, Paris 1907.

[36] Il biologo francese Georges Cuvier (1768-1832), il 'padre' della paleontologia, e che, all'apogeo della sua fama, nessuno osava contraddire, screditava le nuove ipotesi scientifiche. Egli si affidava ad una lettura storicizzante del testo sacro, ritenendo che la Bibbia narrasse veramente le origini del mondo. Cuvier venne definito come «focolare della resistenza al darwinismo che stava nascendo» (H. RONDET, *Il peccato originale*, 303).

[37] R. J. NOGAR, «Evolution», 693.

[38] Cfr. C. MOLARI, «Reazioni teologiche», 57-58.

[39] C. BORASI, *Scienza e teologia*, 166.

[40] Cfr. H. RONDET, *Il peccato originale,* 9.

Dal momento che, in ambito cattolico, le dottrine di fede vennero codificate in un 'orizzonte fissista e statico' del mondo, le teorie evoluzionistiche, in un primo momento, vennero considerate contrarie alla fede[41]. Le scoperte in campo paleontologico sostenevano che l'umanità traeva la sua origine dal mondo animale. Contemporaneamente veniva messa in discussione anche l'ipotesi monogenista, la quale, alla luce del racconto genesiaco, considerava la coppia Adamo ed Eva come i progenitori dell'intera umanità. Quest'ipotesi garantiva soprattutto la trasmissione del peccato originale in ciascuno dei discendenti per via generativa. La Chiesa, nella tutela di tutto ciò che era legato alla rappresentazione tradizionale del dogma, si oppose, per decenni, a queste scoperte e teorie scientifiche, minimizzandone la portata e ritenendole delle mere 'ipotesi'[42].

D'altro canto, non va dimenticato l'atteggiamento positivista e scientista di coloro che adoperavano i dati forniti dalle scoperte scientifiche per propagandare una visione materialista ed atea del mondo[43]. Questa strumentalizzazione dei dati forniti dalle ricerche in campo paleontologico ed etnologico, non fece altro che alimentare l'atteggiamento di sospetto e di rifiuto da parte del Magistero. Prendendo atto di queste 'nuove minacce' per la fede cattolica, la Chiesa avvertì il bisogno ed il dovere di intervenire direttamente nel dibattito, così da poter discernere le posizioni che risultavano compatibili con la fede e quelle che non lo potevano essere.

Un cambiamento nell'atteggiamento della Chiesa e un'integrazione tra i risultati della ricerca scientifica ed pensiero teologico, iniziarono soltanto nella seconda metà del XX secolo, grazie alla nuova 'prospettiva' tracciata dal Concilio Vaticano II[44], e all'atteggiamento di apertura adottato e promosso da Papa Paolo VI durante il suo pontificato.

In questa fase del nostro studio, tenteremo di cogliere, attraverso una breve rassegna delle diverse posizioni, le resistenze, ma anche le prime

---

[41] H. Hovenkamp, studiando i rapporti tra scienza e religione nella prima meta del XIX secolo negli Stati Uniti d'America, affermò che la pubblicazione de *L'origine delle specie* di Darwin cambiò «la luna di miele tra teologia e scienza in una battaglia campale per il dominio sugli animi dei protestanti» (H. HOVENKAMP, *Science and Religion in America*, 48-49).

[42] Cfr. F. SCANZANI, *Solidarietà in Cristo*, 47-49.

[43] I discepoli di Darwin, in special modo E. Haeckel (1834-1919) e T. H. Huxley (1825-1895) propagandarono la teoria evoluzionista come un'ideologia materialista ed atea e come uno strumento di propaganda antireligiosa. Cfr. P. HAFFNER, *Creazione e creatività scientifica*, 257-258.

[44] Il Concilio Vaticano II ha riconosciuto che l'umanità sta passando «da una concezione statica della realtà ad una concezione più dinamica ed evolutiva» (GS 5). Rondet ritiene che anche dopo il Concilio Vaticano II il conflitto tra fede e permaneva e non era del tutto risolto. Cfr. H. RONDET, *Il peccato originale*, 300.

aperture del magistero di fronte alle nuove piste proposte dalla scienza[45]; per giungere poi a considerare il magistero di Paolo VI, nella sua apertura verso la scienza e nel suo impegno a *ri-dire* la dottrina del peccato originale, tenendo conto dei risultati conseguiti dalla ricerca scientifica. Le 'provocazioni scientifiche' contribuirono, infatti, a precisare alcuni aspetti della dottrina cristiana, che a molti sembravano inseparabilmente legati a 'una lettura ingenua' della Scrittura.

Potrebbe risultare utile una breve *explicatio terminorum* sull'uso di alcuni vocaboli adoperati. Con il termine *evoluzionismo* si intendono le varie teorie sull'origine della vita sulla terra e sul suo sviluppo, attraverso il progressivo ed ininterrotto accumularsi di modificazioni successive, fino a manifestare significativi cambiamenti morfologici, strutturali e funzionali negli organismi viventi[46]. L'evoluzionismo, contrapponendosi ad un'idea fissista del mondo, interpreta il cosmo come una realtà dinamica «per cui tutta la realtà materiale è in divenire e attraversata da forze che ne alimentano i processi»[47].

Il termine *monogenismo* allude alla dottrina secondo la quale l'intera umanità si sarebbe originata da una coppia umana numericamente unica[48]. In contrapposizione a questa concezione, il *poligenismo* sostiene, invece, che l'umanità avrebbe avuto origine da pluralità di coppie. Il *poligenismo monofiletico* ammette un solo ceppo per l'umanità, ma con più coppie alle sue origini, mentre quello *polifiletico* ammette anche una pluralità di ceppi[49].

Secondo il sacerdote Fiorenzo Facchini, Professore del Dipartimento di Biologia Evoluzionistica Sperimentale all'Università di Bologna, anche se la questione dell'origine dell'uomo non può dirsi ancora risolta definitivamente, sul piano scientifico vi sono stati scienziati che, invece, la consideravano tale, facendo propria la posizione del poligenismo, (sia monofiletico che polifiletico). Il monogenismo, inteso come derivazione di tutta l'umanità da una sola coppia, sembrava collocarsi al di fuori della prospettiva scientifica evoluzionistica, pur non potendosi escludere in modo assoluto[50].

---

[45] Nella trattazione di questa parte, ci riferiremo, in particolar modo, a due contributi: C. MOLARI, *Darwinismo e Teologia cattolica*, 17- 27; ID., «Reazioni teologiche», 59-64.

[46] Cfr. P. HAFFNER, *Creazione e creatività scientifica*, 252.

[47] C. MOLARI, «Reazioni teologiche», 57.

[48] Cfr. K. RAHNER, «Monogenismo», 493-494.

[49] Cfr. F. FACCHINI, *Le sfide dell'evoluzione*, 142-143; P. HAFFNER, *Creazione e creatività scientifica*, 284.

[50] Cfr. F. FACCHINI, «Le origini dell'uomo», 228-229. «Circa il monogenismo come derivazione da una coppia e circa la formazione della donna può essere ricordata l'ipotesi

Tuttavia il sovrano Creatore e Signore [...], nella sua inesauribile bontà ha voluto elevare il genere umano, nel suo primo padre, al di sopra della condizione naturale, fino a uno stato sublime in cui diventerebbe partecipe della stessa natura divina (2Pt 1,4). Per questo, oltre ai doni che lo rendevano perfetto nella sua natura, gli infuse lo Spirito Santo. [...] Questa è l'elevazione dell'uomo che i dottori cattolici, seguendo le tracce dei santi padri, hanno correttamente chiamato soprannaturale, perché supera le forze e le esigenze della natura creata. Essa quindi non è dovuta né ai meriti né alla condizione naturale, ma è un beneficio gratuito della generosità divina[58].

Questo capitolo proponeva la dottrina della Chiesa sul peccato originale, definendolo come privazione della grazia originaria:

Ma l'uomo, ingrato verso il suo Creatore, trasgredendo liberamente il suo comandamento, è caduto con la sua discendenza dallo stato nel quale era stato elevato al di sopra della condizione della natura, ed è incorso nella collera e nell'indignazione di Dio[59].

È significativo rilevare come, anche in questo nuovo schema, si riteneva fosse indispensabile accettare il monogenismo, per poter 'salvaguardare' la dottrina sul peccato originale e sulla redenzione, arrivando a voler affermare che: «Si quis universum genus humanum ab uno protoparente ortum esse negaverit; anathema sit»[60]. In una relazione durante l'Assise conciliare venne condannata «quella turpe dottrina che cerca gli inizi del genere umano da una scimmia irsuta e pone l'avvio del genere umano non nel Paradiso ma nel turpe e sporco fango»[61].

Anche se questo insegnamento non fu promulgato dall'Assise conciliare e di conseguenza, non ci fu la, da alcuni, 'tanto desiderata' presa di posizione ufficiale del magistero ecclesiastico[62], Rondet affermava che, all'epoca «l'unità del genere umano a partire da un'unica coppia era una verità prossima alla fede»[63].

---

[58] «Schema Reformatum Constitutio de fide Cattolica», in J. D. MANSI, *Amplissima Conciliorum collectio*, vol. 53, 170-171, citato in A. M. DUBARLE, *Il peccato originale*, 77-78.

[59] «Schema Reformatum Constitutio de fide Cattolica», in J. D. MANSI, *Amplissima Conciliorum collectio*, vol. 53, 171, citato in A. M. DUBARLE, *Il peccato originale*, 78.

[60] «Schema Reformatum Constitutio de fide Cattolica, Can VI, 'De hominis natura et origini' n. 4», in J. D. MANSI, *Amplissima Conciliorum collectio*, vol. 53, 175.

[61] CONCILIO VATICANO I, in *Collectio lancensis* 7, 92.

[62] Il Concilio Vaticano I condannerà formalmente il materialismo (DS 3000-3002) e affermerà la fede in Dio creatore del corpo e dell'anima (DS 3021-3025).

[63] H. RONDET, *Il peccato originale*, 307.

4.3 *Pio IX e la Congregazione dell'Indice*

Il Pontefice che indisse il Concilio Vaticano I, ebbe anche lui occasione di contestare in modo privato 'le numerose perversioni' delle teorie darwiniane. Lo fece attraverso una lettera indirizzata a un medico francese di nome Constantin James, autore di un libro in cui il darwinismo viene considerato come «un grido di guerra contro il cattolicesimo»[64]:

> Un sistema che la storia, la tradizione di tutti i popoli, la scienza esatta, l'osservazione dei fatti e persino la stessa ragione naturale concordemente rifiutano e sembrerebbe perciò che non avesse bisogno di alcuna confutazione, se la lontananza da Dio e la tendenza al materialismo, frutto della corruzione, non cercasse avidamente un sostegno in questo tessuto di favole. Queste, d'altra parte smentite per ogni verso dagli argomenti più semplici, portano, in più, il segno evidente della loro insania [...] Ma la corruzione di questo secolo, gli artifici dei perversi, il pericolo dei semplici, esigono che simili fantasticherie, assurde come sono, siano confutate dalla vera scienza[65].

Sulla base di alcuni articoli apparsi su *La Civiltà Cattolica* – come verrà in seguito ricordato – sarebbe stato lecito pensare che la Congregazione dell'Indice[66] avesse annoverato nell'elenco dei libri proibiti alcune opere riguardanti l'evoluzionismo, tra le quali, ad esempio: *Dei nuovi studi della filosofia. Discorsi a un giovane studente*[67] di Raffaello Caverni; gli scritti del domenicano francese Marie Dalmace Leroy[68], del religioso statunitense professore di fisica John Augustin Zahm[69],

---

[64] C. JAMES, *Moïse et Darwin*, Bruges 1877, 1, come citato in C. MOLARI, «Reazioni teologiche», 60.

[65] PIO IX, *Breve* del 17 maggio 1877, riportato nella seconda edizione del libro di C. JAMES, *Moïse et Darwin*, 332.

[66] La Congregazione dell'Indice fu fondata nel 1571 da Pio V per difendere la fede cattolica dai pericoli rappresentati dalla stampa. I compiti della Congregazione erano due: valutare tutti i libri di recente pubblicazione, redigendo di volta in volta un *Indice* aggiornato dei libri proibiti. Inoltre aveva il compito di espurgare i libri dei quali era condizionatamente concessa la lettura, censurando i passi considerati pericolosi.

[67] In questo libro – R. CAVERNI, *De' nuovi studi della filosofia: Discorsi a un giovane studente*, Firenze 1877 – il sacerdote fiorentino tentò di conciliare il darwinismo con la dottrina tradizionale della Chiesa. Il libro subì dure critiche in modo particolare dalla rivista *La Civiltà Cattolica* (Cfr. S.A., «Rivista della stampa Italiana. *De' nuovi studi della filosofia*», 570-580).

[68] Cfr. M. D. LEROY, *L'évolution restreinte aux espèces organiques*, Paris 1891. Per ulteriore approfondimento sulla vicenda di questo autore si consiglia C. MOLARI, *Darwinismo e Teologia cattolica*, 30-31.

[69] Cfr. J. A. ZAHM, *Evolution and Dogma*, Chicago 1896. La vicenda del professore americano Zahn, fu sinteticamente tratteggiata in: C. MOLARI, *Darwinismo e Teologia cattolica*, 32-35.

dell'anglicano convertitosi al cattolicesimo George Mivart[70] e del teologo domenicano francese Ambroise Gardeil[71]. Quando però, nel 1998,
divennero consultabili i documenti riguardanti il dibattito sull'evoluzionismo degli archivi del Sant'Uffizio e della Congregazione dell'Indice,
uno studio condotto da Mariano Artigas, Thomas Glick e da Rafael Martinez, rivelò che, in seguito a delle denunce formali ricevute, la Congregazione dell'Indice si occupò soltanto di tre casi di pensatori cattolici
sostenitori dell'evoluzionismo, ossia di Caverni, Leroy e Zahm. Soltanto
il volume di Caverni fu messo nell'*Indice dei libri proibiti* (senza espli-
citarne pubblicamente le motivazioni) mentre a Leroy e a Zahm, venne
chiesta una ritrattazione delle loro opere. Da quanto emerge dal succitato
studio, il caso Mivert non ebbe nulla a che fare con l'evoluzionismo, ma
riguardava altre eterodossie dottrinali. Altri autori, pesantemente criticati
da *La Civiltà Cattolica* tra i quali, ad esempio, il Vescovo di Cremona
Geremia Bonomelli, non furono mai oggetto d'indagine da parte della
Sede Apostolica, ma ritrattarono spontaneamente le loro tesi ed i loro
giudizi sull'evoluzionismo[72].

È bene ricordare che sia il Pontefice, sia la Congregazione non si
consideravano 'antagonisti', 'detrattori' del progresso della scienza.
Questo fu esplicitamente dichiarato nel *Sillabo*, pubblicato come ad-
denda all'Enciclica *Quanta cura* di Pio IX, in quanto uno degli errori
ivi condannati era appunto l'affermazione che «I decreti della S. Sede
e della Curia romana impediscono il libero progresso delle scienze»
(DS 2912).

4.4 *La Civiltà Cattolica*

Quando in Italia cominciarono a diffondersi idee di stampo evoluzionistico, la rivista italiana fondata dai gesuiti, *La Civiltà Cattolica*,
ricoprì un ruolo significativo nel difendere la dottrina tradizionale
della Chiesa[73]:

---

[70] Cfr. G. MIVART, *On the Genesis of Species*. London 1871; ID., *Lessons from Nature*. London 1876.

[71] Cfr. A. GARDEIL, «L'évolutionnisme et les principes de S. Thomas d'Aquin»,
RThom 1 (1893), 27-45; 316-327; 725-737.

[72] Cfr. M. ARTIGAS – T. GLICK – R. MARTÍNEZ, *Negotiating Darwin*. Vedi anche: R.
A. MARTINEZ, «The reception», 589-612.

[73] Portiamo come esempio i tre articoli pubblicati da: S. SEEWIS, «La generazione
spontanea e la filosofia antica», *CivCat* 48 (1897) XI, 142-152; ID., «Sant'Agostino e
la generazione spontanea primitiva», *CivCat* 48 (1897) XI, 421-438; ID., «S. Tommaso
e la generazione spontanea primitiva», *CivCat* 48 (1897) XI, 676-691.

Il cattolico deve rigettare non solo le opinioni formalmente condannate dalla chiesa e quelle che si oppongono alle dottrine da lei definite o insegnate dall'ordinario suo magistero; ma deve altresì ripudiare quelle che egli riconosce essere opposte alle sentenze che dal comune e costante consenso dei cattolici sono ritenute quali verità e conclusioni teologiche così certe, che le opinioni ad essere contrarie, benché non possano dirsi eretiche, meritano tuttavia un'altra censura teologica[74].

La redazione interveniva tempestivamente contro quegli autori che, a diverso titolo, appoggiavano o favorivano le teorie evoluzionistiche. Tra il 1860-1861 Padre Giovanni Pattista Piaciani scrisse una serie di articoli per esporre come l'ipotesi dell'evoluzione fosse contraria alla fede[75]. A distanza di dieci anni 1871-1872 apparve un'altra serie di articoli, dove si ribatteva che questa stessa ipotesi non aveva alcuna base scientifica[76]. Tra gli interventi più duri, si possono ricordare quelli indirizzati ad Antonio Fogazzaro, il quale, tra il 1891 e il 1898 si dedicò alla questione dell'evoluzionismo, del darwinismo e della loro conciliabilità con la fede cattolica[77]. *La Civiltà Cattolica* reagì alle sue affermazioni con due lunghi articoli[78]. La rivista seguì con 'attenzione' anche le opere edite dai

---

[74] S.A., «Evoluzione e Domma», *CivCat* 50 (1899) V, 46-47.

[75] Questa serie di articoli fu pubblicata su *La Civiltà Cattolica* senza la firma dell'autore, ma poi vennero raccolti e pubblicati all'interno dell'opera G. B. PIANCIANI, *Cosmogonia naturale comparata col Genesi*, Roma 1862, rivelando così chi li aveva redatti. Cfr. «Della origine delle specie organizzate», *CivCat* 11 (1860) VII, 164-179; 272-283; «Della origine e della unità della specie umana», *CivCat* 12 (1861) IX, 165-187.

[76] Per l'elenco di tutti gli articoli pubblicati durante l'arco di questi due anni vedasi: A. PIOLA, «Quale dialogo tra evoluzione e creazione?», 96, nota 6. L'autore oltre stilare un elenco in ordine cronologico dei diversi contributi, sintetizza anche, per ciascun articolo, il contenuto esposto.

[77] Cfr. P. ROSSI, «Introduzione», in A. FOGAZZARO, *Ascensioni umane. Teoria dell'evoluzione e filosofia cristiana*, Milano 1977, 7-44.

[78] «Le ragioni fin qui esposte ci costringono a conchiudere che quella dottrina, quale è sostenuta dall'autore, salva la fede non può tenersi; e tale è il nostro privato giudizio [...] Allorché presso a quarant'anni per opera di increduli, a sfregio e danno della rivelazione, si suscitò questo fantasma dell'evoluzionismo, gli apologisti cattolici si trovarono unanimi nel prendere posizione del caso, chiudendosi nel campo scientifico e quivi senza posa sfatando l'inanità di quell'ipotesi e delle sue pretese dimostrazioni. L'esito fu quale doveva essere, la disfatta totale del sistema che ormai si ritiene non perché sia dimostrato, ma perché si vuol tenere [...] La scienza avendo dichiarato che l'evoluzionismo con o senza battesimo è un mito, non ha più che noi soli credenti a sostenerla contro l'insulso dommatismo degli increduli» (S.A., «Rivista della stampa. A. Fogazzaro», 338-339). I due articoli si trovano in S.A., «Rivista della stampa. A. Fogazzaro», *CivCat* 44 (1893) VIII, 199-211; 324-339.

summenzionati Leroy[79] e Zahm[80]. Non passarono inosservate le precisazioni che dovettero fare sia il vescovo di Cremona, Geremia Bonomelli – come approfondiremo in seguito –, sia quelle del presule di Newport, John Cuthbert Hedley[81].

Gli interventi su *La Civiltà Cattolica,* spesso erano caratterizzati da un tono e da uno stile così 'formali ed ufficiali', «al punto da apparire in alcuni casi portavoce della Suprema S. Congregazione del S. Ufficio»[82].

4.5 *Gli interventi della Pontificia Commissione Biblica*

La *Pontificia Commissione Biblica,* fondata da Leone XIII con la lettera apostolica *Vigilantiae studiique* il 30 ottobre 1902[83], doveva attendere ad un triplice compito: promuovere uno studio aggiornato e profondo della Parola di Dio; difendere la dottrina biblica contro l'uso imprudente dei metodi critici per escludere eventuali errori e, infine, studiare ulteriormente i problemi e le questioni in campo biblico, fornendo consulenza e aiuto al magistero della Chiesa[84]. Durante i pontificati di

---

[79] «L'opera di Leroy era stata accusata dal S. Officio come l'opera di P. Zahm. L'autorità competente che esaminò le opere e le giudicò, ed ai cui ordini il Leroy e lo Zahm lodevolmente obbedirono, fu l'autorità del Supremo Tribunale della Santa Sede» (S.A., «Evoluzione e domma. Erronee informazioni di un Inglese», *CivCat* 53 (1902) VI, 76. Cfr. S.A., «Evoluzione e domma», *CivCat* 50 (1899) V, 34-49.

[80] La rivista dei gesuiti vagliò l'opera di Zahm, *Evolution and Dogma*. Con dispiacere si constatò come un religioso potesse esser stato influenzato dallo spirito evoluzionistico, un dispiacere accresciuto dal fatto che l'opera era stata tradotta in italiano: «finora la vertigine evoluzionista non era quasi penetrata tra cattolici in Italia, né molto meno si sarebbe trovato facilmente un ecclesiastico, che si fosse dichiarato ex-professo per quel sistema, non che lo avesse patrocinato pubblicamente. Il libro del Sac. Zahm viene recarci questo poco lodevole esempio» (S.A., «Rivista della stampa. J. A. Zahm, Evoluzione e Dogma», *CivCat* 48 (1897) IX, 204). Cfr. S.A., «Cronaca Contemporanea. Cose Varie. Il libro 'Evoluzione e Dogma' del Prof. Zahm», *CivCat* 50 (1899) VII, 125.

[81] La Rassegna stampa della rivista criticò il presule Hedley per aver ammesso la possibilità dell'evoluzionismo teista. Cfr. S.A., «Evoluzione e domma» *CivCat* 50 (1899) V, 34-36; S.A., «Evoluzione e domma. Erronee informazioni di un Inglese», *CivCat* 53 (1902) VI, 75-78.§

[82] C. MOLARI, *Darwinismo e Teologia cattolica*, 21. Va tenuto presente che la redazione del *La Civiltà Cattolica* lavora, allora come oggi, a 'stretto contatto' con la Segreteria di Stato che ne approva i testi prima della loro pubblicazione. Per questo motivo si riteneva che le posizioni sull'evoluzionismo espresse nei sopraccitati articoli, riflettessero fedelmente il pensiero e le direttive della Santa Sede.

[83] Cfr. LEONE XIII, *Vigilantiae studiique* (30.10.1902), 234-238.

[84] «Per questi motivi ci sembra opportuno istituire un Consiglio o, in altre parole, una Commissione di esperti, che si assumano il compito di curare con ogni mezzo e di far sì che la parola di Dio abbia quella ricerca scientifica richiesta dai tempi e venga

Leone XIII e di Pio X, alla Commissione furono affidate ampie competenze, in ragione delle diverse questioni di carattere biblico, sollevate soprattutto in relazione alla diffusione del modernismo. A titolo esemplificativo si può ricordare come, dal 13 febbraio 1905 al 17 novembre 1921,
la Commissione emanò ben sedici documenti in forma di risposta a quesiti o a dubbi che le vennero rivolti[85].

Tra questi interventi, degno di nota fu quello del giugno del 1909, in
cui la Commissione affrontò la questione del valore storico da attribuire
alle narrazioni bibliche, in particolare, riferendosi ai primi capitoli della
Genesi. È bene ricordare che, in quell'epoca, si ricorreva ancora alle narrazioni veterotestamentarie per tracciare la storia originaria dell'uomo e
del cosmo[86].

In questo intervento la Pontificia Commissione smentì che i primi capitoli veterotestamentari contenessero «favole ricavate da mitologie e

studiata in profondità soprattutto dai cattolici, e sia preservata integra, non solo da qualsiasi errore, ma anche da ogni opinione sconsiderata» (LEONE XIII, *Vigilantiae studiique* [30.10.1902], 235).

[85] Cfr. PONTIFICIA COMMISSIONE BIBLICA, «Le citazioni implicite contenute nelle S.
Scrittura (13.02.1905)»; «Narrazioni solo apparentemente storiche nei libri della S. Scrittura considerati storici (23.06.1905)»; «L'autenticità mosaica del Pentateuco (27.06.
1905)»; «Autore e verità storica del quarto Vangelo (29.05.1907)»; «Indole e autore del
libro di Isaia (28.06.1908)»; «L'organo ufficiale della Pontificia Commissione Biblica
(15.02.1909)»; «Sul carattere storico dei primi tre capitoli della Genesi (30.06.1909)»;
«Autori e tempo di composizione dei salmi (01.05.1910)»; «Autore, tempo di composizione e verità storica del Vangelo secondo Matteo (19.06.1911); «Autore, tempo di composizione e verità storica dei Vangeli secondo Marco e secondo Luca (26.06.1912)»; «La
questione sinottica e le sue mutue relazioni tra i primi tre Vangeli (26.06.1912)»; «Autore,
tempo di composizione e verità storica del libro degli Atti degli Apostoli (12.06.1913)»;
«Autore, integrità e tempo di composizione delle Lettere Pastorali dell'Apostolo Paolo
(12.06.1913)»; «Autore e modo di composizione della Lettera agli Ebrei (24.06.1914)»;
«La parusia ovvero la seconda venuta del Signore Nostro Gesù Cristo nelle Lettere di San
Paolo Apostolo (18.06.1915)»; «L'aggiunta di lezioni varianti nelle edizioni della Vulgata del Nuovo e dell'Antico Testamento (17.11.1921)».

[86] Cfr. C. MOLARI, *Darwinismo e teologia*, 22-23. L'autore riporta due esempi al
riguardo: il Catechismo della Diocesi di Parigi nel quale si affermava che Dio creò il
mondo 4004 anni prima di Cristo (Cfr. A. BEA, «Cronologia Biblica, Vecchio Testamento», in *Enciclopedia Cattolica,* IV [1950], 1013); ed il Martirologio romano, il
quale, fedele alla redazione dei Settanta, inquadrava il giorno della nascita del Salvatore
nel contesto più ampio della storia originaria dell'umanità: «Nell'anno 5199 dalla creazione del mondo quando nel principio Dio creò il cielo e la terra, dal diluvio poi l'anno
2957, dal nascimento di Abramo l'anno 2015, da Mosè e dalla nascita del popolo di
Israele dall'Egitto l'anno 1510, dalla Consacrazione del Re Davide l'anno 1032 [...]»
(*Martyrologium Romanum*, Typis polyglottis Vaticanis, Città del Vaticano 1930, *tr. it.*
Poliglotta Vaticana 1931, 349).

Ma fin dai primi giorni della pubblicazione di quel mio sunto, molte persone amiche e benevole, e assai competenti per scienze e autorità, a voce e in iscritto, mi fecero osservare che quella dottrina, anche come semplice ipotesi, male poteva comporsi colla interpretazione che si dà comunemente dalla Chiesa[98].

Pertanto, la seconda edizione di *Seguiamo la ragione*, venne pubblicata senza l'appendice, non volendo Bonomelli allontanarsi dal retto sentire con la Chiesa[99].

Ricapitolando, in quest'epoca, l'atteggiamento assunto dalla Chiesa di fronte all'ipotesi darwinista, fu di netta e totale opposizione; un rifiuto, motivato da quattro ragioni fondamentali[100]. Innanzitutto, si chiamò in causa l'autorità della Sacra Scrittura: la lettura dei primi capitoli della Genesi in chiave storica costituiva, infatti, l'ostacolo maggiore per un possibile 'avvicinamento' alla teoria di Darwin. A sostegno della posizione assunta, si richiamava poi l'autorità della Tradizione e la Dottrina della Chiesa. A dire il vero, però, non mancarono – come abbiamo già precedentemente rilevato – teologi e scrittori cattolici che mostrarono una certa simpatia per le teorie evoluzioniste.

Taluni per giustificare il loro rifiuto dell'evoluzionismo ricorrevano ad argomentazioni di carattere filosofico, riferendosi, in modo particolare, al principio fondamentale della causalità, secondo il quale ciò che è '*più*' (ossia le realtà superiori, quali, ad esempio, la vita e l'intelligenza), non deriva da ciò che è '*meno*' (ossia le entità inferiori, quali, ad esempio, la materia e l'animalità). L'ultima ragione portata come giustificazione del rifiuto dell'evoluzionismo veniva mutuata dall'ambito scientifico: con risolutezza si affermava che l'ipotesi evoluzionistica era basata soltanto su alcuni indizi frammentari, non supportati da alcuna seria verifica sperimentale.

Fu proprio lo sviluppo di questi quattro ambiti – l'esegesi scritturistica, la filosofia, la teologia, e le scienze naturali – a sollecitare, nella seconda metà del secolo scorso, il magistero della Chiesa ad 'aprirsi', a passare dall'iniziale rifiuto, ad un atteggiamento più 'accogliente', ma sempre cauto e indipendente, nei confronti delle teorie evoluzioniste.

---

[98] S.A., «Cronaca contemporanea. Cose Italiane. Dichiarazione di Mons. Bonomelli», 362.

[99] Cfr. C. MOLARI, *Darwinismo e Teologia cattolica*, 36; M. ARTIGAS – T. F. GLICK – R. A. MARTÍNEZ, *Negotiating Darwin*, 203-219.

[100] Per ulteriore approfondimento delle quattro ragioni che giustificano il rifiuto delle teorie evoluzioniste si consiglia: C. MOLARI, *Darwinismo e Teologia cattolica*, 42-46.

5. Il magistero di Pio XII – Il lento camino dell'accettazione

La questione dell'origine dell'uomo e, conseguentemente anche quella del peccato originale, vennero autorevolmente affrontate da Pio XII. Il suo magistero segnò un primo importante passo verso una posizione di dialogo e di apertura nei confronti delle teorie evoluzionistiche[101]. Per cercare di cogliere il valore di tale 'svolta', analizzeremo tre contributi di particolare importanza: il discorso pronunciato dal Santo Padre per la Sessione plenaria della Pontificia Accademia delle Scienze del 1941; l'enciclica *Divino afflante Spiritu* e, infine, l'enciclica *Humani generis*.

5.1 *Discorso alla Pontificia Accademia della Scienze*

In un discorso del 30 novembre del 1941, rivolto agli accademici per la Sessione plenaria della Pontificia Accademia delle Scienze, il Pontefice ribadì la differenza tra il mondo animale e l'umanità, affermando il primato dell'uomo, la sua posizione 'in cima alla scala dei viventi', e soprattutto il fatto che l'uomo poteva trarre la sua origine soltanto da un altro essere umano:

> Dall'uomo soltanto poteva venire un altro uomo che lo chiamasse padre e progenitore; e l'aiuto dato da Dio al primo uomo viene pure da lui ed è carne della sua carne, formata in compagna, che ha nome dall'uomo, perché da lui è stata tratta[102].

Anche se la scienza aveva conseguito nuovi risultati nella ricerca sulle origini dell'uomo, Pio XII riteneva che mancassero ancora, al riguardo, risposte veramente esaustive e certe. Egli assunse, quindi, un 'atteggiamento prudente e cauto', auspicando che nuove indagini scientifiche, illuminate e guidate dalla Rivelazione, potessero 'gettare una nuova luce' sulla questione.

> Le molteplici ricerche sia della paleontologia che della biologia e della morfologia su altri problemi riguardanti le origini dell'uomo non hanno finora apportato nulla di positivamente chiaro e certo. Non rimane quindi che lasciare all'avvenire la risposta al quesito, se un giorno la scienza, illuminata e guidata dalla rivelazione, potrà dare sicuri e definitivi risultati sopra un argomento così importante[103].

Il biblista gesuita Agostino Bea, nell'analisi da lui compiuta delle parole del Santo Padre, sottolineò 'due accentuazioni'. Innanzitutto indicò

---

[101] Cfr. A. PIOLA, «Quale dialogo tra evoluzione e creazione?», 105.
[102] PIO XII, *Discorso alla Pontificia Accademia delle Scienze* (30.11.1943), 506.
[103] PIO XII, *Discorso alla Pontificia Accademia delle Scienze* (30.11.1943), 506.

come Pio XII avesse voluto ribadire, chiaramente e con forza, la differenza essenziale che sussiste tra il mondo animale ed il genere umano, escludendo che un uomo possa provenire, per vera generazione, da un essere vivente inferiore. Nel suo discorso, però, il Pontefice avrebbe posto un'accentuazione maggiore sul fatto che la scienza non avesse *ancora* dato una parola definitiva sull'origine dell'uomo. Secondo l'interpretazione di Bea, fu proprio questo accento posto sugli eventuali futuri progressi della scienza a 'lasciare uno spiraglio aperto' per successivi sviluppi dottrinali[104].

5.2 *L'enciclica* Divino afflante Spiritu

Nel cinquantesimo anniversario della pubblicazione della *Providentissimus Deus*[105], Pio XII pubblicò l'enciclica *Divino afflante Spiritu*: un documento di grande importanza, soprattutto per ciò che riguarda l'ermeneutica biblica[106].

L'enciclica, inserendosi nell'alveo tracciato dal magistero precedente[107], offrì, però, un contributo nuovo e decisivo: l'accettazione del principio dei generi letterari per analizzare il testo scritturistico e la natura della verità contenuta nella Bibbia[108]. Questo riconoscimento dei generi letterari si rivelò utile e provvidenziale anche per affrontare «il problema esegetico sotteso all'introduzione dell'evoluzionismo nella spiegazione della creazione»[109]:

---

[104] Cfr. A. BEA, «Neure Probleme und Arbeiten zur biblischen Urgeschichte», *Biblica* 25 (1944), 77, come riportato in Z. ALSZEGHY, «L'evoluzionismo e il magistero ecclesiastico», 44.

[105] L'enciclica di Leone XIII *Providentissimus Deus* (*EE* 3/1115-1163) è considerata da Pio XII come la *magna carta* del magistero biblico dell'era moderna (cfr. Pio XII, *Divino afflante Spiritu*, in *EE* 6/262). La *Providentissimus Deus* oltre a raccomandare uno studio scientifico della Scrittura che parte dai testi originali (cfr. *EE* 3/1150-1151), riconosce che le scienze naturali e fisiche sono 'un valido sussidio' per l'approfondimento della Sacra Scrittura (cfr. *EE* 3/1152-1154), mettendo ben chiaro il principio della 'non-contraddizione' tra la scientifica comprensione dei fenomeni creati e i testi sacri.

[106] In questi termini ne parlò Benedetto XVI: «Quell'enciclica [*Divino afflante Spiritu*] fu davvero un'importante pietra miliare per l'esegesi cattolica. Da allora tuttavia il dibattito sui metodi ha fatto ulteriori passi sia dentro la Chiesa cattolica come fuori di essa; si sono sviluppate nuove essenziali visioni metodologiche – sia quanto al lavoro rigorosamente storico come tale, sia quanto alla collaborazione di teologia e metodo storico nell'interpretazione della Sacra Scrittura» (BENEDETTO XVI, *Gesù di Nazaret*, Milano 2007, 9).

[107] Cfr. PIO XII, *Divino afflante Spiritu* (30.09.1943), in *EE* 6/263-270.

[108] Cfr. PIO XII, *Divino afflante Spiritu*, in *EE* 6/281-282.

[109] A. PIOLA, «Quale dialogo tra evoluzione e creazione?», 103.

a nessuno che abbia un giusto concetto dell'ispirazione biblica farà meraviglia che anche negli Scrittori Sacri, come in tutti gli antichi, si trovino certe maniere di esporre e di narrare, certi idiotismi, propri specialmente delle lingue semitiche, certi modi iperbolici od approssimativi, talora anzi paradossali, che servono a meglio stampar nella mente ciò che si vuol dire[110].

La verità biblica potrà meglio manifestarsi nella sua totalità ed unitarietà qualora si riesca a distinguerla dalle 'forme umane e quotidiane' nelle quali viene espressa. Ammoniva il Pontefice:

l'esegeta cattolico, per rispondere agli odierni bisogni degli studi biblici, nell'esporre la Sacra Scrittura e nel mostrarla immune da ogni errore, com'è suo dovere, faccia pure prudente uso di questo mezzo, di ricercare cioè quanto la forma del dire o il genere letterario adottato dall'agiografo possano condurre alla retta e genuina interpretazione; e si persuada che in questa parte del suo ufficio non può essere trascurato senza recare gran danno all'esegesi cattolica[111].

Pio XII non affrontò specificamente il problema dell'interpretazione dei primi capitoli della Genesi. Nella sua enciclica fece soltanto un'allusione ai ripetuti tentativi d'interpretazione da parte di alcuni Padri[112], e ricordò che le ultime scoperte scientifiche non soltanto ponessero nuove sfide, ma erano anche in grado di portare una 'nuova luce' nella ricerca dell'esegeta:

Con l'accennata conoscenza e l'esatta valutazione dei modi ed usi di parlare e di scrivere presso gli antichi, si potranno sciogliere molte obiezioni sollevate contro la veridicità e il valore storico delle divine Scrittura; e non meno porterà un tale studio ad una più piena e più luminosa comprensione del pensiero del sacro autore. Attendano dunque i nostri scritturisti con la dovuta diligenza a questo punto, e non tralascino alcuna di quelle nuove scoperte fatte dall'archeologia o dalla storia o letteratura antica, che sono atte a far meglio conoscere qual fosse la mentalità degli antichi scrittori, e la loro maniera ed arte di ragionare, narrare, scrivere[113].

Grazie alla *Divino afflante Spiritu*, la legittimità dell'applicazione dei generi letterari ai testi sacri – in modo particolare per i primi capitoli della Genesi – rappresentò il primo 'passo' per un 'ripensamento' della teologia circa la problematica dell'origine dell'uomo e dell'evoluzionismo.

---

[110] Pio XII, *Divino afflante Spiritu*, in *EE* 6/280.

[111] Pio XII, *Divino afflante Spiritu*, in *EE* 6/281.

[112] «Quanto ardui e quasi inaccessibili agli stessi Padri siano rimasti alcuni punti, ben lo mostrano, per tacer d'altro, i ripetuti sforzi di molti fra essi per interpretare i primi capi della Genesi (...)» (Pio XII, *Divino afflante Spiritu*, in *EE* 6/278).

[113] Pio XII, *Divino afflante Spiritu*, in *EE* 6/281-282.

scienza a non 'abusare della loro libertà di ricerca'. Il Pontefice indicò, infine come ultimo criterio, la massima prudenza e cautela nell'accostarsi a questa tematica.

Il teologo milanese Flick in un'analisi all'enciclica, rilevava come Pio XII avesse posto un particolare accento sulla necessità di confrontare le eventuali conclusioni scientifiche con il contenuto della Rivelazione, non rimanendo, cioè, su un piano esclusivamente scientifico o filosofico[131]. L'enciclica non pretendeva di risolvere la questione e nemmeno di definire una dottrina sull'origine dell'uomo, ma intendeva ribadire, in modo particolare a coloro che si accostavano e giudicavano con superficialità l'evoluzionismo, che la questione rimaneva tuttora aperta[132].

Secondo Zoltan Alszeghy, le affermazioni di Pio XII segnavano «un nuovo passo verso una conciliazione tra evoluzionismo e l'insegnamento della Chiesa»[133]. Se il magistero precedente considerava come fatti 'non negoziabili' «la particolare creazione dell'uomo, la formazione della prima donna dal primo uomo, l'unità del genere umano»[134], nell'*Humani generis* non si parlava più dell'origine della donna dall'uomo, e si ammetteva la possibilità di una discussione riguardo all'evoluzione del corpo umano. Rifacendosi alla posizione di Flick, il teologo ungherese affermava che Pio XII, attraverso questa enciclica, 'lasciò aperto' il dibattito sull'origine del corpo del primo uomo[135].

b) *L'ipotesi poligenista*

Riguardo al poligenismo, Pio XII affermò che gli studiosi cattolici non erano liberi d'accettare questa ipotesi. Riportiamo per intero il paragrafo

---

[131] Cfr. M. FLICK, «Vero e falso progresso», 587.

[132] Questo punto sarà ribadito a distanza di tre anni, in un'allocuzione ai partecipanti del primo Simposio Internazionale di genetica medica: «Nelle opere più recenti di genetica si legge che nulla spiega meglio la connessione di tutti i viventi come l'immagine di un albero genealogico comune. Ma allo stesso tempo si fa notare che si tratta soltanto di un'immagine, di un'ipotesi e non di un fatto dimostrato. Si ritiene anche di dover aggiungere che se la maggior parte dei ricercatori presenta la dottrina della discendenza come un 'fatto', questo costituisce un giudizio affrettato» (PIO XII, *Discorso ai partecipanti al 'Primum Symposium Internationale Geneticae Medicae'* [07.09.1953], in *Discorsi e Radiomessaggi di Sua Santità Pio XII*, XV, 256-257).

[133] Z. ALSZEGHY, «L'evoluzionismo e il magistero ecclesiastico», 44.

[134] PONTIFICIA COMMISSIONE BIBLICA, «Sul carattere storico dei primi tre capitoli della Genesi (30.06.1909)», 568. Cfr. Z. ALSZEGHY, «L'evoluzionismo e il magistero ecclesiastico», 42.

[135] Z. ALSZEGHY, «L'evoluzionismo e il magistero ecclesiastico», 44.

in cui il Pontefice affrontò questo tema, per meglio coglierne la *ratio* soggiacente all'insegnamento:

> Però quando si tratti dell'altra ipotesi, cioè del poligenismo, allora i figli della chiesa non godono affatto della medesima libertà. I fedeli non possono abbracciare quell'opinione i cui assertori insegnano che dopo Adamo sono esistiti qui sulla terra veri uomini che non hanno avuto origine, per generazione naturale, dal medesimo come da progenitore di tutti gli uomini, oppure che Adamo rappresenta l'insieme di molti progenitori; non appare in nessun modo come queste affermazioni si possano accordare con quanto le fonti della Rivelazione e gli atti del magistero della chiesa ci insegnano circa il peccato originale, che proviene da un peccato veramente commesso da Adamo individualmente e personalmente, e che, trasmesso a tutti per generazione, è inerente in ciascun uomo come suo proprio[136].

In questo paragrafo, Pio XII respinse categoricamente due opinioni. Da un lato, quella che pretendeva d'affermare che, dopo Adamo, vi furono degli uomini che non discendevano, per generazione, da questo unico progenitore. Dall'altro, si respingeva l'opinione che sosteneva che Adamo non fosse un individuo unico, ma che rappresentasse una collettività.

In merito alla prima riserva espressa dal Pontefice – quella, cioè, della possibilità di una pluralità di progenitori[137]– Pierre Grelot evidenziò l'ambiguità della terminologia utilizzata nel documento, in quanto, secondo lui, 'il linguaggio teologico è scambiato per quello scientifico':

> [*L'enciclica*] manifesta [...] un limite evidente nella sua informazione e nel suo linguaggio: sul piano scientifico [...] non stabilisce nessuna distinzione tra polifiletismo (pluralità dei ceppi umani) e il poligenismo [*monofiletico*] (pluralità delle coppie in seno allo stesso ceppo), benché queste due rappresentazioni pongano in teologia problemi sensibilmente differenti[138].

Anche Teilhard de Chardin, in una breve nota redatta poco dopo la pubblicazione dell'enciclica, poneva l'accento sull'ambiguità della terminologia utilizzata da Pio XII[139]. Il paleontologo francese aveva accolto la teoria dell'evoluzione con entusiasmo, giudicandola compatibile con la dottrina cristiana ed utile per l'annuncio del Vangelo nella società moderna[140].

---

[136] PIO XII, *Humani generis,* in *EE* 6/737.

[137] Al riguardo di questa tematica, ricordiamo come il termine 'ominazione' sia entrato nel linguaggio teologico dopo Teilhard de Chardin. Cfr. M. FLICK, «Problemi teologici sull'ominazione», 62.

[138] P. GRELOT, *Riflessioni,* 30.

[139] T. DE CHARDIN, «Monogenismo e monofiletismo», 201-203.

[140] «Il pensatore che [...] ha più contribuito a convincere dei teologi e innumerevoli cristiani che bisognava essere evoluzionisti e leggere i testi della Genesi in un modo

tasca»[151]. Anche Agostino Bea, scrivendo all'indomani della pubblicazione dell'enciclica affermava che «la questione di sapere se potrebbe esservi forme di poligenismo compatibili con la dottrina della chiesa resta aperta»[152].

Altri autori, interpretando 'rigidamente' le parole dell'enciclica, affermavano, invece, che il dibattito sull'ipotesi poligenista era chiuso. Il teologo italiano Pietro Parente rilevava, ad esempio:

> la frase, pur attenuata, non dà luogo a dubbi per chi non vuol sofisticare: "non si vede in nessun modo" equivale a "non è logicamente possibile" la conciliazione tra il poligenismo e il domma del peccato originale. Il che pone fine alle discussioni fatte fino alla vigilia dell'Enciclica su questo grave argomento[153].

'Inizialmente' anche Maurizio Flick condivise la medesima opinione di Parente, ricredendosi poi col passare del tempo. Citando passaggi da alcuni degli articoli da lui scritti, vogliamo ripercorrere, brevemente e senza la pretesa di essere esaustivi, lo sviluppo del suo pensiero riguardo a questa tematica[154].

In un primo articolo del 1947, l'autore, ricorrendo alla definizione data dal Concilio di Trento sul peccato originale, affermò, in un modo categorico, l'inconciliabilità dell'ipotesi poligenista con l'universalità del peccato originale. Così concludeva il suo contributo:

> In forza delle osservazioni che abbiamo fatto, crediamo di dover concludere che la definizione preparata nel Concilio Vaticano [I]: 'De communi totius humani generis origine ab unico Adam', esprima non solamente lo stato della teologia dogmatica nel 1870, ma una verità che, per quanto non ancora solennemente definita, ha sempre appartenuto e sempre apparterrà alla fede[155].

Ripropose la stessa posizione nella conclusione della sua presentazione dell'enciclica *Humani generis* pubblicata su *La Civiltà Cattolica* nel 1950:

> Roma ha parlato e la causa è finita. Cesseranno perciò parecchie polemiche irritanti che avevano diviso in questi ultimi tempi i pensatori cattolici; ed essi

---

[151] A. GELIN, «Bible et Science», *Ami du Clergé* (1951), 295, come riportata in H. RONDET, *Il peccato originale*, 315.

[152] A. BEA, *Die Enzyklika Humani Generis*, 54, come riportato in, F. SCANZANI, *Solidarietà in Cristo*, 29, nota 54.

[153] P. PARENTE, «Struttura e significato», 42-43.

[154] Per l'evoluzione del pensiero di Maurizio Flick riguardante la compatibilità tra poligenismo e il dogma tridentino del peccato originale, ci lasciamo guidare dall'*iter* presentato in C. MOLARI, *Darwinismo e teologia cattolica*, 94-95.

[155] M. FLICK, «Il poligenismo», 563.

tutti concordi col lavoro comune potranno cooperare a quel progresso vero per il quale il Papa ha indicato con sicurezza la strada[156].

In un altro contributo del 1957, il teologo escludeva un'interpretazione 'ammorbidita' della frase dell'*Humani generis* riguardo all'incompatibilità del poligenismo:

L'espressione dell'Enciclica [...] ha fatto pensare che l'Enciclica intendesse attenuare l'opposizione posta fino ad ora da quasi tutti i teologi cattolici tra il poligenismo e il dogma, dichiarando semplicemente che 'per ora' non appare la possibilità di questa conciliazione, ma non escludendola per il futuro. Gli argomenti usati dall'enciclica, e lo stesso contesto storico in cui è scritta, escludono questa interpretazione[157].

Terminava il suo scritto riaffermando l'incompatibilità del poligenismo con la dottrina tridentina del peccato originale, indicando, pertanto, l'obbligatorietà di servirsi della teoria monogenista:

Il poligenismo, nel senso indicato dall'enciclica, è quindi incompatibile con esse (dogma del peccato originale). È perciò necessario concludere che il monogenismo è almeno una dottrina teologicamente certa, perché è dedotto da un dogma di fede[158].

Nel 1961, nel trattato *Il creatore. L'inizio della salvezza*, scritto in collaborazione col confratello Zlotan Alszeghy, dichiarò con maggiore determinazione:

Il monogenismo è talmente connesso con il dogma del peccato originale che non si può negare il monogenismo senza negare elementi essenziali del dogma del peccato originale. In questo senso bisogna dire che il monogenismo è teologicamente certo. Ma forse si può anche [...] dire di fede divina[159].

A partire dagli articoli da lui scritti tra il 1947 ed il 1961, si può rilevare che Flick, come del resto anche la maggior parte dei teologi dell'epoca, ritenesse il monogenismo come una premessa indispensabile per poter spiegare la dottrina tradizionale tridentina del peccato originale. Per rendere comprensibile l'universalità del peccato originale originato – ossia la condizione peccaminosa di ogn'uomo – era obbligatorio che tutto il genere umano traesse la sua origine da un unico primo uomo, mediante generazione naturale. Il biblista francese Grelot criticò questa impostazione dal momento che, secondo il suo giudizio, si passava indebitamente da

---

[156] M. FLICK, «Vero e falso progresso», 590.
[157] M. FLICK, «Il dogma del peccato originale», 114, n. 116.
[158] M. FLICK, «Il dogma del peccato originale», 115.
[159] M. FLICK – Z. ALSZEGHY, *Il creatore*, 263.

'un'esigenza teologica' della dottrina tridentina (la trasmissione universale del peccato originale esigeva l'unità del genere umano) ad una spiegazione scientifica (spiegando l'unità del genere umano ricorrendo esclusivamente alla teoria monogenista)[160].

È possibile percepire l'inizio dell'evoluzione del suo pensiero riguardo al poligenismo a partire da una recensione che fece all'opera di Paul Overhage e Karl Rahner *sull'ominazione*[161]. Qui Flick, dopo aver considerato tre problematiche relative a questo tema (la posizione del magistero sull'applicazione dell'ipotesi evoluzionista all'origine dell'uomo; la creazione immediata dell'anima umana; e lo stato del primo uomo, antecedentemente al peccato[162]) così concludeva il suo contributo:

> In un'epoca, in cui si pone acutamente alla teologia il problema di inquadrare nella visione attuale del mondo, i primordi della storia della salvezza, il tentativo del Rahner è certamente assai apprezzabile. Naturalmente, non tutte le oscurità sono dissipate, né tutte le discussioni terminate, ma questa è proprio la natura di una *quaestio disputata*[163].

Col passare degli anni, l'influsso del pensiero rahneriano divenne sempre più evidente negli scritti di Flick. A titolo esemplificativo si può ricordare un articolo del 1966, apparso su *La Civiltà cattolica* in cui, dopo aver analizzato i documenti magisteriali e gli argomenti teologici sulla problematica dell'origine dell'uomo e del peccato originale, così concludeva:

> Dalle considerazioni precedenti ci sembra legittimo concludere che l'inconciliabilità del dogma del peccato originale con l'origine poligenista del genere umano oggi non è cosi evidente come quindici anni fa[164].

A distanza di pochi anni, Flick col suo collega Alszeghy, riaffermò nuovamente che:

---

[160] Cfr. P. GRELOT, *Riflessioni*, 86.

[161] Cfr. P. OVERHAGE – K. RAHNER, *Das Problem der Hominisation*, Freiburg 1961. Già nel 1954, Karl Rahner non solo affermava che il monogenismo non era un elemento necessario della dottrina del peccato originale definito da Trento, dimostrando inoltre la compatibilità del poligenismo con il dogma tridentino. Egli spiegava come l'unità della razza umana dipendeva non dalla discendenza fisica comune, bensì dall'unità del destino umano in Cristo. In altre parole, all'esigenza teologica tridentina (la trasmissione universale del peccato originale, il quale esige l'unità del genere umano) il teologo tedesco fornì una spiegazione teologica, evitando l'errore di servirsi una 'spiegazione scientifica'. Cfr. K. RAHNER, «Riflessioni teologiche sul monogenismo», in *Saggi di antropologia soprannaturale*, 187-198; ID., «Peccato originale ed evoluzione», 73-87; ID., «Monogenismo», 493-500.

[162] Cfr. M. FLICK, «Problemi teologici sull'ominazione», 62-70.

[163] M. FLICK, «Problemi teologici sull'ominazione», 70.

[164] M. FLICK, «Peccato originale ed evoluzionismo», 25.

Se nel 1950 non si vedeva come si possa negare il monogenismo, senza negare il peccato originale, oggi questa inseparabile unità è stata messa in questione, in quanto sono state proposte spiegazioni teologiche, che intendono conservare tutti gli elementi nel dogma, senza affermare il monogenismo[165].

c) *La questione esegetica*

Nell'*Humani generis*, Pio XII «traccia un binario nell'interpretazione dei racconti biblici delle origini»[166]. Da un lato, il Pontefice, manifestando una certa apertura alla teoria evoluzionistica applicata al corpo umano, superò un'interpretazione meramente letterale dei racconti della Genesi. Dall'altro, l'enciclica, rifiutando la teoria poligenista, poiché *non appare in nessun modo* come essa potesse accordare con la storicità del peccato originale di Adamo e la sua trasmissione universale, raccomandava una lettura 'sostanzialmente storica' dei primi capitoli della Genesi.

Sul riconoscimento dell' 'autentico valore storico' da attribuire ai primi capitoli della Genesi, Pio XII si pronunciò verso la fine dell'enciclica. Egli ammonì in modo particolare coloro che, facendo riferimento alla lettera scritta dalla Commissione Biblica al cardinale arcivescovo di Parigi Suhard[167], interpretavano i libri storici dell'Antico Testamento con 'troppa libertà', affermando:

> Questa Lettera infatti fa notare che i primi undici capitoli del Genesi, benché propriamente parlando non concordino con il metodo storico usato dai migliori autori greci e latini o dai competenti del nostro tempo, tuttavia appartengono al genere storico in un vero senso, che però deve essere maggiormente studiato e determinato dagli esegeti[168].

In tal modo, l'*Humani generis* respingeva un'interpretazione meramente mitologica e simbolica del testo, asserendo che con linguaggio semplice e metaforico, proprio della cultura del tempo, i primi undici capitoli della Genesi trasmettevano sia le principali verità che sono essenziali per la nostra salvezza, sia un racconto popolare dell'origine del genere umano[169].

---

[165] Z. ALSZEGHY – M. FLICK, *Fondamenti di un'antropologia teologica*, 131; «Si diffonde sempre più la soluzione secondo cui la rivelazione direttamente non appella al nostro consenso per accettare o respingere l'una o l'altra teoria (...) Nei tre decenni che seguirono alla pubblicazione della *Humani generis*, la teologia ha elaborato schemi in cui, secondo parecchi pensatori cattolici, si può accordare il dogma con il poligenismo» (Z. ALSZEGHY – M. FLICK, *I primordi della salvezza*, 96-97).

[166] E. CASTELLUCCI, «Il peccato originale», 210.

[167] Cfr. PONTIFICIA COMMISSIONE BIBLICA, «Sulle fonti del Pentateuco (16.01.1948)», in *EB* 577-581.

[168] PIO XII, *Humani generis,* in *EE* 6/738.

[169] Cfr. PIO XII, *Humani generis*, in *EE* 6/738.

Taluni interpretarono l'enciclica pacelliana come 'un freno e un blocco' allo sviluppo della teologia[170]. Lo stesso Pio XII, a distanza di un anno dalla pubblicazione dell'enciclica ne precisò la vera intenzione:

non vogliamo arrestare il progresso delle scienze, né interdire le opinioni particolari [...], ma discernere la verità cattolica, quale fu e sarà, dalle dottrine aberranti e smoderate della nostra epoca[171].

È legittimo concludere che l'*Humani generis*, pur essendo «lontana dai toni di condanna generale dell'evoluzionismo che si erano potuti incontrare nella fine del XIX secolo»[172], né 'mitigava' né 'risolveva' il dibattito sul origine dell'uomo e sul peccato originale, ma, piuttosto, 'apriva' il campo per ulteriori approfondimenti[173].

5.4 L'interpretazione di Montini dell' Humani generis

Come abbiamo cercato di mostrare, non è facile cogliere l'esatta intenzione con cui Pio XII scrisse e promulgò l'*Humani generis*[174], dal momento che non è ancora possibile consultare il materiale custodito negli Archivi Segreti Vaticani (l'attuale termine cronologico di consultabilità, infatti, è posto alla fine del pontificato di Pio XI, febbraio 1939). Sulla base di un colloquio tra l'allora direttore de *La Civiltà Cattolica*, Padre Giacomo Martegani e Pio XII, sembrerebbe che il Pontefice non fosse 'del tutto soddisfatto' del fatto che la sua enciclica venisse recepita come una 'semplice avvertenza'[175].

Tra coloro che guardavano con una 'certa apertura' al testo dell'*Humani generis* vi era l'allora Sostituto della Segreteria di Stato, Giovanni Battista Montini: un tale atteggiamento risulta più che plausibile e coerente con quell'apertura culturale (soprattutto all'ambiente francese[176]) e

---

[170] Maurizio Flick sottolinea questa percezione negativa: «Alcuni nemici della Chiesa hanno chiamato l'enciclica *Humani generis* l'enciclica dell'intransigenza ed in un certo senso essa merita questo nome. Il Papa infatti si è mostrato santamente intransigente contro tutto ciò che poteva compromettere la purezza della fede; [...] Ma nulla vi è di più falso se con questo termine si vuole significare che gl'insegnamenti dell'enciclica sono ispirati ad un conservatorismo cieco, che si oppone a qualsiasi progresso del pensiero cattolico» (M. FLICK, «Vero e falso progresso», 590).

[171] PIO XII, *Esortazione ai professori dei carmelitani scalzi* (23.09.1951), 738; tr. it., *OR* (24-25.09.1951), 1.

[172] A. PIOLA, «Quale dialogo tra evoluzione e creazione?», 106.

[173] Cfr. F. SCANZANI, *Solidarietà in Cristo*, 32.

[174] Cfr. G. GLODER, *Carattere ecclesiale*, 45.

[175] Cfr. A. RICCARDI, «Da Giovanni XXIII a Paolo VI», 26-27.

[176] *Vd supra*, 74-85.

con quel desiderio di un rinnovamento nel linguaggio teologico che, fin dalla giovinezza, avevano caratterizzato la sua vita ed il suo ministero.

A rendere nota l'interpretazione che Montini diede dell'enciclica, fu il filosofo francese Jean Guitton, in seguito ad un incontro tenutosi in Vaticano, l'8 settembre 1950[177]. Questo fu il primo di una lunga serie di colloqui, attraverso i quali si consoliderà un'amicizia che continuò fino alla morte di Paolo VI[178].

Fu lo stesso Guitton a scegliere come tema del colloquio l'enciclica di Pio XII, pubblicata da poco meno di un mese. Il filosofo da un lato elogiò il fatto che Pio XII avesse voluto correggere alcune interpretazioni errate che portavano verso il fideismo e il relativismo. Dall'altro, però, egli avvertiva il pericolo che «molti passaggi, presi alla lettera e fuori dal contesto», avrebbero potuto indurre gli studiosi e i teologi a pensare che «Roma guardi con sospetto ai progressi del pensiero»[179]. Montini rispose:

> So quello che vuol dire [...]. In un primo tempo alcuni cattolici francesi avranno l'impressione che lei mi espone. Ma sono certo che questa impressione si dissiperà. D'altra parte noi faremo di tutto per dissiparla. L'enciclica *Humani generis* dà certi avvertimenti. Pone alcuni limiti, a destra e a sinistra, affinché si possa procedere sulla via del progresso con sicurezza, e in primo luogo, perché le fonti siano pure, perché una nuova era di progresso culturale si prepari per la Chiesa. Dirò che essa apre una via sovrana: voglio dire una via aperta e sicura[180].

Montini fece notare anche alcune 'sfumature terminologiche' del testo pontificio: ad esempio, nell'enciclica non veniva mai usato il termine *errores*, ma si parlava di *opiniones*. L'allora Sostituto interpretò questa scelta come un'indicazione che la Santa Sede non puntava a condannare errori veri e propri, ma a segnalare i rischi cui potevano condurre alcuni orientamenti di pensiero. A supporto della sua convinzione che il testo dell'enciclica non potesse essere mal interpretato, Montini portò tre argomentazioni:

> La prima [...] l'espressa volontà del Santo Padre. La seconda è la mentalità dell'episcopato francese, di vedute ampie, aperto alle correnti contemporanee [...] E arrivo alla terza ragione. Essa si riassume in due parole: i francesi sono intelligenti[181].

---

[177] Cfr. J. GUITTON, *Dialoghi con Paolo VI*, 19-23.

[178] Per approfondire il tema dell'amicizia tra Montini e Guitton si consiglia: J. GUITTON, *Dialoghi con Paolo VI*; ID., *Paolo VI segreto*, Roma 1981.

[179] J. GUITTON, *Dialoghi con Paolo VI*, 25.

[180] J. GUITTON, *Dialoghi con Paolo VI*, 25.

[181] J. GUITTON, *Dialoghi con Paolo VI*, 26.

il Concilio Vaticano II non ha mirato ad approfondire e completare la dottrina cattolica sul peccato originale, già sufficientemente dichiarata e definita nei concili di Cartagine, d'Orange e di Trento. Esso ha voluto soltanto confermarla ed applicarla secondo che richiedevano i suoi scopi, prevalentemente pastorali[214].

Ricapitolando, si può affermare che il Concilio Vaticano II, scegliendo di riproporre con linguaggio più sobrio ed essenziale il tema del peccato originale, non si prefisse lo scopo di tradurre la dottrina classica secondo un linguaggio più comprensibile per l'uomo moderno (in un tempo caratterizzato dagli sviluppi dell'esegesi biblica e dalle conquiste raggiunte dalla scienza), e nemmeno di definire stabilmente il dogma[215]. Per questa ragione, sia la questione del primo peccato dell'uomo, sia il dibattito sull'origine monogenetica o poligenetica della specie umana, rimasero 'questioni aperte ed irrisolte', di cui però si occupò il magistero di Paolo VI e la riflessione teologica negli anni del post-Concilio.

7. Il magistero di Paolo VI

7.1 Simposio sul mistero del peccato originale

In ragione del mancato approfondimento del tema circa il peccato originale durante il Concilio Vaticano II, Paolo VI avvertì il bisogno di compiere un ulteriore tentativo per cercare di tradurre la dottrina cristiana – in questo caso la dottrina sul peccato originale – in un linguaggio più comprensibile all'uomo moderno. A distanza di soltanto sei mesi dalla chiusura dell'Assise conciliare, il Pontefice promosse, infatti, un *Simposio Internazionale sul peccato originale* cui parteciparono teologi, esperti in paleontologia, ed esegeti, allo scopo di studiare il peccato originale, tenendo conto dei risultati conseguiti dalla scienza di fronte alla scienza e del pensiero contemporaneo.

A questo convegno, svoltosi a Nemi dall'11 al 13 luglio, parteciparono: Charles Moeller, segretario della Congregazione per la Dottrina della Fede, Roberto Masi, rettore del collegio Apollinare, Roderic McKenzie, rettore del Pontificio Istituto Biblico, Pierre Benoit, direttore dell'*École Biblique* di Gerusalemme, Edouard Boné rettore delle Facoltà universitarie di Namur, i professori della Gregoriana Zlotan Alszeghy, Maurizio Flick e Vittorio Marcozzi, Marie-Rosaire Gagnebet, o.p., professore all'Università San Tommaso d'Aquino, Karl Rahner, professore all'Università di Monaco, Marie-Michel Labourdette, professore alla Casa di

---

[214] PAOLO VI, *Il dogma del peccato originale* (11.07.1966), 363-364.
[215] Cfr. A. M. DUBARLE, *Il peccato originale*, 75-76.

studi di Tolosa, e Giuseppe Ruggieri. Il Simposio fu preseduto dall'allora rettore della Pontificia Università Gregoriana, Edouard Dhanis.

Nel suo discorso all'apertura del Simposio, Paolo VI indicò ai partecipanti il duplice obiettivo cui avrebbe dovuto tendere la loro riflessione e la loro indagine. Innanzitutto quello di «fare il punto [...] sullo stato attuale dell'esegesi e della teologia cattolica a riguardo del dogma de peccato originale, con speciale riferimento ai risultati delle scienze naturali moderne quali l'antropologia e la paleontologia»[216]. In un secondo tempo, essi avrebbero dovuto elaborare «una definizione e una presentazione del peccato originale che fossero più moderne, cioè più soddisfacenti le esigenze della fede e della ragione, quali sono sentite e manifestate dagli uomini della nostra epoca»[217], secondo quello stile che fu proprio del Concilio[218].

Paolo VI indicò anche quale metodo i partecipanti al Simposio avrebbero dovuto seguire nelle loro indagini, precisandone libertà e limiti. La libertà nella ricerca e nel giudizio era 'vera', reale, ma essa andava esercitata nella fedeltà alla Scrittura, alla Tradizione ed al Magistero vivo della Chiesa, «ch'è norma prossima di verità per tutti i fedeli»[219]. Alla luce di tali premesse, il Pontefice presenta la dottrina tradizionale sul peccato originale originante, circa la sua esistenza e la sua universalità, la sua origine, e la sua dipendenza dalla disobbedienza del primo uomo Adamo, appoggiandosi, soprattutto, all'insegnamento codificato dal Concilio tridentino:

> Convinti, pertanto, che la dottrina del peccato originale, sia quanto alla sua esistenza ed universalità, sia quanto alla sua indole di vero peccato nei discendenti di Adamo, e alle sue tristi conseguenze per l'anima e per il corpo, è una verità rivelata da Dio [...][220].

---

[216] PAOLO VI, *Il dogma del peccato originale* (11.07.1966), 364.

[217] PAOLO VI, *Il dogma del peccato originale* (11.07.1966), 364. Il Pontefice ricordava inoltre che era lodevole lo sforzo «di presentare, difendere ed illustrare le verità della fede divina con concetti e parole più comprensibili alle menti formate alla odierna cultura filosofica e scientifica» (PAOLO VI, *Il dogma del peccato originale* (11.07.1966), 364).

[218] A tal riguardo, Paolo VI citò le parole pronunciate da Giovanni XXIII in occasione dell'apertura del Concilio Ecumenico Vaticano II: «occorre che questa dottrina certa ed immutabile, alla quale si deve prestare un assenso fedele, sia approfondita ed esposta secondo quanto è richiesto dai nostri tempi. Altro è infatti il deposito della Fede, cioè le verità che sono contenute nella nostra veneranda dottrina, altro è il modo con il quale esse sono annunziate, sempre però nello stesso senso e nella stessa accezione» (GIOVANNI XXIII, *Allocutio Gaudet Mater Ecclesia* (11.10.1962), in *EV* 1/55*).

[219] PAOLO VI, *Il dogma del peccato originale* (11.07.1966), 365.

[220] PAOLO VI, *Il dogma del peccato originale* (11.07.1966), 366.

dubbio questo «peccato, donde è derivata tanta colluvie di mali, sia stata la disobbedienza di Adamo "primo uomo" [...] all'inizio della storia»[231].

7.1.2 Evoluzionismo

Se nell'affrontare il poligenismo, il Pontefice riteneva doveroso il custodire del dato teologico, il medesimo approccio si percepisce nel paragrafo seguente nel quale il Pontefice fa riferimento alla *teoria* dell'evoluzionismo:

> Ma anche la teoria dell'*evoluzionismo* non vi sembrerà accettabile qualora non si accordi decisamente con la creazione immediata di tutte e singole le anime umane da Dio, e non ritenga decisiva l'importanza che per le sorti dell'umanità ha avuto la disobbedienza di Adamo, protoparente universale[232].

Alszeghy colse in queste parole un significativo sviluppo nel magistero della Chiesa. Per la prima volta, infatti, l'evoluzionismo fu chiamato da Paolo VI 'teoria', e non più ipotesi[233]. Il Pontefice, inoltre, non espresse altre riserve per una sua applicazione all'uomo, ad eccezione del rifiuto di ogni interpretazione che mettesse in dubbio la creazione diretta delle anime da parte di Dio. Questo rendeva evidente un maggiore riconoscimento della «legittima autonomia della scienza» (GS 36), e «un maggiore apprezzamento del valore delle teorie appoggiate sulla verifica puramente scientifica delle ipotesi»[234] da parte dello stesso Montini[235].

In sintesi, nell'affrontare entrambe le tematiche (il poligenismo e l'evoluzionismo) il Pontefice volle «ad un tempo lasciare libertà di ricerca e tuttavia circoscriverne i limiti»[236]. Ribadì i punti salienti della discussione, riproponendo la ricchezza dei dati contenuti nella Tradizione, affidando agli studiosi presenti al Simposio il compito di armonizzare, di tradurre i contenuti della Tradizione, in un linguaggio moderno[237]. Pur ripresentando la dottrina esposta da Pio XII nella *Humani generis*[238], Montini non

---

[231] PAOLO VI, *Il dogma del peccato originale* (11.07.1966), 366. Cfr. F. SCANZANI, *Solidarietà in Cristo*, 39.

[232] PAOLO VI, *Il dogma del peccato originale* (11.07.1966), 367.

[233] Cfr. Z. ALSZEGHY, «L'evoluzionismo e il magistero ecclesiastico», 45.

[234] Z. ALSZEGHY, «L'evoluzionismo e il magistero ecclesiastico», 46.

[235] Successivamente al Simposio del luglio 1966 comparvero diversi studi inerenti alla questione, tra cui il noto articolo del teologo tedesco Karl Rahner: «Peccato originale ed evoluzione», 73-87.

[236] H. RONDET, *Il peccato originale*, 360.

[237] Cfr. F. SCANZANI, *Solidarietà in Cristo*, 40.

[238] Cfr. P. KAPUSTA, «Darwinism», 31.

citò mai l'enciclica pacelliana, rifacendosi direttamente alla dottrina Tridentina[239].

7.2 Il Credo del popolo di Dio

In occasione della commemorazione centenaria del martirio dei santi apostoli Pietro e Paolo, Paolo VI indisse un Anno della Fede, concependolo come «un grande atto di fede [...] per riprendere esatta coscienza [della fede] [...] per ravvivarla, per purificarla, per confermarla, per confessarla»[240]. Attraverso la celebrazione di questo Anno della Fede, il Pontefice pose l'accento sia sul fatto che l'uomo, pago del progresso e delle sue conquiste, pensava di poter fare a meno di Dio, sia sugli sviluppi teologici del post-Concilio:

> opinioni esegetiche e teologiche nuove, spesso mutuate da audaci, ma cieche filosofie profane, [...] che mettono in dubbio o deformano il senso oggettivo di verità autorevolmente insegnata dalla Chiesa, e col pretesto di adattare il pensiero religioso alla mentalità del mondo moderno, si prescinde dalla guida del magistero ecclesiastico, si dà alla speculazione teologica un indirizzo radicalmente storicistico, si osa spogliare la testimonianza della Sacra Scrittura del suo carattere storico e sacro, e si tenta di introdurre nel Popolo di Dio una mentalità cosiddetta post-conciliare, che del Concilio trascura la ferma coerenza [...][241].

Il Pontefice richiamò alla fedeltà al 'deposito della fede', ma, nel contempo, lasciò aperto il campo della ricerca, promuovendo lo studio, l'approfondimento e la ri-espressione del magistero:

> stimolare lo studio delle dottrine enunciate dal recente Concilio Ecumenico, e a sorreggere lo sforzo del pensiero cattolico nella ricerca di nuove e originali espressioni, fedeli tuttavia al deposito dottrinale della Chiesa[242].

L'Anno della Fede' si concluse con la redazione di una *Professione di Fede*, pronunciata la sera del 30 giugno del 1968[243]. Innanzitutto in essa

---

[239] Cfr. G. GOZZELINO, *Vocazione*, 469.

[240] PAOLO VI, *Petrum et Paulum Apostolos* (22.02.1967), 198, *tr. it., OR* (23.02.1967), 2.

[241] PAOLO VI, *Petrum et Paulum Apostolos* (22.02.1967), 198, *tr. it., OR* (23.02.1967), 2.

[242] PAOLO VI, *Petrum et Paulum Apostolos* (22.02.1967), 199, *tr. it., OR* (23.02.1967), 2.

[243] Per alcuni commenti sulla summenzionata professione di fede si veda: S. LENTINI, *Il credo del popolo di Dio*; C. POZO, *El credo del Pueblo de Dios*; J. DANIELOU, «Riflessioni sul "Credo"», 229-235; C. COLOMBO, «La professione di fede del popolo di Dio», 513-515; R. MASI, «Il Credo di Paolo VI. I. Creazione dell'uomo», 2; ID., «Il

è possibile rilevare l'impostazione positiva attraverso la quale vennero esposte le verità di fede, senza emettere alcuna condanna. L'obiettivo del Pontefice, come afferma Laurentin, era di «decantare certe formule di scuola dandone una traduzione esistenziale»[244]. Interessante il giudizio espresso da Luigi Sartori, che ci sembra abbia rettamente colto l'intenzione del Pontefice:

> La professione di fede [...] ha richiamato in vita il 'passato'. E ciò ha un profondo significato ecclesiale. Sta a ricordare che l'uomo e la sua storia non sono solo 'variabili' ma anche 'stabili'. La fedeltà e la continuità sono condizioni di vero cammino e progresso. [...] Per questo il 'Credo' di Paolo VI costituisce per la teologia un documento che riassume un 'passato' che è normativo, in quanto contiene qualcosa che essenzialmente richiede di ritrovarsi o di rivivere, e non di sparire o di morire, in una eventuale riformulazione del 'presente' e del 'futuro'[245].

In quest'ottica e secondo questa prospettiva vanno letti ed interpretati i tre paragrafi riguardanti il dogma del peccato originale, la redenzione, ed il Battesimo dei bambini[246]. Riguardo al peccato originale, il Pontefice, (facendo nostra l'espressione di Sartori) *'ritrova o fa rivivere'* i dati della Tradizione e dei Concili[247]:

> Noi crediamo che in Adamo tutti hanno peccato: il che significa che la colpa originale da lui commessa ha fatto cadere la natura umana, comune a tutti gli uomini, in uno stato in cui essa porta le conseguenze di quella colpa, e che non è più lo stato in cui si trovava all'inizio nei nostri progenitori, costituiti nella santità e nella giustizia, e in cui l'uomo non conosceva né il male né la morte. È la natura umana così decaduta, spogliata della grazia che la rivestiva, ferita nelle sue proprie forze naturali e sottomessa al dominio della morte, che viene trasmessa a tutti gli uomini; ed è in tal senso che ciascun uomo nasce nel peccato. Noi dunque professiamo, col Concilio di Trento, che il peccato originale viene trasmesso con la natura umana, «non per imitazione, ma per propagazione», e che esso pertanto è «proprio a ciascuno» (DS 1513)[248].

Credo di Paolo VI. II. La teologia del peccato originale», 5; L. SARTORI, «Il 'credo' di Paolo VI», 43-50.

[244] R. LAURENTIN, *Crisi della Chiesa*, 28.

[245] L. SARTORI, «Il 'credo' di Paolo VI», 49.

[246] Cfr. PAOLO VI, *Credo del Popolo di Dio* (30.06.1968), 305.

[247] Cfr. V. GROSSI – B. SESBOÜÉ, «Il peccato originale», 222.

[248] PAOLO VI, *Credo del Popolo di Dio* (30.06.1968), 305. Il riferimento al peccato originale si trova anche nei due paragrafi successivi: «Noi crediamo che nostro Signor Gesù Cristo mediante il Sacrificio della Croce ci ha riscattati dal peccato originale e da tutti i peccati personali commessi da ciascuno di noi, in maniera tale che – secondo la parola dell'Apostolo – «là dove aveva abbondato il peccato, ha sovrabbondato la grazia» (*Rom.* 5, 20).

Il teologo francese Jean Daniélou riteneva che la terminologia adoperata da Paolo VI nella professione di fede non fosse moderna[249]. Al di là del problema del linguaggio, egli evidenziava che lo scopo primario di Paolo VI era quello di «stabilire i punti fermi e fuori discussione che costituiscono la sostanza della fede. Ciò era indispensabile, poiché su molti punti cominciavano a circolare false concezioni [...]. Urgeva quindi distinguere accuratamente, mostrare ciò che appartiene alla fede e ciò che rientra nel campo della ricerca. Ormai la cosa è fatta: l'equivoco non è più possibile»[250]. Pur essendo una solenne professione di fede, il Pontefice non ebbe l'intenzione di promulgare 'definizioni dogmatiche' propriamente dette[251].

Paolo VI, affermò che «in Adamo tutti hanno peccato»[252]. Il Pontefice si servì di questa espressione della tradizione agostiniana[253] non tanto per mostrare la partecipazione dell'umanità intera alla colpa personale di Adamo, quanto, invece, per indicare nella colpa del primo uomo *l'origine e la causa* dello stato decaduto dell'umanità. Cosi commentarono Flick e Alszeghy:

peccare in Adamo significa soltanto avere una natura spogliata dai doni soprannaturali e ferita nelle forze naturali, in seguito alla colpa di Adamo. Questo è il senso, secondo cui si deve dire che ciascun uomo nasce nel peccato. Non si parla di una partecipazione nella colpa di Adamo, né di una qualsiasi

---

Noi crediamo in un solo Battesimo istituito da Nostro Signore Gesù Cristo per la remissione dei peccati. Il battesimo deve essere amministrato anche ai bambini che non hanno ancor potuto rendersi colpevoli di alcun peccato personale, affinché essi, nati privi della grazia soprannaturale, rinascano «dall'acqua e dallo Spirito Santo» alla vita divina in Gesù Cristo (cfr. DS 1514)» (PAOLO VI, *Credo del Popolo di Dio* [30.06. 1968], 305).

[249] Cfr. J. DANIELOU, «Riflessioni sul "Credo"», 233.

[250] J. DANIELOU, «Riflessioni sul "Credo"», 234.

[251] Cfr. F. SCANZANI, *Solidarietà in Cristo*, 42.

[252] PAOLO VI, *Credo del Popolo di Dio* (30.06.1968), 305.

[253] «*Fuit Adam, et in illos fuimus omnes*» (AGOSTINO, *Contra Iulianum* I, 3, 10, PL 44, 646). Secondo Agostino «la solidarietà della natura umana con la persona di Adamo, che fa sì che tutti gli uomini formino con lui un solo uomo, rende tutti i figli di Adamo colpevoli dell'atto di trasgressione del primo Adamo, con il quale condividiamo anche la volontà di compiere quell'atto, poiché tutti eravamo con lui e in lui nel momento che peccò» (D. HERCSIK, «Il peccato originale», 125). «I dibattiti teologici che seguirono alla *Humani generis* cercarono non tanto di postulare un accordo tra il racconto biblico e l'ipotesi poligenista dell'origine dell'umanità – ipotesi peraltro più 'teologica' che 'scientifica' e che non preoccupa più gli animi –, quanto proporre nuove categorie di riflessione, che prendono una certa distanza in rapporto alle rappresentazioni tradizionali, che avevano avuto il loro punto di partenza in Agostino» (V. GROSSI – B. SESBOÜÉ, «Il peccato originale», 223).

'responsabilità'. La trasmissione della 'colpa' sembra consistere solamente nella trasmissione di una 'natura decaduta'[254].

Anche in questo caso, Paolo VI, pur prendendo posizione contro un poligenismo che compromettesse il rapporto *umanità-Adamo*, non citò l'*Humani generis*, attenendosi rigorosamente alle formule del Concilio di Trento, secondo il quale il peccato originale viene trasmesso per *propagazione*, e non per imitazione, ed è interiore e proprio a ciascuno[255]. Va sottolineato che il Pontefice utilizzando il termine 'propagazione' – essendo 'meno legato' alla nozione di 'generazione' – «consente una concezione più antropologica della trasmissione»[256]. Riferendosi al Concilio di Trento, il Pontefice riconobbe in esso «l'irrinunciabile punto di riferimento del magistero attuale e di sempre»[257].

7.3 Confronto con Jean Guitton

Il 3 luglio 1968, dopo la promulgazione della *Professione di Fede*, Paolo VI, ricevette in privato l'amico Jean Guitton. Durante quest'incontro si confrontano sulla terminologia adoperata per trasmettere il contenuto del dogma del peccato originale:

> «Ho dovuto modificare il mio primitivo progetto [...]. Ho fatto questa professione di fede per sollevare problemi, per dare spiegazioni ulteriori. E questo non può avvenire in un giorno». Poi, alla domanda: «Come dobbiamo intendere l'affermazione del Concilio di Trento: Abbiamo tutti peccato in Adamo?», il papa rispose: «Abbiamo tutti peccato in Adamo. Ah sì! Questa frase ha un enorme bisogno di essere spiegata in modo corretto: non si tratta di un peccato, ma di una decadenza»[258].

André-Marie Dubarle rilevò la notevole differenza tra il linguaggio che il Pontefice utilizzò per descrivere l'eredità del peccato di Adamo nel discorso del Simposio e quello nel dialogo privato con Guitton. Se nel 1966 Paolo VI lo definì come «un vero peccato»[259], due anni dopo nel colloqui lo descrisse non tanto come un peccato, quanto come «una decadenza»[260]. Di fronte a queste differenze terminologiche Dubarle affermò:

---

254 M. FLICK – Z. ALSZEGHY , *Il peccato originale*, 28. Cfr. F. SCANZANI, *Solidarietà in Cristo*, 42; A. MARRANZANI, *Il peccato originale*, 43-45.

255 Cfr. CONCILIO DI TRENTO, *Decreto De Peccato originale,* DS 1513.

256 V. GROSSI – B. SESBOÜÉ, «Il peccato originale», 223.

257 G. GOZZELINO, *Vocazione*, 470.

258 J. GUITTON, *Journal de ma vie*, II, 267; Lo stesso paragrafo è riportato in ID., *Paul VI segreto*, 97.

259 PAOLO VI, *Il dogma del peccato originale* (11.07.1966), 366.

260 J. GUITTON, *Journal de ma vie*, II, 267.

Bisogna quindi conciliare una dichiarazione ponderata, fatta per un discorso pubblico, tesa a mettere in guardia contro la dimenticanza dei dogmi proclamati in passato, e la replica pronta ed estemporanea di una conversazione amichevole e non ufficiale, sensibile alla perplessità provate da molti uomini nel nostro tempo[261].

Le due affermazioni fatte dal Pontefice in due circostante diverse, si possono conciliare se si tiene conto dei generi letterari diversi: la prima si trattava di 'una dichiarazione ponderata', pensata per un discorso pubblico; la seconda era una conversazione amichevole, non ufficiale. Questo cambiamento nel linguaggio lascia trasparire la difficoltà da parte di Paolo VI di trovare la giusta formula per trasmettere adeguatamente il contenuto, in quanto, come ricordava la *Gaudium et spes*:

> Non pensino però i laici che i loro pastori siano sempre esperti a tal punto che ad ogni problema che sorge, anche quelli gravi, essi possano avere pronta una soluzione concreta (GS 43).

8. Conclusione

In seguito alla pubblicazione de *L'origine delle specie* di Charles Darwin nel 1859, la Chiesa Cattolica ha lentamente cercato di definire e di ridefinire la propria posizione in merito alla teoria dell'evoluzione, in modo particolare in relazione alla dottrina tridentina sul peccato originale. Come abbiamo cercato di mostrare nella prima parte di questo capitolo, fino agli inizi del XX secolo, nell'ambiente cattolico si riscontrava una generale resistenza ed ostilità nei confronti dell'evoluzionismo – o per utilizzare le categorie elaborate da Ian Barbour – sussisteva una tipologia di *conflitto*. Dagli interventi dei Presuli della Germania, dai lavori preparativi del Concilio Vaticano I, dagli articoli apparsi su *La Civiltà Cattolica*, fino agli interventi della *Pontificia Commissione Biblica*, abbiamo potuto prendere atto di questa opposizione tra dottrina cattolica ed evoluzionismo. Una resistenza talmente forte, che alcune opere che trattavano il tema dell'evoluzionismo, vennero ritenuti pericolose per la fede. Gli ecclesiastici che si espressero favorevolmente sulla validità delle idee evoluzionistiche, dovettero immediatamente ritrattare la loro posizione.

Soltanto in seguito – in modo particolare durante il pontificato di Pio XII – si verificarono le prime aperture del magistero di fronte alle nuove piste proposte dalla scienza, esprimendosi esplicitamente in modo favorevole riguardo alla conciliabilità di alcune forme di evoluzionismo con la fede cattolica. Tuttavia in questo periodo, pur superando una tipologia

---

[261] A. M. DUBARLE, *Il peccato originale*, 94.

CONCLUSIONE GENERALE

Congedandomi dalla scena di questo mondo e andando incontro al giudizio e alla misericordia di Dio: dovrei dire tante cose, tante. [...] Sul mondo: non si creda di giovargli assumendone i pensieri, i costumi, i gusti, ma studiandolo, amandolo, servendolo. Chiudo gli occhi su questa terra dolorosa, drammatica e magnifica, chiamando ancora una volta su di essa la divina bontà [...] O uomini, comprendetemi: tutti vi amo nell'effusione dello Spirito Santo [...] E alla Chiesa: abbi il senso dei bisogni veri e profondi dell'umanità[1].

Abbiamo voluto concludere il nostro studio citando alcuni passaggi desunti dal *Pensiero sulla morte*, un testo vibrante che Papa Paolo VI redasse due anni dopo la sua elezione al soglio di Pietro. In queste poche battute – e soprattutto nella sua Enciclica programmatica *Ecclesiam suam*, definita come «l'enciclica del dialogo»[2] – traspare lo spirito con cui il Pontefice volle porsi in dialogo con la cultura e la società moderna. Egli 'studiò, amò e servì' con simpatia e con intimo travaglio il mondo, quel mondo profondamente segnato da uno sviluppo rapido e vigoroso della scienza e della tecnica.

È legittimo constatare come nell'insegnamento di Paolo VI sulla scienza e la tecnica traspaia non soltanto la figura di un intellettuale competente ed informato sui progressi compiuti in ambito scientifico, ma soprattutto quella di un vero e proprio *esperto di umanità*[3], di un autentico *maestro e testimone della fede*[4]. Papa Montini inaugurò un nuovo modo di guardare e di interpretare il rapporto tra fede e scienza; un modo scevro

---

[1] PAOLO VI, «Pensiero alla morte», in P. MACCHI, ed., *Nell'intimità di Paolo VI*, 21.

[2] Cfr. R. SPIAZZI, *L'enciclica del dialogo*; R. ROUQUETTE, «L'encyclique "Ecclesiam suam"», 429; R. TUCCI, ed., «Un dialogo 'cordiale'», 521-526.

[3] Cfr. PAOLO VI, *Discorso alle Nazioni Unite* (04.10.1965), 517.

[4] «*Fidem servavi* possiamo dire oggi, con la umile e ferma coscienza di non aver mai tradito il 'santo vero'» (PAOLO VI, *Omelia* (29.06.1978), 521).

BIBLIOGRAFIA

1. **Giovanni Battista Montini** (ordine alfabetico)

MONTINI, G. B., «Un'affermazione di ottimismo. Omelia (15.08.1960)», *DiscScMi*, II, 3710-3716.

———, «Le alte mete di una provvida istituzione. Messaggio per la giornata universitaria (17.03.1955)», *DiscScMi*, I, 176-177.

———, «Apologia e polemica», *St* 27 (1931), 455-460.

———, «Camminare a occhi aperti. Omelia (19.04.1959)», *DiscScMi*, II, 2764.

———, «Carità intellettuale», *AzFu* (12.01.1930) 1-3.

———, «Cattolicesimo e Idealismo», *St* 24 (1928) 325-328.

———, «Cercate i valori veri. Discorso durante la benedizione della Casa della cultura e l'oratorio femminile (14.09.1958)», *DiscScMi*, II, 2309-2313.

———, «La Chiesa sta cercando se stessa. Omelia durante rito delle ordinazione (09.03.1963)», *DiscScMi*, III, 5656-5661.

———, *Colloqui religiosi – La preghiera dell'anima – Le idee di S. Paolo,* Brescia-Roma 1981 (Raccoglie gli articoli apparsi in *Studium* tra il 1930-1931).

———, *Coscienza universitaria. Note per gli studenti,* Roma 1982 (Raccoglie gli articoli apparsi in *Studium* tra il 1926 e il 1928).

———, «Il cristiano e il benessere temporale. Lettera pastorale all'arcidiocesi per la Quaresima (24.02.1963)», *DiscScMi*, III, 5607-5638.

———, «Criticismo», *St* 22 (1926) 352-357.

———, «Cultori della tradizione. Omelia (29.06.1960)», *DiscScMi*, II, 3644-3650.

———, *Discorsi e scritti sul Concilio (1959-1963),* Brescia 1983.

———, «La distanza dal mondo», *AzFu* (10.02.1929) 1-3.

———, «Dove corre questo mondo? Messaggio natalizio all'arcidiocesi (23.12.1962)», *DiscScMi*, III, 5462-5465.

MONTINI, G. B., «I due fini della vita. Omelia dell'Assunta (15.08.1962)», *DiscScMi*, III, 5229-5230.

———, «È giunta un'ora nuova nella storia della Chiesa milanese. Discorso d'ingresso nel duomo di Milano (06.01.1955)», *DiscScMi*, 55-71.

———, «Una fervorosa officina. Messaggio al clero per la Giornata per il Seminario (04.09.1960)», *DiscScMi*, II, 3765-3771.

———, «La festa della nascita del cristianesimo. Omelia per la solennità dell'Epifania (06.01.1960)», *DiscScMi*, II, 3259-3266.

———, «Il filo d'oro della Tradizione. Omelia (30.01.1960)», *DiscScMi*, II, 3284-3294.

———, «Un forte. Discorso pronunciato a Torino (03.07.1932)», *Notiziario dell'Istituto Paolo VI* 20 (1990) 10-14.

———, «Fratelli lontani, perdonateci. Invito ai lontani all'inizio della Missione per gli adulti (07.11.1957)», *DiscScMi*, I, 1753-1756.

———, «Gesù è risorto. Omelia nel giorno di Pasqua (29.03.1959)», *DiscScMi*, II, 2717-2723.

———, «Idee = forze», *St* 24 (1928) 341-346.

———, «Incontro tra Cristo e il mondo nuovo. Discorso alla Fiera campionaria di Milano (17.04.1960)», *DiscScMi*, II, 3525-3529.

———, «Inno squillante nell'aperto cielo. Omelia per gli operatori della Fiera campionaria (15.04.1956)», *DiscScMi*, I, 729-734.

———, *Interventi nella Commissione Centrale Preparatoria del Concilio Ecumenico Vaticano II (gennaio-giugno 1962)*, Brescia 1992.

———, «Intervento nella congregazione generale, IV, (22.10.1962), sullo schema "de S. Liturgia"», in *Giovanni Battista Montini Arcivescovo di Milano e il Concilio Ecumenico Vaticano II. Preparazione e primo periodo*, Brescia 1985, 414-416.

———, *Introduzione allo studio di Cristo. Schemi di lezioni di religione per studenti delle scuole superiori*, Roma 1933.

———, «Lettera alla presidenza della FUCI», in N. ANTONETTI, *La FUCI di Montini e di Righetti. Lettere di Igino Righetti ad Angela Gotelli (1928-1933)*, Roma 1979, 369-371.

———, *Lettere a casa 1915-1943*, Milano 1987.

———, *Lettere ai familiari. I. 1919-1927. II. 1928-1943*, Brescia 1986.

———, «Il Magistero Pastorale di Pio XII. Considerazioni per il quarantesimo di consacrazione episcopale di Pio XII (12.05.1957)», *DiscScMi*, I, 1384-1387.

———, «Missione e mistero della Chiesa. Discorso al secondo congresso dell'Apostolato dei Laici (09.10.1957)», *DiscScMi*, II, 1662-1683.

MONTINI, G. B., «La moderna civiltà del lavoro. Omelia per gli espositori della XXXV Fiera campionaria (14.04.1957)», *DiscScMi*, I, 1312-1316.

————, «La Nostra Pasqua. Lettera pastorale al clero e ai fedeli dell'arcidiocesi per la Quaresima (10.02.1959)», *DiscScMi*, II, 2565-2590.

————, «Note per l'Enciclica circa il dialogo», *Notiziario dell'Istituto Paolo VI* 2 (1980), 55-59.

————, «Leviamo in alto le nostre teste. Omelia (15.08.1961)», *DiscScMi*, III, 4545-4552.

————, «Omelia in occasione della prima visita dell'Arcivescovo di Milano alla sede dell'Università Cattolica del Sacro Cuore, per il cinquantesimo di professione religiosa di p. Agostino Gemelli (18.01.1955)», in G. E. MANZONI – C. GHIDELLI, ed., *Messaggi e discorsi di Giovanni Battista Montini all'Università Cattolica*, Milano 2001, 42-43.

————, «Omnia nobis est Christus. Lettera pastorale all'arcidiocesi per la Quaresima (15.02.1955)», *DiscScMi*, I, 139 -150.

————, «Orientati verso il cielo. Omelia (26.02.1961)», *DiscScMi*, III, 4152.

————, «Osservazioni su l'ora presente. Lettera pastorale all'arcidiocesi per la Quaresima (19.02.1956)», *DiscScMi*, I, 639-649.

————, «Pace a voi, uomini del lavoro. Omelia per gli espositori della XXXVI Fiera campionaria (13.04.1958)», *DiscScMi*, II, 2083-2087.

————, «Pareri e voti per la buona riuscita del Concilio», *Notiziario dell'Istituto Paolo VI* 6 (1983), 41-52.

————, «Pensiamo al Concilio. Lettera pastorale all'arcidiocesi per la Quaresima (22.02.1962)», *DiscScMi*, II, 4898-4935.

————, Prefazione a A. BARONI, *Igino Righetti*, Roma 1948, VIII-IX.

————, «Prefazione a J. MARITAIN, *Tre riformatori. Lutero, Cartesio, Rousseau*, [Brescia 1928]», *Notiziario dell'Istituto Paolo VI* 42 (2001), 57-59.

————, «Religione e lavoro. Discorso (27.03.1960)», *DiscScMi*, II, 3456-3475.

————, «Recensione di G. ASTORI, ed., *Corrispondenza inedita fra mons. Geremia Bonomelli ed il senatore Tancredi Canonico* 1903-1908 [Brescia 1937]», *St* 34 (1938), 565-566.

————, «Recensione di M. CORDOVANI, *Cattolicismo e Idealismo*, [Milano 1928]», *St* 24 (1928) 324.

————, «Recensione di M. CORDOVANI, *Il Rivelatore. Corso Universitario di Teologia Cattolica*, [Roma 1927]», *St* 23 (1927) 615-616.

————, «Recensione di S. TALAMO, *Il rinnovamento del pensiero tomistico e la scienza moderna* [Roma 1927]», *St* 23 (1927) 706.

PAOLO VI, *Ecclesiam suam. Lettera enciclica sulle vie della chiesa cattolica per l'adempimento del suo mandato* (06.08.1964), *EE* 7/713-830.

————, *Discorso in apertura del terzo periodo del Concilio* (14.09.1964), *EV* 1/235*-269*.

————, *Discorso alla Pontificia Accademia delle Scienze* (03.10.1964), *Ins.* II (1964) 574-577.

————, *Discorso a chiusura del terzo periodo del Concilio* (21.11.1964), *EV* 1/277*- 325*.

1965

————, *Discorso ai dirigenti e personale dell'Istituto di Clinica Odontoiatrica dell'Università degli studi di Milano* (22.03.1965), *Ins.* III (1965) 187-189.

————, *Allocuzione alla Commissione di studio sui problemi della popolazione, della famiglia e della natalità* (27.03.1965), *Ins.* III (1965) 201-203.

————, *La pacifica gara per la conquista spaziale. Discorso ai dirigenti, ingegneri e tecnici del Centro Italiano Ricerche Aerospaziali* (29.04.1965), *Ins.* III (1965) 919-920.

————, *Mysterium Fidei. Lettera Enciclica sulla dottrina e il culto dell'Eucaristia* (03.09.1965), *EE* 7/845-919.

————, *Discorso in apertura del quarto periodo del Concilio* (14.09.1965), *EV* 1/326*-358*.

————, *Apostolica sollicitudo. Lettera apostolica motu proprio* (15.09. 1965), *EE* 2/444-457.

————, *Discorso ai partecipanti all'XI Congresso internazionale di Radiologia* (25.09.1965), *Ins.* III (1965) 486-489.

————, *Discorso alle Nazioni Unite* (04.10.1965), *Ins.* III (1965) 516-523.

————, *Allocuzione durante l'ultima sessione pubblica del Concilio* (07.12. 1965), *EV* 1/448*- 465*.

————, *Omelia nella solenne chiusura del Concilio* (08.12.1965), *EV* 1/466*-475*.

1966

————, *La luce del Concilio Ecumenico agli sposi e alle famiglie. Allocuzione ai partecipanti al XIII congresso nazionale del Centro Italiano Femminile* (12.02.1966), *Ins.* IV (1966) 78-86.

————, *Visita ad un importante stabilimento chimico-farmaceutico* (24.02. 1966), *Ins.* IV (1966) 988-993.

PAOLO VI, *Discorso alla Sapienza nel 40° del ripristinato culto liturgico in Sant'Ivo a Roma* (12.03.1966), *Ins.* IV (1966) 102-106.

——, *Suscitare in ogni uomo il riflesso di Dio. Udienza Generale* (30.03. 1966), *Ins.* IV (1966) 736-738.

——, *Discorso ai partecipanti alla XI Settimana Medica degli Ospedali* (02.04.1966), *Ins.* IV (1966) 153-157.

——, *La Chiesa e il mondo intellettuale. Discorso agli alluni ed ex-alluni del Collegio Ghisleri di Pavia* (05.04.1966), *Ins.* IV (1966) 158-162.

——, *Il concetto dell'uomo nella realtà della Risurrezione. Udienza Generale* (13.04.1966) *Ins.* IV (1966) 742-744.

——, *Discorso alla Pontificia Accademia delle Scienze* (23.04.1966), *Ins.* IV (1966) 196-202.

——, *Il dogma del peccato originale e le scienze naturali moderne. Discorso ai partecipanti del Simposio sul mistero del peccato originale* (11.07. 1966), *Ins.* IV (1966) 361-367; *OR* (16.07.1966) 1.

——, *Discorso ai partecipanti al VI Congresso Internazionale di Biologia Clinica* (08.10.1966), *Ins.* IV (1966) 475-477.

——, *Discorso ai partecipanti al V Congresso dell'Associazione Stomatologica Internazionale* (14.10.1966), *Ins.* IV (1966) 498-501.

——, *Luce di fede e morale della Chiesa. Discorso ai partecipanti al 52° Congresso Nazionale della Società Italiana di Ostetricia e di Ginecologia* (29.10.1966), *Ins.* IV (1966) 521-525.

——, *Il valore del nuovo Centro di Studi Superiori nell'armonia dell'alta cultura ecclesiastica. Discorso per l'inaugurazione della nuova sede dell'Ateneo Salesiano* (29.10.1966), *Ins.* IV (1966) 526-530.

1967

——, *Petrum et Paulum Apostolos. Esortazione apostolica nel XIX centenario del martirio dei Santi Pietro e Paolo* (22.02.1967), *AAS* 59 (1967) 193-200.

——, *Populorum progressio. Lettera enciclica sullo sviluppo dei popoli* (26.03.1967), *EE* 7/930-1016.

——, *Discorso ai partecipanti al IX Congresso Nazionale della Società Italiana di Fonetica, Foniatria e Audiologia* (08.04.1967), *Ins.* V (1967) 733-734.

1968

——, *Le migliori conquiste per il bene dell'umanità. Discorso alla Pontificia Accademia delle Scienze* (27.04.1968), *Ins.* VI (1968) 171-176.

PAOLO VI, *Riconoscere ed esaltare la trascendenza benignità e onnipresenza di Dio. Udienza Generale* (12.06.1968), *Ins.* VI (1968) 817-821.

――――, *L'autenticità delle reliquie di S. Pietro nel glorioso «trofeo» del Vaticano. Udienza Generale* (26.06.1968), *Ins.* VI (1968) 279-282.

――――, *Credo del Popolo di Dio* (30.06.1968), *Ins.* VI (1968) 300-310.

――――, *Elevato commento alla professione del Nostro «Credo». Udienza Generale* (03.07.1968), *Ins.* VI (1968) 844-848.

――――, *Humanae vitæ. Lettera Enciclica sulla retta regolazione della natalità* (25.07.1968), *EE* 7/1135-1200.

――――, *La premessa, i motivi, le finalità dell'enciclica «Humanae vitæ». Udienza Generale* (31.07.1968), *Ins.* VI (1968) 869-874.

――――, *La Norma da Noi riaffermata è derivata dalla Legge di Dio. Angelus* (04.08.1968), *Ins.* VI (1968) 1098-1099.

――――, *Messaggio alla Conferenza internazionale sull'esplorazione e l'utilizzazione pacifica dello spazio extra-atmosferico* (06.08.1968), *Ins.* VI (1968) 330-332.

――――, *Lettera per l'82° «Katholikentag» di Germania* (30.08.1968), *Ins.* VI (1968) 456-460.

――――, *Il vero umanesimo suscita insuperabile fraternità. Udienza Generale* (04.09.1968), *Ins.* VI (1968) 885-888.

――――, *Discorso ai partecipanti al IV congresso europeo di Microscopia Elettronica* (07.09.1968), *Ins.* VI (1968) 449-451.

――――, *La continua ardente ricerca di Dio. Udienza Generale* (20.11. 1968), *Ins.* VI (1968) 1024-1027.

――――, *Nel Cristo Redentore è fondata la nuova speranza. Radiomessaggio natalizio al mondo* (20.12.1968), *Ins.* VI (1968) 665-671.

1969

――――, *Discorso ai partecipanti al Congresso dei delegati delle Università Cattoliche* (26.04.1969), *Ins.* VII (1969) 235-238.

――――, *L'esatto pluralismo nella perfetta unità. Udienza Generale* (14.05. 1969), *Ins.* VII (1969) 955-958.

――――, *Riflesso divino nell'uomo. Udienza Generale* (21.05.1969), *Ins.* VII (1969) 489-492.

――――, *La fede principio di vita eterna. Udienza Generale* (28.05.1969), *Ins.* VII (1969) 960-963.

――――, *I vaticini millenari della Sacra Scrittura nella realtà odierna. Angelus* (13.07.1969), *Ins.* VII (1969) 493-494.

PAOLO VI, *Dono immenso e perfetto dell'Onnipotente. Udienza Generale* (16.07. 1969), *Ins.* VII (1969) 495-496.

———, *Giorno grande e storico per l'umanità. Angelus* (20.07.1969), *Ins.* VII (1969) 497-498.

———, *Onore, saluto e benedizione a voi, conquistatori della Luna. Messaggio ai cosmonauti Neil Armstrong, Edwin Aldrin e Michael Collins in occasione dell'impresa lunare* (21.07.1969), *Ins.* VII (1969) 499-500.

———, *La fede desidera il confronto con le meraviglie della scienza. Udienza Generale* (23.07.1969), *Ins.* VII (1969) 502-505.

———, *Discorso alla Società Italiana di Patologia in occasione dell'XI Congresso nazionale sulla genesi dei tumori* (31.10.1969), *Ins.* VII (1969) 717-720.

———, *Da tenui origini le grandi opere di Dio. Omelia* (16.11.1969), *Ins.* VII (1969) 1329-1332.

———, *Ai rappresentanti dei popoli nella Notte Santa* (25.12.1969), *Ins.* VII (1969) 813.

1970

———, *Nella risurrezione del Signore, pienezza di fede e di amore per tutti gli uomini. Messaggio Pasquale ai popoli* (29.03.1970), *Ins.* VIII (1970) 245-246.

———, *Le indagini sul cosmo. Incontro dell'uomo con l'opera del creatore. Discorso alla Pontificia Accademia delle Scienze* (18.04.1970), *Ins.* VIII (1970) 326-332.

———, *Il XXV del Movimento «Rinascita Cristiana». Udienza Generale straordinaria* (02.05.1970), *Ins.* VIII (1970) 407-413.

———, *Il contributo degli studi patristici al rinnovamento post-conciliare. Discorso nella Curia Generalizia dei PP. Eremitani di S. Agostino per l'inaugurazione dell'Augustinianum* (04.05.1970), *Ins.* VIII (1970) 436-441.

———, *Il coraggio della verità nella confusa ora presente. Udienza Generale* (20.05.1970), *Ins.* VIII (1970) 518-519.

———, *Le perenni energie del vangelo alla salvezza e prosperità della famiglia umana. Gli auguri del Sacro Collegio per l'onomastico di Sua Santità* (23.06.1970), *Ins.* VIII (1970) 659-669.

———, *Per un'economia di servizio e fraternità che elimini lo scandalo della fame e della miseria. Discorso durante la visita alla sede della F.A.O. nel XXV anniversario della istituzione* (16.11.1970), *Ins.* VIII (1970) 1143-1153.

PAOLO VI, *La vita del cristiano è risposta alla chiamata di Dio. Omelia per la XII Giornata per le vocazioni* (20.04.1975), *Ins.* XIII (1975) 328-332.

————, *Un testimone esemplare di instancabile, nascosta, eroica e sovrumana carità. Omelia durante la Beatificazione di Giuseppe Moscati* (16.11. 1975), *Ins.* XIII (1975) 1289-1296.

————, *Evangelii Nuntiandi. Esortazione apostolica circa l'evangelizzazione nel mondo contemporaneo* (08.12.1975), *Ins.* XIII (1975) 1439-1490.

1976

————, *Statuto della Pontificia Accademia delle Scienze* (01.04.1976), *AAS* 68 (1976) 348-350.

————, *Cerchiamo di far nostro il programma della formula di Cristi: «Vigilate e pregate». Udienza Generale* (02.06.1976), *Ins.* XIV (1976) 439-441.

————, *La Chiesa ha bisogno di voi, del vostro senso della ricerca e del vostro amore della verità. Discorso alla Pontificia Accademia delle Scienze* (23.10.1976), *Ins.* XIV (1976) 867-870.

1977

————, *Discorso alla Pontificia Accademia delle Scienze* (22.10.1977), *Ins.* XV (1977) 968-969.

1978

————, *Omelia nel XV anniversario dell'Incoronazione* (29.06.1978), *Ins.* XVI (1978) 519-525.

————, *La scienza di fronte alla meraviglia della creazione. Udienza Generale* (12.07.1978), *Ins.* XVI (1978) 549-551.

[1980]

————, «Note per l'Enciclica circa il dialogo», *Notiziario dell'Istituto Paolo VI* 2 (1980) 55-59.

3. Documenti ufficiali della Chiesa

CONCILIO VATICANO II, *Acta Synodalia Sacrosancti Concilii Vaticani II*, Città del Vaticano 1970.

LEONE XIII, *Immortale Dei. Lettera Enciclica sulla costituzione cristiana degli stati* (01.11.1885), *EE* 3/445-525.

————, *Ut Mysticam. Motu Proprio de vaticana specula astronomica restituenda et amplificanda* (14.03.1891), *ASS* 23 (1890-1891) 522-526.

LEONE XIII, *Providentissimus Deus. Lettera Enciclica sugli studi delle Sacre Scritture*, (18.11.1893), *EE* 3/1115-1163.

——, *Vigilantiae studiique. Lettera apostolica* (30.10.1902), *ASS* 35 (1902-1903) 234-238.

PIO XI, *Discorso alla Accademia Pontificia delle Scienze «Nuovi Lincei»* (27.12.1925), *OR* (28-29.12.1925) 2.

——, *Motu Proprio de Pontificia Academia Scientiarum* (28.10.1936), *AAS* 28 (1936) 421-424.

——, *Statuto della Pontificia Accademia delle Scienze* (28.10.1936), *AAS* 28 (1936) 437-446.

PIO XII, *Discorso per la Sessione plenaria della Settimana di Studio alla Pontificia Accademia delle Scienze su «Le leggi che governano il mondo»* (21.02.1943) *AAS* 35 (1943) 69-79.

——, *Discorso alla Pontificia Accademia delle Scienze* (30.11.1943), *AAS* 35 (1943) 504-512.

——, *Mystici Corporis. Lettera enciclica sul Corpo mistico di Gesù Cristo* (29.06.1943), *EE* 6/151-260.

——, *Divino afflante Spiritu. Lettera Enciclica sul modo più opportuno di promuovere gli studi biblici* (30.09.1943), *EE* 6/261-290.

——, *Ai partecipanti alla XXIX Congregazione generale della Compagnia di Gesù* (17.09.1946), in *Discorsi e Radiomessaggi di Sua Santità Pio XII*, VIII, 229-234.

——, *Ai Capitolari dell'Ordine dei Frati predicatori* (22.09.1946), in *Discorsi e Radiomessaggi di Sua Santità Pio XII*, VIII, 243-247.

——, *Discorso per la Sessione plenaria della Settimana di Studio alla Pontificia Accademia delle Scienze su «L'invariabilità della legge naturale e il supremo governo di Dio nel mondo»* (08.02. 1948), *AAS* 40 (1948) 75-85.

——, *Discorso ai professori e agli studenti universitari francesi* (10.04. 1950), *AAS* 42 (1950) 395-397.

——, *Humani Generis. Lettera Enciclica sulle false opinioni che minacciano la dottrina cattolica* (12.08.1950), *EE* 6/701-743.

——, *Discorso ai partecipanti al «Primum Symposium Internationale Geneticae Medicae»* (07.09.1953), in *Discorsi e Radiomessaggi di Sua Santità Pio XII*, XV, 253-266.

GIOVANNI XXIII, *Allocuzione con la quale annucia il Sinodo Roma, il Concilio Ecumenico e l'aggiornamento del Codice di Diritto Canonico* (25.01. 1959), *AAS* 51 (1959) 65-69.

——, *Humanæ Salutis. Costituzione apostolica* (25.12.1961), *EV* 1/1*-23*.

GIOVANNI XXIII, *Gaudet Mater Ecclesia. Discorso nella solenne apertura del Concilio.* (11.10.1962), *EV* 1/26*-69*.

————, *Pacem in Terris. Lettera Enciclica sulla pace fra tutte le genti fondata sulla verità, la giustizia, l'amore, la libertà* (11.04.63), *EE* 7/541-712.

GIOVANNI PAOLO I, *La grande virtù dell'umiltà. Udienza generale* (06.09.1978), *Insegnamenti di Giovanni Paolo I,* I (1978) 49-52.

GIOVANNI PAOLO II, *Nel pontificato di Paolo VI il carisma dell'Apostolo delle genti. Omelia* (17.12.1978), *Insegnamenti di Giovanni Paolo II,* I (1978) 354-357.

————, *Redemptor Hominis. Lettera enciclica sul mistero della redenzione in Cristo Gesù* (04.03.1979), *EE* 8/1-102.

————, *Discorso alla Pontificia Accademia delle Scienze* (10.11.1979), *Insegnamenti di Giovanni Paolo II,* II,2 (1979) 1115-1120.

————, *Discorso all'inaugurazione dell'Istituto Paolo VI in Brescia* (26.09. 1982), *Insegnamenti di Giovanni Paolo II,* V,2 (1982) 587-591.

————, *Allocazione ad un gruppo di scienziati e di ricercatori* (09.05.1983), *Insegnamenti di Giovanni Paolo II,* VI,1 (1983) 1192-1199.

————, *Paolo VI principale artefice del dialogo tra la Chiesa e il mondo moderno. Discorso ai partecipanti al colloquio su «Paolo VI e la modernità nella Chiesa»* (04.06.1983), *Insegnamenti di Giovanni Paolo II,* VI,1 (1983) 1440-1443.

————, *Discorso ai partecipanti al Simposio internazionale «Retta fede nella creazione, retto insegnamento dell'evoluzione»* (26.04.1985), *Insegnamenti di Giovanni Paolo II,* VIII,1 (1985) 1130-1133.

————, *L'uomo, immagine di Dio, è un essere spirituale e corporale. Udienza Generale* (16.04.1986), *Insegnamenti di Giovanni Paolo II,* IX,1 (1986) 1038-1041.

————, *Discorso per la Sessione plenaria nel cinquantesimo della rifondazione della Pontificia Accademia delle Scienze* (28.10.1986), *Insegnamenti di Giovanni Paolo II,* IX,2 (1986) 1274-1285.

————, *La nostra conoscenza di Dio e della natura: fisica, filosofia e teologia. Lettera al Direttore della Specola Vaticana,* (01.06.1988), *Insegnamenti di Giovanni Paolo II,* XI 2 (1988) 1706-1717.

————, *Discorso alla Pontificia Accademia delle Scienze* (31.10.1992), *Insegnamenti di Giovanni Paolo II,* XV,2 (1992) 456-465.

————, *Discorso alla Pontificia Accademia delle Scienze* (22.10. 1996), *Insegnamenti di Giovanni Paolo II,* XIX,2 (1996) 570-575.

————, *Fides et ratio. Lettera enciclica sui rapporti tra fede e ragione* (14.09. 1998), *EE* 8/2375-2600.

BENEDETTO XVI, *Salmo 135, 1-9: Inno Pasquale. Udienza Generale* (09.11. 2005), *Insegnamenti di Benedetto XVI*, I (2005) 767-769.

————, *La risurrezione ci ha raggiunti ed afferrati. Omelia Veglia Pasquale* (15.04.2006), *Insegnamenti di Benedetto XVI*, II,1 (2006) 453-457.

————, *Incontro con i preti di Belluno-Feltri e Treviso ad Auronzo di Cadore* (24.07.2007), *Insegnamenti di Benedetto XVI*, III,2 (2007) 56-77.

————, *Discorso alla Curia Romana in occasione della presentazione degli auguri Natalizi* (22.12.2008), *AAS* (2009) 48-56.

————, *Gesù di Nazaret*, Milano 2007.

CONGREGAZIONE PER LA DOTTRINA DELLA FEDE, *Mysterium Ecclesiae. Dichiarazione sulla dottrina cattolica della Chiesa per difenderla da alcuni errori di oggi* (24.06.1973), *EV* 4/2564-2589.

PONTIFICIA COMMISSIONE BIBLICA, «Le citazioni implicite contenute nelle S. Scrittura (13.02.1905)», *ASS* 37 (1904-05) 666.

————, «Narrazioni solo apparentemente storiche nei libri della S. Scrittura considerati storici (23.06.1905)», *ASS* 38 (1905-06) 124.

————, «L'autenticità mosaica del Pentateuco (27.06.1905)», *ASS* 39 (1906) 377.

————, «Autore e verità storica del quarto Vangelo (29.05.1907)», *ASS* 40 (1907) 383.

————, «Indole e autore del libro di Isaia (28.06.1908)», *ASS* 41 (1908) 613.

————, «L'organo ufficiale della Pontificia Commissione Biblica (15.02. 1909)», *AAS* 1 (1909) 241.

————, «Sul carattere storico dei primi tre capitoli della Genesi (30.06.1909)», *AAS* 1 (1909) 567-569.

————, «Autori e tempo di composizione dei salmi (01 .05.1910)», *AAS* 2 (1910) 354.

————, «Autore, tempo di composizione e verità storica del Vangelo secondo Matteo (19.06.1911), *AAS* 3 (1911) 294-296.

————, «Autore, tempo di composizione e verità storica dei Vangeli secondo Marco e secondo Luca (26.06.1912)», *AAS* 4 (1912) 463-465.

————, «La questione sinottica e le sue mutue relazioni tra i primi tre Vangeli (26.06.1912)», *AAS* 4 (1912) 465.

————, «Autore, tempo di composizione e verità storica del libro degli Atti degli Apostoli (12.06.1913)», *AAS* 5 (1913) 291-292.

————, «Autore, integrità e tempo di composizione delle Lettere Pastorali dell'Apostolo Paolo (12.06.1913)», *AAS* 5 (1913) 292-293.

————, «Autore e modo di composizione della Lettera agli Ebrei (24.06.1914)», *AAS* 6 (1914) 417-418.

PONTIFICIA COMMISSIONE BIBLICA, «La parusia ovvero la seconda venuta del Signore Nostro Gesù Cristo nelle Lettere di San Paolo Apostolo (18.06.1915)», *AAS* 7 (1915) 357-358.

————, «L'aggiunta di lezioni varianti nelle edizioni della Vulgata del Nuovo e dell'Antico Testamento (17.11.1921)», *AAS* 14 (1922) 27.

————, «Sulle fonti del Pentateuco e sul valore "storico" di Gn 1-11 (16.01. 1948)», *EB* 577-581.

————, *L'interpretazione della Bibbia nella Chiesa*, Città del Vaticano 1993.

4. Studi

ACERBI, A., «Chiesa, cultura e società nell'itinerario intellettuale di G.B. Montini», in *Problemi di storia della Chiesa. Dal Vaticano I al Vaticano II*, IV, Roma 1988, 391-428.

ACERBI, A., *Paolo VI. Il papa che baciò la terra*, Cinisello Balsamo 1997.

ADORNATO, G., *Paolo VI. Il coraggio della modernità*, Milano 2008.

ALBERIGO, G., ed., *Storia del Concilio Vaticano II. III. Il Concilio adulto (settembre 1963 – settembre 1974)*, Bologna 1998.

ALBERIGO, G. – RICCARDI, A., ed., *Chiesa e papato nel mondo contemporaneo*, Roma-Bari 1990.

ALBINI, C., «La concezione processuale di Dio e la teologia», *ScCatt* 132 (2004) 309-339.

ALSZEGHY, Z. – FLICK, M., *Il creatore: L'inizio della salvezza*, Firenze 1961.

————, *Fondamenti di un'antropologia teologica*, Firenze 1969.

————, *Il peccato originale*, Brescia 1972.

————, «Il peccato originale in prospettiva personalistica», *Greg* 46 (1965) 705-732.

————, «Il peccato originale in prospettiva evoluzionista», *Greg* 47 (1966) 201-225.

————, *I primordi della salvezza*, Torino-Roma 1979.

ALSZEGHY, Z., «L'evoluzionismo e il magistero ecclesiastico», *Conc* 3 (1967) 40-47.

ALTMANN, A. – STERN, S.M., ed., *Isaac Israeli: A Neoplatonic Philosopher of the Early Tenth Century*, Oxford 2009.

AMERISE, M. – MANTOVANI, M., ed., *Fede, cultura e scienza. Discipline in dialogo*, Città del Vaticano 2008.

ANTONETTI, N., *La FUCI di Montini e di Righetti. Lettere di Igino Righetti ad Angela Gotelli*, Roma 1979.

APARICIO VALLS, C., *La plenitud del ser humano en Cristo*, Roma 1997.

ARTIGAS, A. – GIBERSON, K., *The Oracles of Science*, New York 2007.

ARTIGAS, M., *The Mind of the Universe. Understanding Science and Religion*, Philadelphia – London 2000.

————, *Knowing Things for Sure. Science and Truth*, Lanham 2006.

ARTIGAS, M. – GLICK, T. F. – MARTÍNEZ, R. A., *Negotiating Darwin: The Vatican Confronts Evolution. 1877-1902*, Baltimore 2006.

AULETTA, G. – LECLERC, M. – MARTINEZ, R. A., ed., *Biological Evolution: Facts and Theories. A Critical Appraisal 150 Years after "The Origin of the Species"*, Rome 2011.

AUSTIN, W. H., *The Relevance of Natural Science to Theology*, London 1976.

BALLERIO, C., «La federazione universitaria cattolica italiana, 1925-1939» *Italia contemporanea* 118 (1975) 39-69.

BARBOUR, I. G., ed., *Earth Might Be Fair. Reflections on Ethics, Religion and Ecology*, Englewood Cliffs 1972.

BARBOUR, I. G., *Ethics in an Age of Technology*, San Francisco 1993.

————, «Five Ways of Reading Teilhard», *Soundings* 51 (1968) 115-145.

————, *Myths, Models, and Paradigms*, New York 1974.

————, *Religion and Science. Historical and Contemporary Issues*, New York 1997.

————, *Religion in an Age of Science. The Gifford Lectures*. I, New York 1990.

————, «Religion in an Environmental Age», in R. PETERSON – D. CONROY, ed., *Earth at Risk. An Environmental Dialogue Between Religion and Science*, New York 2000.

————, «Scientific and Religious Prospective on Sustainability», in D. T. HESSEL – R. R. RUETHER, ed., *Christianity and Ecology. Seeking the Wellbeing of Earth and Humans*, Cambridge 1999, 385-402.

————, *Technology, Environment and Human Values*, New York 1980.

————, «Teilhard's Process Metaphysics», *Journal of Religion* 49 (1969) 136-159.

————, «Ways of relating science and theology», in R. J. RUSSELL – W. R. STOEGER – G. V. COYNE, ed., *Physics, philosophy and theology: a common quest for understanding*, Città del Vaticano 1988, 21-48.

————, *When Science Meets Religion*, New York 2000.

BARRAJÓN, P. – WILLIAMS, T. D., ed., *Il peccato originale: una prospettiva interdisciplinare*. Atti del Convegno internazionale promosso dall'Ateneo pontificio Regina Apostolorum Roma 3-4 marzo 2005, Città del Vaticano 2009.

BARROW, J. – TIPLER, F., *The Anthropic Cosmological Principle*, Oxford 1986.

CICCONE, L., «Interpretazione e approfondimento della 'Humanae vitæ', nel magistero seguente», in *«Humanae vitæ»: 20 anni dopo*. Atti del II Congresso Internazionale di Teologia Morale, Roma 1989, 139-182.

CIROTTO, C., «La questione evoluzionista. Aspetti scientifici», in V. DANNA – A. PIOLA, ed., *Scienza e fede: un dialogo possibile? Evoluzionismo e teologia della creazione*, Torino 2009, 69-90.

CLIFFORD, A. M., «Creation», in F. SCHÜSSLER FIORENZA – J. P. GALVIN, ed., *Systematic Theology. Roman Catholic Prospectives*, I, Minneapolis 1991, 193-248.

COBB, J. B. – GRIFFIN, D. R., *Teologia del processo*, Brescia 1978.

COLOMBO, C., «La professione di fede del popolo di Dio», *RivClIt* 49 (1968) 513-515.

―――, «Il significato teologico dell'enciclica "Humani Generis"», *ScCatt* 78 (1950) 397-428.

COLOMBO, G., «Genesi, storia e significato dell'Ecclesiam suam», in *Ecclesiam suam. Premier lettre encyclique de Paul VI: colloque International, Rome (24-26 octobre 1980)*, Brescia 1982, 131-160.

COMMISSIONE TEOLOGICA INTERNAZIONALE, «L'interpretazione dei dogmi», *CivCat* 141 (1990) II, 144-173.

―――, *La teologia oggi: prospettive principi e criteri*, Città del Vaticano 2012.

CONGAR, Y. – PEUCHMAURD, M., ed., *L'Église dans le monde de ce temps. Constitution pastorale «Gaudium et spes»*, Paris 1967.

CORBALLY, C. J., «Scienza e fede: Il punto di vista di un astronomo», *CivCat* 145 (1994) III, 274-283.

Costituzione della Organizzazione delle Nazioni Unite per l'Educazione, le Scienze e la Cultura (16.11.1945), (on-line): http://unipd-centrodirittiumani. it/public/ docs/costituzione_unesco.pdf.

La Costituzione Pastorale sulla Chiesa nel mondo contemporaneo, Torino 1968.

COYNE, G. V., «Religione e scienza: tradizione e attualità», *CivCat* 142 (1991) IV, 585-592.

―――, «Specola Vaticana», *DISF*, II, 1323-1329.

CREMONA, C., *Paolo VI*, Milano 1991.

CRICK, F., *Of Molecules and Men*, Seattle 1966.

CRIVELLI, L., *Montini Arcivescovo a Milano. Un singolare apprendistato*, Cinisello Balsamo 2002.

CROUZEL, H., ed., *L'Eglise dans le monde de ce temps : études et commentaires autour de la constitution pastorale Gaudium et spes de Vatican II, avec une étude sur l'encyclique Populorum progressio*, Bruges 1967-1968.

DANIELOU, J., «Riflessioni sul "Credo del Popolo di Dio"», *CivCat* 119 (1968) IV, 229-235.

DANNA, V., «Ricerca scientifica odierna e problema di Dio», *Archivio Teologico Torinese*, 1 (2001) 80-99.

————, «Scienza e fede. Scontro, incontro o dialogo?», in V. DANNA– A. PIOLA, ed., *Scienza e fede: un dialogo possible? Evoluzionismo e teologia della creazione*, Torino 2009, 23-59.

DANNA, V. – PIOLA, A., ed., *Scienza e fede: un dialogo possible? Evoluzionismo e teologia della creazione*, Torino 2009.

DAWKINS, R., *The Blind Watchmaker. Why the Evidence of Evolution Reveals a Universe without Design*, New York 1986.

————, *River out of Eden. A Darwinian View of Life*, London 1995.

————, *The Selfish Gene*, Oxford 1976.

DE CHARDIN, T., «Monogenismo e monofiletismo. Una distinzione essenziale da fare (1947) », in ID., *Il fenomeno umano*, Brescia 1993.

DE LA TRINITÉ, P., «Les points de vue du P. Rondet et du Catéchisme Hollandais sur le péché originel», *DoctCom* 21 (1968) 345-366.

DELLA BALDA, G., *Paolo VI. Il coraggio della coerenza*, Padova 2008.

DE LUBAC, H., «Coerenza e contestazione», *OR* (21.06.1978) 3.

DE RIEDMATTEN, H., «Storia della costituzione pastorale», in E. GIAMMANCHERI (ed.), *La Chiesa nel mondo contemporaneo. Commento alla costituzione pastorale 'Gaudium et spes'*, Brescia 1966, 19-59.

DE ROSA, G., «La fede cristiana nell'era della tecnica», *CivCat* 119 (1968) III, 131-144.

DEASON, G. B., «The Protestant Reformation and the Rise of Modern Science», *Scottish Journal of Theology* 38 (1985) 221-240.

DELHAYE, P., «Histoire des textes de la Constitution Pastorale», in Y. M.-J. CONGAR – M. PEUCHMAURD, ed., *L'Église dans le monde de ce temps. Constitution pastorale "Gaudium et spes"*, Paris 1967, 215-277.

DHAVAMONY, M., «Religione», *DTF*, 919-929.

DI ROVASENDA, E. – MARINI-BETTÒLO, G. B., *Federico Cesi nel quarto Centinario della nascita*, Pontificiae Accademiae Scientiarum Scripta Varia 63, Città del Vaticano 1986.

DI ROVASENDA, E., «Commemorazione del Padre Giuseppe Gianfranceschi, S.J., Presidente della Pontificia Accademia delle Scienze – Nuovi Lincei», *Pontificia Accademia Scientiarum Commentarii*, III, 13 (1975) 1-13.

————, «Paolo VI e la ricerca scientifica», in A. CAPRIOLI – L. VACCARO, ed., *Paolo VI e la Cultura*, Brescia 1983, 35-50.

DI ROVASENDA, E., «Introduzione», in L. NICOLETTI, ed., *Paolo VI*, Roma 1986, 7-15.

——, «Sapere scientifico, filosofico e religioso in Federico Cesi», in E. DI ROVASENDA – G. B. MARINI-BETTÒLO, ed., «Federico Cesi nel quarto Centinario della nascita», *Pontificia Accademia Scientiarum Scripta Varia* 63 (1986) 11-24.

——, «Paolo VI Educatore dello scienziato», in *Educazione, Intellettuali e società in G.B. Montini-Paolo VI*, Brescia 1992, 259-263.

DITOLVE, G., «La questione dell'evoluzione e dell'uomo: fede e scienza in dialogo», *Studia Bioeticha* 6 (2013) 75-83.

DRAPER, J. W., *History of the Conflict between Science and Religion*, New York 1874.

DREES, W. B., *Religion, Science and Naturalism*, Cambridge 1996.

DUBARLE, A. M., *Il peccato originale. Prospettive teologiche*, Bologna 2013.

——, «Sur un discours de Paul VI Evolution et péché original?», *Le Monde* (06.08.1966) 8.

DULLES, A., *Il fondamento delle cose sperate. Teologia della fede cristiana*, Brescia 1997.

DUPUIS, J., «Dialogo Interreligioso», *DTF*, 310-317.

DURAND, J. D., «Jacques Maritain et l'Italie», in B. HUBERT, ed., *Jacques Maritain en Europe. La réception de sa pensée*, Paris 1996, 13-85.

DYSON, F., *Disturbing the Universe*, New York 1979.

«Ecclesiam suam», première lettre encyclique de Paul VI: colloque international, Rome 24-26 Octobre 1980, Brescia 1982.

Educazione, intellettuali e società in G.B. Montini-Paolo VI. Giornate di studio – Milano, 16-17 novembre 1990 / Istituto Paolo VI in collaborazione con il Dipartimento di Pedagogia dell'Università Cattolica del Sacro Cuore di Milano, Brescia 1992.

EINSTEIN, A., *Come io vedo il mondo. La teoria della relatività*, Roma 1988.

FABRIS, R., *Galileo Galilei e gli orientamenti esegetici del suo tempo*, Città del Vaticano 1986.

FACCHINI, F., *Le sfide della evoluzione. In armonia tra scienza e fede*, Milano 2008.

——, «Le origini dell'uomo: possibili implicazioni in ordine al peccato originale», in P. BARRAJÓN – T. D. WILLIAMS, ed., *Il peccato originale: una prospettiva interdisciplinare*, Città del Vaticano 2009, 227-293.

——, «Vedute scientifiche attuali sulle origini dell'uomo e la dottrina sul peccato originale», in A. OLMI, ed., *Il peccato originale tra teologia e scienza*, Bologna 2008, 136-153.

FAGOZZARO, A., *Ascensioni umane. Teoria dell'evoluzione e filosofia cristiana*, Milano 1977.

FAPPANI, A. – MOLINARI F., *Giovannibattista Montini giovane: 1897-1944. Documenti inediti e testimonianze*, Torino 1979.

FAPPANI, A., «L'ambiente culturale e religioso a Brescia negli anni della formazione di G. B. Montini», in *G. B. Montini e la società italiana (1919-1939). Atti del seminario tenuto a Brescia nei giorni 21-22 ottobre 1983 presso il Centro Pastorale Paolo VI*, Brescia 1983, 43-56.

———, *Giorgio Montini. Cronache di una testimonianza*, Roma 1974.

———, *Monsignor Geremia Bonomelli e monsignor Pietro Capretta. Corrispondenza inedita*, Brescia 2000.

———, *Ricordi di una prima messa. Gli anni giovanili di Paolo VI*, Brescia 1970.

FAVARO, A. – BARBERA, G., ed., *Opere di Galileo Galilei*, Firenze 1968.

FERRARO, G., «L'Enciclica "Ecclesiam suam" di Paolo VI nel 40° Anniversario», *CivCat* 155 (2004) III, 3-12.

FERRÉ, F., *Language, Logic and God*, New York 1961.

FISICHELLA, R., *Ho incontrato Paolo VI. La sua santità dalla voce dei testimoni*, Cinisello Balsamo 2014.

———, «Segni dei tempi», *DTF*, 1107-1115.

———, «Teologia», *DTF*, 1223-1225.

FLICK, M. – ALSZEGHY. Z., *Il creatore. L'inizio della salvezza*, Firenze 1961.

FLICK, M., «Il dogma del peccato originale nella teologia contemporanea», in *Problemi e orientamenti di teologia dogmatica. II*, Milano 1957.

———, «L'enciclica Humani Generis», *CivCat* 101 (1959) III, 577-590.

———, «L'origine del corpo del primo uomo alla luce della filosofia e della teologia», *Greg* 29 (1948) 392-416.

———, «Peccato originale ed evoluzionismo. Alla ricerca di una soluzione», *CivCat* 117 (1966) III, 15-26.

———, «Peccato originale ed evoluzionismo. Un problema teologico», *CivCat* 116 (1966) II, 440-447.

———, «Il poligenismo e il dogma del peccato originale», *Greg* 28 (1947) 555-563.

———, «Problemi teologici sull'ominazione», *Greg* 44 (1963) 62-70.

———, «Vero e falso progresso del pensiero cattolico», *CivCat* 101 (1950) III, 577-590.

FOLLO, F., *La Mission du Saint-Siège à l'UNESCO. La paix en question*, Paris 2011.

FORNASIER, R., *Jacques Maritain ambasciatore. La Francia, la Santa Sede e i problemi del dopoguerra*, Roma 2010.

FORNASIR, G., ed., *Atti del convegno di studio su Pio Paschini nel centenario della nascita 1878-1978*, Udine 1979.

FORNERO, G. – TASSINARI, S., *Le filosofie del Novecento*, Milano 2002.

FORTE, B., ed., *Fedeltà e rinnovamento. Il Concilio Vaticano II 40 anni dopo*, Cinisello Balsamo 2005.

——, *L'uomo alla ricerca della verità. Filosofia, scienza, teologia: prospettive per il terzo millennio*, Milano 2005.

FRYE, R. M., ed., *Is God a Creationist? The Religious Case against Creation-Science*, New York 1983.

GALEAZZI, G., ed., *Montini e Maritain tra religione e cultura*, Città del Vaticano 2000.

GALEAZZI, G., «La formazione culturale e religiosa di Jacques Maritain», in ID., ed., *Montini e Maritain tra religione e cultura*, Città del Vaticano 2000, 28-43.

——, «La Neoscolastica, Maritain e le filosofie neoclassiche», in G. FORNERO – S. TASSINARI, ed., *Le filosofie del Novecento*, Milano 2002, 867-899.

GALILEI, G., *Lettere teologiche*, Casale Monferrato 1999.

——, «Terza lettera al Sig. Marco Velseri delle Macchie solare (1612)», in A. FAVARO – G. BARBERA, ed., *Opere di Galileo Galilei*, V, Firenze 1968, 186-239.

GALLAGHER, M. P., «A proposito di un recente dibattito su Dio e la scienza», *CivCat* 144 (1993) II, 327-338.

——, «Lo stile di Paolo VI e lo stile del Vaticano II», *CivCat* 165 (2014) IV, 3-18.

GALLENI, L., *Scienza e Teologia: proposte per una sintesi feconda*, Brescia 1992.

——, «Teilhard de Chardin», *DISF*, II, 2111-2124.

GALLINA, G., «Bonomelli Geremia», *DstMCaIt*, II, 47-52.

GARDEIL, A., «L'évolutionisme et les principes de S. Thomas d'Aquin», *RThom* 1 (1893) 27-45; 316-327; 725-737.

GARGANTINI, M., «Magistero della Chiesa», *DISF*, I, 821-841.

GARGANTINI, M., ed., *I Papi & la Scienza. Antologia del Magistero della Chiesa sulle questioni scientifiche da Leone XIII a Giovanni Paolo II*, Milano 1985.

G.B. Montini e la società italiana 1919-1939. Atti del seminario tenuto a Brescia nei giorni 21-22 ottobre 1983 presso il Centro Pastorale Paolo VI, Brescia 1983.

GENITILI, A. M., «Semeria Giovanni», *DstMCalt*, II, 596-602.

Geremia Bonomelli e il suo tempo. Atti del convegno storico. (16-19 ottobre 1996), Brescia, 1999.

GIAMMANCHERI, E., ed., *La Chiesa nel mondo contemporaneo. Commento alla costituzione pastorale «Gaudium et spes»*, Brescia 1967.

GILKEY, L., *Creationism on Trial*, Minneapolis 1985.

———, *Maker of Heaven and Earth*, Garden City 1959.

GIORELLO, G., «Intrecci e conflitti tra il dato di fede e il dato scientifico», *CredOg* 123 (2001) III, 19-26.

Giovanni Battista Montini, arcivescovo di Milano e il Concilio Ecumenico Vaticano II: preparazione e primo periodo. Colloquio internazionale di studio, Milano, 23-25 settembre 1983, Brescia 1985.

GIUNTELLA, M. C., *Autonomia e nazionalizzazione dell'Università. Il fascismo e l'inquadramento degli atenei*, Roma 1992.

———, «Documenti di un'amicizia, Lettere di Giovanni Battista Montini a Luigi Piastrelli», in *Per il rinnovamento cattolica. La testimonianza di Luigi Piastrelli*, Roma 1983, 91-101.

———, *La FUCI tra modernismo, Partito Popolare e fascismo*, Roma 2000.

GLODER, G., *Carattere Ecclesiale e scientifico della teologia in Paolo VI*, Milano 1994.

GODART, O. – HELLER, M., «Les relations entre la science et la foi chez Georges Lemaître», *Pontificia Accademia Scientiarum Commentarii*, III, 21 (1978) 1-12.

GOULD, J., «Nonoverlapping Magisteria», *Natural History* 3 (1997) 16-22.

———, *I pilastri del tempo. Sulla presunta inconciliabilità tra fede e scienza*, Milano 2000.

GOUNELLE, A., «Process theology», P. CODA, ed., *Dizionario critico di Teologia*, Roma 2005, 1063-1064.

GOZZELINO, G., *Vocazione e destino dell'uomo in Cristo: saggio di antropologia teologica fondamentale*, Torino 1985.

GRASSI, A., *Psicologia dinamica e clinica. Dalla psicoanalisi alla neuropsicologia analitica*, Roma 1999.

GRELOT, P., *Riflessioni sul problema del peccato originale*, Brescia 1994.

GROSSI, V. – SESBOÜÉ, B., «Il peccato originale: dal concilio di Trento all'epoca contemporanea», in B. SESBOÜÉ, ed., *Storia dei Dogmi. II. L'uomo e la sua salvezza*, Casale Monferrato 1997, 195-235.

GROOTAERS, J., «Quelques données concernant la rédaction de l'Encyclique 'Humanae vitæ'», in *Paul VI et la modernité dans l'Église*, Roma 1984, 385-398.

LADARIA, L., *Antropologia teologica*, Roma 2011.

————, *Introduzione alla antropologia teologica*, Casale Monferrato 1992.

————, «L'uomo alla luce di Cristo nel Vaticano II», in R. LATOURELLE – P. ANDES – Z. ALSZEGHY, ed., *Vaticano II: bilancio e prospettive. Venticinque anni dopo (1962-1987)*, Assisi 1987, 939-951.

LAI, B., *Il "mio" Vaticano*, Soveria Mannelli 2007.

LAMBERT, D., *Sciences et théologie. Les figures d'un dialogue*, Namur – Bruxelles 1999.

LATOURELLE, R. – ANDES, P. – ALSZEGHY, Z., ed., *Vaticano II: bilancio e prospettive venticinque anni dopo (1962-1987)*, Assisi 1987.

LATOURELLE, R., «Gaudium et spes», *DTF*, 450-453.

————, «La Révélation comme dialogue dans "Ecclesiam suam"», *Greg* 46 (1965) 834-939.

————, «Teilhard de Chardin», *DTF*, 1207-1216.

————, *La testimonianza cristiana nel mondo contemporaneo in Papa Montini*, Roma 1991.

LAURENTIN, R., *Crisi della Chiesa e secondo Sinodo episcopale*, Brescia 1969.

LEFÈVRE, L. J., «Les leçons de l'allocution du 11 juillet», *La pensée catholique* 102 (1966) 29-37.

LENTINI, S., *Il credo del popolo di Dio. Per meglio comprendere la professione di fede di Paolo VI*, Milano 1968.

LEONE, S., «Evoluzione, poligenismo e peccato originale», *Fede e Scienza, periodico di studi scientifico-teologici* 17 (1986) VI, 3-14.

LEROY, M. D., *L'évolution restreinte aux espèces organiques*, Paris 1891.

LUZZATTO VOGHERA, G. – VIAN, G., ed., *Storia della vita religiosa a Venezia. Ricerche e documenti sull'età contemporanea*, Brescia 2008.

MACCARRONE, M., «Mons. Paschini e la Roma ecclesiastica», in G. FORNASIR, ed., *Atti del convegno di studio su Pio Paschini nel centenario della nascita 1878-1978*, Udine 1979, 49-93.

MACCHI, P., *Paolo VI nella sua parola*, Brescia 2003.

MACCHI, P., ed., *Nell'intimità di Paolo VI: Pensiero alla morte. Testamento. Meditazioni*, Brescia 2000.

MAFFEO S., «I Cento Anni della Specola Vaticana», *CivCat* 142 (1991) I, 469-480.

————, *La Specola Vaticana. Nove Papi, una missione*, Città del Vaticano 2001.

————, «La Specola Vaticana strumento di dialogo», *CivCat* 142 (1991) II, 233-243.

MANCINI, I., ed., *Teilhard di Chardin: materia, evoluzione, speranza*, Roma 1983.

MANTOVANI, M., «Giovanni Battista Montini e la filosofia», in M. MANTO-VANI - M. TOSO, ed., *Paolo VI. Fede, cultura, università*, Roma 2003, 109-149.

MANTOVANI, M. – TOSO, M., ed., *Paolo VI: Fede, cultura, università*, Roma 2003.

MANZONI, G. E. – C. GHIDELLI, C., ed., *Messaggi e discorsi di Giovanni Battista Montini all'Università Cattolica*, Milano 2001.

MARALDI, V., *Lo spirito creatore e la novità del cosmo*, Milano 2002.

MARCHESI, G., «La Pontificia Accademia delle scienze, luogo d'incontro tra ragione e fede», *CivCat* 139 (1988) III, 235-246.

MARCOCCHI, M., «G. B. Montini, *Scritti Fucini (1925-1933)*: Linee di lettura», in *Educazione, intellettuali e società in G.B. Montini-Paolo VI*, Brescia 1992, 14-41.

MARCUCCI FANELLO, G., *Storia della Federazione Universitaria Cattolica Italiana*, Roma 1971.

MARINI-BETTÒLO, G. B., *Historical Aspects of the Pontifical Academy of Sciences*, Pontificae Academiae Scientiarum Documenta 21, Città del Vaticano 1986.

———, *Outlines of the Activity of the Pontifical Academy of Sciences (1936-1986)*, Pontificiae Academiae Scientiarum Scripta Varia 67, Città del Vaticano 1986.

MARITAIN J., *Carnet de notes*, Paris 1965; tr. it., *Ricordi e appunti*, Brescia 1967.

———, «Les conditions spirituelles du progrès et de la paix», in, *Rencontre des cultures à l'Unesco, sous le signe du Concile Œcuménique Vatican II*, Paris 1966, 755-764.

———, *Distinguer pour unir: ou Les degrés du savoir*, Paris 1932; tr. it., *Distinguere per unire. I gradi del sapere*, Brescia 1974.

———, *Eléments de philosophie: Introduction générale à la philosophie*, Paris 1921; tr. it., *Elementi di filosofia*, Torino 1922.

———, *Il filosofo nella società*, Brescia 1976.

———, *Humanisme intégral*, Paris 1936; tr. it., *Umanesimo integrale*, Roma 1946.

———, «Intorno alla filosofia tomista», *AzFu* (09.03.1930) 3.

———, «Orientamento del pensiero moderno cristiano», *AzFu* (18.01.1931) 4.

———, *Le philosophe dans la cité*, Paris 1960; tr. it., *Il filosofo nella società*, Brescia 1976.

MARITAIN J., *Trois réformateurs: Luther, Descartes, Rousseau, avec six portraits*, Paris 1925; tr. it., *Tre riformatori*, Brescia 1967.

MAROCCO, A., «Logos, Carità Intellettuale e testimonianza nella ricerca e didattica scientifica», *Educação e Filosofia* 44 (2008) 185-197 (on-line) http://www.seer.ufu.br/index.php/EducacaoFilosofia/ article/viewFile /1974/ 1648.

MARRANZINI, A., *Il peccato originale*, Roma 1968.

MARTINA, G., *La Chiesa in Italia negli ultimi trent'anni*, Roma 1977.

MARTÍNEZ, R. A., «L'interazione tra fede e razionalità scientifica», in G. MASPERO – M. PÉREZ DE LABORDA, ed., *Fede e Ragione: l'incontro e il cammino. In occasione del decimo anniversario dell'enciclica Fides et ratio*, Siena 2011, 195-222.

––––––, «The reception of evolutionary theories in the Church», in G. AULETTA – M. LECLERC – R. A. MARTINEZ, ed., *Biological evolution: facts and theories. A critical appraisal 150 years after "The origin of the species"*, Rome 2011, 589-612.

MASI, R., «Il Credo di Paolo VI. I. Creazione dell'uomo in relazione alla teoria scientifica dell'evoluzione», *OR* (22.02.1969) 2.

––––––, «Il Credo di Paolo VI. II. La teologia del peccato originale in relazione alla teoria scientifica dell'evoluzione», *OR* (24/25.02.1969) 5.

MASPERO, G. – PÉREZ DE LABORDA, M., ed., *Fede e ragione: l'incontro e il cammino. In occasione del decimo anniversario dell'enciclica «Fides et ratio»*, Siena 2011.

MASSINEO, A., «L'Umanesimo integrale», *CivCat* 107 (1956) III, 449-463.

MCFAGUE, S., *Metaphorical Theology: Models of God in Religious Language*, Philadelphia 1982.

––––––, *Models of God: Theology for an Ecological, Nuclear Age*, Philadelphia 1987.

MC GRATH, M. G. , «Présentation de la Constitution "L'Église dans le monde de ce temps"», in H. CROUZEL, ed., *L'Eglise dans le monde de ce temps*, Bruges 1967, 17-30.

MC MULLIN, E., «How should Cosmology Relate to Theology?», in A. PEACOCKE, ed., *The sciences and theology in the Twentieth Century*, Notre Dame 1981, 17-57.

MELLONI, A., *Il Conclave*, Bologna 2001.

MICHEL, A., «Péché original et monogénisme. À l'écoute de S. S. Paul VI», *L'ami du clerge* 76 (1966) 506-510.

MIVART, G., *Lessons from Nature*. London 1876.

––––––, *On the Genesis of Species*. London 1871.

MOLARI, C., *Darwinismo e teologia cattolica: un secolo di conflitti*, Roma 1984.

——, «Reazioni teologiche all'evoluzionismo e sua recezione», *CredOg* 29 (2009) 57-72.

MOLTMANN, J., *Scienza e sapienza. Scienza e teologia in dialogo*, Brescia 2003.

MONDEONE, D., «Giuseppe Moscati, un grande clinico e un grande santo», *CivCat* 126 (1975) IV, 252-268.

MONDIN, B., *Dizionario enciclopedico del pensiero di san Tommaso d'Aquino*, Bologna 1991.

——, «Pelagio», in ID., *Dizionario dei teologi*, Bologna 1992, 461-468.

MONOD, J., *Chance and Necessity*, New York 1972.

MONTEFIORE, H., *The Probability of God*, London 1985.

Montini, Journet, Maritain: une famille d'esprit / Istituto Paolo VI avec la collaboration du «Cercle d'études Jacques et Raïssa Maritain» et de la «Fondation du cardinal Journet» in collaborazione con la Universidad Pontificia de Salamanca, Brescia 2000.

MORANDINI, S., «Il dibattito scienza-fede: coordinate per una mappa», *CredOg* 123 (2001) III, 7-18.

MORO, R., *La formazione della classe dirigente cattolica (1929-1937)*, Bologna 1979.

——, «La FUCI di Giovanni Battista Montini», in M. MANTOVANI - M. TOSO, ed., *Paolo VI. Fede, cultura, università*, Roma 2003, 41-58.

MOSCHETTI, S., «La teologia contemporanea sul peccato originale: alcuni orientamenti», *RivClIt* (1978) 2-11.

MURATORE, S., «Magistero e Darwinismo», *CivCat* 148 (1997) 141-145.

MURPHY, N., «A Niebuhrian Typology for the Relation of Theology to Science», *Pacific Theological Review* 18 (1985) 3, 16-23.

MURPHY, S., «La falsa guerra della scienza contro la religione», *CivCat* 159 (2008) I, 19-30.

NASH, J. A., *Loving Nature. Ecological Integrity and Christian Responsibility*, Nashville 1991.

NICOLETTI, L., ed., *Paolo VI. Insegnamenti sulla scienza e sulla tecnica*, Roma 1986.

NIEBURH, H. R., *Christ and Culture*, New York 1951.

NOGAR, R. J., «Evolution», in *New Catholic Encyclopedia*, V, New York 1967, 684-695.

O'CARROLL, M., «Pope Paul's First Encyclical», *IrEcclRec* 103 (1965) 1-14.

O'MALLEY, J. W., *Che cosa è successo nel Vaticano II*, Milano 2010.

OCCHETTA, F., «Le tracce del pensiero di Maritain nella democrazia italiana», *CivCat* 161 (2010) II, 43-49.

OLMI, A., ed., *Il peccato originale tra teologia e scienza*, Bologna 2008.

OMODEO, P., «Origini del creazionismo fissista e dell'evoluzionismo», in I. MANCINI, ed., *Teilhard di Chardin: materia, evoluzione, speranza*, Roma 1983, 125-139.

PADOVANI, U. A. – SCIACCA, M. F., ed., *Grande Antologia Filosofica*, XXV, Milano 1976.

PALEY, W., *Teologia naturale, o sia, prove della esistenza e degli attributi della Divinità ricavate dalle apparenze della natura*, Roma 1808.

PAOLETTI, D., *La testimonianza cristiana nel mondo contemporaneo in Papa Montini*, Assisi, 1991.

PAPINI, R., ed., *Jacques Maritain e la società contemporanea*. Atti del Convegno internazionale organizzato dall'Istituto internazionale Jacques Maritain e dalla fondazione Giorgio Cini. Venezia 18-20 ottobre 1976, Milano 1978.

PARENTE, P., «Struttura e significato storico-dottrinale dell'enciclica "Humani Generis"», *Euntes Docente* 4 (1951) 23-45.

PAROLIN, P., «Jacques Maritain discepolo di Cristo e della verità. Strumenti per la modernità», *OR* (08.03.2014) 4.

PASCAL, B., *Pensieri e altri scritti di e su Pascal*, ed. G. Auletta, Cinisello Balsamo 1986.

PASCHINI, P., ed., *Miscellanea galileana*, Pontificiae Academiae Scientiarum scripta varia, I-III, Città del Vaticano 1964.

PATRIARCA, G., «La Specola Vaticana. Un itinerario storico tra scienza e fede», *21mo Secolo. Scienza e Tecnologia* 18/3 (2007) 31-36.

Paul VI et la modernité dans l'Église. Actes du colloque organisé par l'École française de Rome (Rome 2-4 juin 1983), Rome 1984.

PAVAN, A., «Introduzione», in J. MARITAIN, *Il filosofo nella società*, Brescia 1976, I-XL.

PEACOCKE, A., *Intimations of Reality*, Notre Dame 1984.

——, *The Phenomenon of Man*, New York 1959.

——, *The Sciences and Theology in the Twentieth Century*, Notre Dame 1981.

——, *Theology for a Scientific Age*, Minneapolis 1993.

PEACOCKE, A., ed., *The Sciences and Theology in the Twentieth Century*, Notre Dame 1981.

PERI, V., «Le radici italiane nella maturazione culturale di Giovanni Battista Montini», *Archivum historiæ pontificiæ* 22 (1984) 299-336.

PETERS, T., *Science & Theology: The New Consonance*, Boulder 1998.

———, «Theology and Natural Science», in D. FORD, ed., *The Modern Theologians*, Oxford 1997, 649-668.

PIANA, G., «Scienza ed etica oggi: un rapporto difficile», *CredOg* 123 (2001) III, 87-96.

PIANCIANI, G. B., *Cosmogonia naturale comparata col Genesi*, Roma 1862.

———, «Della origine delle specie organizzate», *CivCat* 11 (1860) VII, 164-179; 272-283.

———, «Della origine e della unità della specie umana», *CivCat* 12 (1861) IX, 165-187.

PIÉ-NINOT, S., *Ecclesiologia. La sacramentalità della comunità cristiana*, Brescia 2008.

PIOLA, A., «Quale dialogo tra evoluzione e creazione?», in V. DANNA – A. PIOLA, ed., *Scienza e fede. Un dialogo possibile? Evoluzionismo e teologia della creazione*, 91-132.

PLANCK, M., *La conoscenza del mondo fisico*, Torino 1993.

POLANYI, M., *The Tacit Dimension*, New York 1967.

POLKINGHORNE, J., «Natural Science, Temporality and Divine Action», *Theology Today* 55 (1998) 329-343.

———, *One World. The interaction of Science and Theology*, Princeton 1987.

———, *Science and Creation*, London 1988.

———, *Science and Theology. An Introduction*, London 1998.

PONTIFICIA ACADEMIA SCIENTIARUM, *Statuti e notizie storiche*, Annuario della Pontificia Accademia delle scienze 1936-37, Città del Vaticano 1937.

POSSENTI, V., «Presenza di Tommaso d'Aquino in Giovanni Battista Montini», in G. GALEAZZI, ed., *Montini e Maritain tra religione e cultura*, 89-104.

POSSENTI, V., ed., *Jacques Maritain oggi*. Atti del Convegno internazionale di studio promosso dall'Università cattolica nel centenario dalla nascita. Milano, 20-23 ottobre 1982, Milano 1983.

POZO, C., *El credo del Pueblo de Dios. Comentario teológico*, Madrid 1968.

PRÉVOTAT, J., «Les sources françaises dans la formation intellectuelle de G. B. Montini (1919-1963)», in *Paul VI et la modernité dans l'Église. Actes du Colloque organisé par l'École française de Rome (1983)*, Rome 1984, 101-127.

PRIGOGINE, I. – DANZIN, A., «Quale scienza per domani? Ricerca e bisogni dell'uomo: la scienza come fattore di trasformazione», *Il Corriere UNESCO* 2 (1982) 4-9.

Problemi di storia della Chiesa. Dal Vaticano I al Vaticano II, Roma 1988.

RADFORD RUETHER, R., *Gaia and God. An Ecofeminist Theology of Earth Healing*, San Francisco 1992.

RAHNER, K., «Monogenismo», in K. RAHNER, ed., *Sacramentum Mundi, Enciclopedia teologica,* V, Brescia 1976, 493-500.

———, «Peccato originale ed evoluzione», *Conc* 6 (1967) 73-87.

———, «La problematica teologica di una costituzione pastorale», in E. GIAMMANCHERI, ed., *La Chiesa nel mondo contemporaneo. Commento alla costituzione pastorale 'Gaudium et spes'*, Brescia 1967, 61-83.

———, *Saggi di antropologia soprannaturale*, Roma 1965.

RAMELLINI, P., ed., *Science Theology and the Ontological Quest. Research Group on Organisms. The Organism in Interdisciplinary Context: Proceedings of the STOQ Research Group on Organisms*, Città del Vaticano 2006.

RAPONI, N. – A. ZAMBARBIERI, A., «Modernismo», *DstMCalt*, I, 310-333.

RATZINGER, J., *Les principes de la théologie catholique*, Paris 1982.

———, *Problemi e risultati del concilio Vaticano II*, Brescia 1967.

RATZINGER, J. (BENEDETTO XVI), *Fede e Scienza: Un dialogo necessario*, Torino 2010.

RAZZOTTI, B., ed., *Jacques Maritain e la contemporaneità filosofica e politica.* Atti del Convegno Internazionale, 10-11 novembre 1995, Lanciano 1997.

RICCARDI, A., «Da Giovanni XXIII a Paolo VI», in G. ALBERIGO – A. RICCARDI, ed., *Chiesa e papato nel mondo contemporaneo*, Roma – Bari 1990, 217-222.

RICONDA, G., ed., *Il peccato originale nel pensiero moderno*, Brescia 2009.

RIGOBELLO, A., «La formazione culturale e religiosa di Giovanni Battista Montini», in G. GALEAZZI, ed., *Montini e Maritain tra religione e cultura*, Città del Vaticano 2000, 19-27.

RIMOLDO, A., ed., *Paolo VI. Discorsi e documenti sul Concilio (1963-1965)*, Brescia 1986.

Per il rinnovamento cattolica. La testimonianza di Luigi Piastrelli con lettere inedite di G. B. Montini, Brescia 1981.

ROLSTON, H., *Science and religion. A Critical Survey*, New York 1987.

ROMANATO, G. – MOLINARI, F., «Le letture del Giovane Montini», *ScCatt* 111 (1983) I, 37-78.

ROMANATO, G., «Esperienze, cultura e letture del giovane Montini», in *G. B. Montini e la società italiana 1919-1939*, 215-236.

RONCHI, C., *L'albero della conoscenza. Luci e ombre della scienza*, Milano 2010.

RONDET, H., *Il peccato originale e la coscienza moderna*, Torino 1971.

———, «Nouvelle Théologie», in K. RAHNER, ed., *Sacramentum Mundi*, V, Brescia 1976, 627-632.

RONDINARA, S., *Interpretazione del reale tra scienza e teologia*, Roma 2007.

———, «Modi d'interazione tra conoscenza scientifica e sapere teologico», *Nuova Umanità* 151 (2004) 1, 37-57.

———, «Teologia e science della natura», G. LORIZIO, ed., *Teologia Fondamentali. III. Contesti*, Roma 2005.

ROSS, T. M., «The Implicit Theology of Carl Sagan», *Pacific Theological Review*, 18 (1985) 24-32.

ROSSI, P., «Introduzione», in A. FOGAZZARO, *Ascensioni umane. Teoria dell'evoluzione e filosofia cristiana*, Milano 1977, 7-44.

ROTTSCHAEFER, W. A., «Religious Cognition as Interpreted Experience: An Examination of Ian Barbour's Comparison of the Epistemic Structures of Science and Religion», *Zygon* XX/3 (1985) 265-282.

ROUCHE, M., «La préparation de l'Encyclique 'Humanae vitæ'», in *Paul VI et la modernité dans l'Église*, Roma 1984, 361-384.

ROUQUETTE, R., «De Rome et de la chrétienté», *Et* 325 (1966) 381-391.

———, «L'encyclique "Ecclesiam suam"», *Et* 321 (1964) 422-435.

RUSSELL, R. J. – STOEGER, W. R. – COYNE, G.V., ed., *Physics, Philosophy and Theology: A Common Quest for Understanding*, Città del Vaticano 2005.

RUSSELL, R. J., «A Critical Appraisal of Peacocke's Thought on Religion and Science», *Religion & Intellectual Life* 2 (1985) 48-51.

———, «Dialogo scienza-teologia: metodo e modelli», *DISF*, I, 382-395.

———, «Un pensiero-ponte. In memoria di Ian G. Barbour (1923-2013)», *RegnAtt* 14 (2014) 457-459.

RUSSELL, R. J., ed., *Fifty years in Science and Religion. Ian G. Barbour and his Legacy*, Burlington 2004.

RUSSO, F., «Concezione cristiana e umanistica della tecnica», *CivCat* 118 (1967) I, 339-350.

———, «La solitudine dello scienziato nella Chiesa», *Rassegna di Teologia* (1967) I, 40-44.

S.A., «Cronaca contemporanea. Cose Italiane. Dichiarazione di Mons. Bonomelli sulla dottrina dell'evoluzione proposta dal prof. Zahm», *CivCat* 49 (1898) IV, 362-363.

S.A., «Cronaca Contemporanea. Cose Varie. Il libro "Evoluzione e Dogma" del Prof. Zahm», *CivCat* 50 (1899) VII) 125.

S.A., «Evoluzione e domma», *CivCat* 50 (1899) V, 34-49.

S.A., «Evoluzione e domma. Erronee informazioni di un Inglese», *CivCat* 53 (1902) VI, 75-77.

S.A., «L'interpretazione dei dogmi», *CivCat* 141(1990) II, 144-173.

S.A., «Rivista della stampa. A. Fagozzaro, L'origine dell'uomo e il sentimento religioso», *CivCat* 44 (1893) VIII, 199-211; 324-339.

S.A., «Rivista della stampa. J. A. Zahm, Evoluzione e Dogma», *CivCat* 48 (1897) IX, 201-204.

S.A., «Rivista della stampa Italiana. *De' nuovi studi della filosofia: Discorsi di Raffaello Caverni a un giovane studente*», *CivCat* 28 (1877) IV, 570-580.

SAGAN, C., *Contact. A Novel*, New York 1985.

———, *Cosmos*, New York 1980.

———, *A Demon-haunted world. Science as a Candle in the Dark*, New York 1996.

SÁNCHEZ DE TOCA ALAMEDA, M., «Storia dei rapporti recenti tra scienza e religione. Il Pontificio Consiglio della Cultura e il dialogo scienza-fede», *21mo Secolo. Scienza e Tecnologia* 19/2 (2008) 24-32.

———, «Un doppio anniversario: il XX anniversario dell'istituzione della Commissione di Studio sul caso Galileo e il X della conclusione della sua attività», *21mo Secolo. Scienza e Tecnologia* 21/2 (2010) 4-15.

SÁNCHEZ SORONDO, M., *Storia e compiti della Pontificia Accademia delle Scienze*, Pontificiae Academiae Scientiarum, Extra Series 16, Città del Vaticano 2002.

SÁNCHEZ SORONDO, M., ed., *I Papi e la Scienza nell'epoca contemporanea*, Milano 2009.

SARTORI, L., «Il "credo" di Paolo VI», *Com* 1 (1972) 2, 43-50.

SCAGLIA, G. B., «La FUCI di Righetti e di Montini (e di Pio XI). Una realtà che non si spiega con la politica», *St* 76 (1979) 585-602.

SCALON, C., «Pio Paschini», in SCALON, C. – GRIGGIO, C. – BERGAMINI, G., ed., *Dizionario biografico dei Friulani. III. L'Età contemporanea*, Udine, 2011, 2531-2544.

SCANZANI, F., *Solidarietà in Cristo e complicità in Adamo: il peccato originale nel recente dibattito in area francese*, Milano 2001.

SCOLA, A. – GILFREDO, M. – JAVIER, P., ed., *La persona umana: antropologia teologica*, Milano 2000.

SECKLER, M., «Teologia e scienza», *DTF*, 1235-1242.

SEEWIS, S., «La generazione spontanea e la filosofia antica», *CivCat* 48 (1897) XI, 142-152.

——, «Sant'Agostino e la generazione spontanea primitiva», *CivCat* 48 (1897) XI, 421-438.

——, «S. Tommaso e la generazione spontanea primitiva», *CivCat* 48 (1897) XI, 676-691.

SGARBI, M., «Process Philosophy», *Enciclopedia Filosofica*, Milano 2010, 9005.

SGRECCIA, E., *Manuale di Bioetica. I. Fondamenti ed etica biomedica*, Milano 2007.

SIMONCELLI, P., *Storia di una censura. Vita di Galileo e Concilio Vaticano II*, Milano 1994.

SNOW, C. P., *The Two Cultures*, London 1959; tr. it., *Le due culture*, Milano 1964.

SORGE, B., «Per una critica cristiana della società tecnologica», *CivCat* 121 (1970) III, 110-120.

SOSKICE, J., *Metaphor and Religious Language*, Oxford 1985.

SOUTHGATE, C. – *al.*, ed., *God, Humanity and the Cosmos: A Textbook in Science and Religion*, Harrisburg 1999.

SPADARO A., ed., «Un dialogo "cordiale" con gli uomini d'oggi», *CivCat* 115 (1964) III, 521-526.

SPADARO, A., «Homo technologicus, homo spiritualis», *Cyberteologia* (online): http://www.cyberteologia.it/2011/12/homo-technologicus-homo-spiritualis/ (accesso: 26.03.2014).

SPIAZZI, R., *L'enciclica del dialogo*, Torino 1965.

SUENENS, L. J. – *al.*, *Rencontre des cultures à l'Unesco, sous le signe du Concile Œcuménique Vatican II. Colloque organisé par l'observateur permanent du Saint-Siège auprès de l'Unesco, le 21 avril 1966*, Paris 1966.

SWINBURNE, R., *The existence of God*, Oxford 1979.

TANZELLA NITTI, G., «Cultura scientifica e rivelazione cristiana. Orientamenti per un dialogo fra scienza e fede dopo Galileo», *Annales theologici* 8 (1994) 133-168.

——, «Nuova Evangelizzazione e cultura scientifica», *Annales theologici* 26 (2012) 347-349.

——, «Scienze naturali, utilizzo in teologia», *DISF*, II, 1273-1289.

——, *Teologia e scienza: le ragioni di un dialogo*, Milano 2003.

TETTAMANZI, D., «La bussola della Gaudium et spes», *RegnDoc* 1/2006, 24-29.

TIHOM, P., «À travers les discours di Paul VI», *Nouvelle Revue Théologique* 88 (1966) 1091-1093.

TIMOSSI, R., «Orientamento Bibliografico "Jacques Maritain, Distinguere per unire. I gradi del sapere"», in *Documentazione interdisciplinare di Scienza e Fede (on-line)* : http://www.disf.org/SulMioScaffale/Timossi-Maritain.asp (accesso 06.05.2014).

TIPLER, F., *The Physics of Immortality. Modern Cosmology, God and the Resurrection of the Dead*, New York 1994.

TOMMASO D'AQUINO, *La Somma teologica*, traduzione e commento a cura dei domenicani italiani, testo latino dell'edizione leoniana, Roma 1969.

TORNIELLI, A., *Paolo VI. L'audacia di un Papa*, Milano 2010.

TORRANCE, T., *Divine and Contingent Order*, Oxford 1981.

————, «God and Contingent Order», *Zygon* 14 (1979) 329-348.

TOULMIN, S., *The Return to Cosmology. Postmodern Science and the Theology of Nature*, Los Angeles 1982.

TRACEY, D., *Blessed Rage for Order*, New York 1975.

TUCCI, R., «Un dialogo "cordiale" con gli uomini d'oggi», *CivCat* 115 (1964) III, 521-526.

————, «Introduction historique et doctrinale à la Constitution Pastorale», in H. CROUZEL, ed., *L'Eglise dans le monde de ce temps*, Bruges 1967-1968, 33-127.

————, «Introduzione storico-dottrinale alla Costituzione Pastorale "Gaudium et spes"», in *La Costituzione Pastorale sulla Chiesa nel mondo contemporaneo*, Torino 1968, 17-134.

TURBANTI, G., *Un concilio per il mondo moderno. Redazione della costituzione pastorale Gaudium et spes del Vaticano II*, Bologna 2000.

UDÍAS, A., «Il rapporto tra scienza e religione», *CivCat* 155 (2004) III, 254-265.

URBANI, C., «Nell'obbedienza al Santo Padre. I diari del Concilio (1962) e del conclave (1963) di Giovanni Urbani patriarca di Venezia», in G. LUZZATTO VOGHERA – G. VIAN, ed., *Storia della vita religiosa a Venezia. Ricerche e documenti sull'età contemporanea*, Brescia 2008, 132-188.

VARAIA, V., *Dossier sull'Humanae vitæ*, Torino 1969.

VIAN, G. M., «A Quarant'anni dall'Humanae vitæ. Un segno di contraddizione», *OR* (25.07.2008) 2.

VIAN, N., «Le radici bresciane di G. B. Montini», in *Paul VI et la modernité dans l'Église,* 15-31.

VIAN, N., ed., *Anni e opere di Paolo VI*, Roma 1978.

VIGANO, M., «Processo a Galileo? Strumenti per una valutazione della scienza e della tecnica contemporanee», *CivCat* 127 (1976) I, 348-357.

————, «La scienza e l'uomo», *CivCat* 127 (1976) IV, 25-36.

VIGANO, M., «Scienza e tecnica nella costituzione Gaudium et spes», *Rassegna di Teologia* 5 (1967) 269-286.

VIOTTO, P., «J. Maritain e la rivista Studium», *St* 89 (1993) 883-891.

—————, *Introduzione a Maritain*, Roma 2000.

—————, «Riferimenti a Maritain negli scritti di Paolo VI», in G. GALEAZZI ed., *Montini e Maritain tra religione e cultura*, Città del Vaticano 2000, 119-155.

—————, *Grandi amicizie. I Maritain e i loro contemporanei*, Roma 2008.

WATSON, E. – al., «Mitochondrial Footprints of Human Expansions in Africa», *American Journal of Human Genetics*, 61 (1997) 691-704.

WEINBERG, S., *The First Three Minutes*, New York 1977.

WHITE, A. D., *A History of the Warfare of Science and Theology*, I-II, New York 1896.

WHITEHEAD, A. N., *Process and Reality*, New York 1929.

—————, *Religion in the Making*, New York 1926.

—————, *La scienza e il mondo moderno*, Torino 1979.

WILSON, E. O., *On Human Nature*, Cambridge 1978.

—————, *Sociobiology. The New Synthesis*, Cambridge 1975.

ZAHM, J. A., *Evolution and Dogma*, Chicago 1896.

ZANONI, E., *Scienza Patria Religione. Antonio Stoppani e la cultura italiana dell'Ottocento*, Milano 2014.

ZAVALLONI, R., *Prospettive pastorali nel pensiero di G. B. Montini*, Brescia 1964.

INDICE GENERALE

TESI GREGORIANA

Volumi pubblicati [Serie: Teologia]

[Vol. 1-189: *cfr. www.unigre.it/TG/Teologia/index.php*]

190. GARCÍA MORALES, Juan Jesús, *La inspiración bíblica a la luz del principio católico de la tradición. Convergencias entre la* Dei Verbum *y la Teología de P. Benoit, O.P.*, 2012, pp. 490.

191. MANZINGA AKONGA, Roger, *Le dernier cri de Jésus sur la croix (Mc 15,34). Fonction pragmatique de la citation du Ps 22,2a dans le contexte communicatif de Mc 15,33-41*, 2012, pp. 432.

192. FICCO, Fabrizio, *«Mio figlio sei tu» (Sal 2,7). La relazione Padre-figlio e il Salterio*, 2012, pp. 454.

193. JOJKO, Bernadeta, *Worshiping the Father in Spirit and Truth. An Exegetico-Theological Study of Jn 4:20-26 in the light of the Relationships among the Father, the Son and the Holy Spirit*, pp. 440.

194. SERRANO PENTINAT, Josep-Lluís, *Palabra, sacramento y carisma. La eclesiología de E. Corecco*, pp. 314.

195. SOLICHIN RUBIANTO, Vitus, *La figura del seme e il suo compimento. Analisi retorica del discorso parabolico in Mc 4,1-34*, 2012, pp. 220.

196. CAMPAGNANI FERREIRA, Eduardo, *«Impossibile erat sine Deo discere Deum». O problema teológico da afirmação de Deus, segundo o Cardeal Henri de Lubac (1896-1991)*, 2012, pp. 662.

197. COUTINHO LOPES DE BRITO PALMA, Alexandre, *L'esperienza della Trinità e la Trinità nell'esperienza. Modelli di una loro configurazione*, 2013, pp. 348.

198. EKE, Wilfred Onyema, *The Millennial Kingdom of Christ (Rev 20,1-10). A Critical History of Exegesis with an Interpretative Proposal*, 2013, pp. 322.

199. CORREA D'ALMEIDA, Bernardo, *Unidade segundo o quarto Evangelho. Testemunho do discípulo amado no contexto judaico e greco-romano do I CE*, 2013, pp. 378.

200. NIU, Zhixiong, *«The King Lifted up His Voice and Wept». David's Mourning in the Second Book of Samuel*, 2013, pp. 316.

201. SWAN, William Declan, *The Experience of God in the Writings of Saint Patrick: Reworking a Faith Received*, 2013, pp. 430.

202. FERMÍN VIVAS, Alfredo Raúl, *Jesús se rodea de su familia. Análisis retórico bíblico y semítico de Mc 3,7-35*, 2013, pp. 270.

203. ARTYUSHIN, Sergey, *Raccontare la salvezza attraverso lo sguardo. Portata teologica e implicazioni pragmatiche del «vedere Gesù» nel Vangelo di Luca*, 2013, pp. 624.

204. SAKOWSKI, Derek, *The Ecclesiological Reality of Reception Considered as a Solution to the Debate over the Ontological Priority of the Universal Church*, 2013, pp. 486.

205. ORDUÑA, César Javier, *Los principios interpretativos en Romano Guardini. El camino de la intuición*, 2014, pp. 540.

208. ABALODO Sebastien B., *Structure et théologie dans le Trito-Isaïe. Une contribution à l'unité du Livre*, 2014, pp. 364.

209. RIVAS PÉREZ, Eugenio, *La escatología como comunión. Una propuesta desde la perspectiva metafísica de Maurice Blondel*, 2014, pp. 410.

210. DOS SANTOS FREITAS MAIA, Américo Paulo, *A in-habitação de Deus na alma em graça nos escritos teológicos de João de São Tomás, o.p. (1589-1644)*, 2014, pp. 366.

211. ACEITUNO DONOSO, Marcos, *Las «promesas de Dios» en San Pablo. Estudio exegético-teológico de Gál 3,19-22 y 2Cor 1,15-22*, 2014, pp. 298.

212. FUZINATO, Silvana, *Tra fede e incredulità. Studio esegetico-teologico di Gv 5 in chiave comunicativa*, 2014, pp. 362.

213. WASHINGTON, Christopher Thomas, *The Participation of Non-Catholic Christian Observers, Guests and Fraternal Delegates at the Second Vatican Council and the Synods of Bishops: A Theological Analysis*, 2015, pp. 352.

214. VAŇUŠ, Marek, *La presenza di Dio tra gli uomini. La tradizione della «shekinah» in Neofiti e in Matteo*, 2015, pp. 430.

215. CAURLA, Mauro, *Il cieco illuminato e i vedenti accecati di fronte alla luce di Cristo. La simbologia visiva in Gv 9*, 2015, pp. 398.

216. KOUAMÉ, Yao Adingra Justin, *Commencement d'un parcours. Une étude exégétique et théologique de Jn 3,1-21*, 2015, pp. 310.

217. PETRICOLA, Mariangela, *La rilevanza del cristianesimo come* paradosso e con-passione. *Itinerari teologico-fondamentali in I. Mancini e J.B. Metz*, 2015, pp. 430.

218. PONCE RODRIGUEZ, Pablo, *El símbolo antropológico de los vestidos en el libro del Apocalipsis. Investigación exegético-teológica*, 2015, pp. 262.

219. MAMIĆ, Vinko, *Matthew's Response to an Early Missionary Issue. Meaning and Function of the Parable of the Workers in the Vineyard (Matt 20:1-16)*, 2016, pp. 344.

220. CHIARINI, Francesco, *Studio esegetico-teologico di 2Cor 4,1-7 e 2Cor12,7b-10. La manifestazione di Cristo in vista della sua manifestazione*, 2016, pp. 462.

221. GRECH, Maximillian, *Il contributo di Paolo VI per un dialogo efficace tra la chiesa e il mondo scientifico*, 2016, pp. 320.

Finito di stampare nel mese di maggio 2016
presso Mediagraf spa - Noventa Padovana (PD)